Marek Edelman

ERINNERUNGEN AN DAS WARSCHAUER GHETTO

DAS GHETTO KÄMPFT

Marek Edelman

ERINNERUNGEN AN DAS WARSCHAUER GHETTO

Aus dem Polnischen übersetzt
von Ewa Czerwiakowski

Mit einem Vorwort von Aleksander Edelman
und einer Einführung von Constance Pâris de Bollardière
(aus dem Französischen übersetzt von Jens Hagestedt)

DAS GHETTO KÄMPFT

Aus dem Polnischen übersetzt
von Ewa und Jerzy Czerwiakowski

RECLAM

MIX
Papier | Fördert gute Waldnutzung
FSC® C014889

Originalausgabe der *Erinnerungen an das Warschauer Ghetto*:
Marek Edelman: *Ghetto de Varsovie. Carnets retrouvés.* Édition établie par Constance Pâris de Bollardière. Paris 2022.

Das Ghetto kämpft erschien erstmals in deutscher Übersetzung 1993 im Harald Kater Verlag, Berlin. Der Text wurde für den Wiederabdruck von der Übersetzerin durchgesehen.

2024 Philipp Reclam jun. Verlag GmbH,
Siemensstraße 32, 71254 Ditzingen
Druck und buchbinderische Verarbeitung:
Friedrich Pustet GmbH & Co. KG,
Gutenbergstraße 8, 93051 Regensburg
Printed in Germany 2024
RECLAM ist eine eingetragene Marke
der Philipp Reclam jun. GmbH & Co. KG, Stuttgart
ISBN 978-3-15-011466-7

Auch als E-Book erhältlich

www.reclam.de

INHALT

ERINNERUNGEN AN DAS WARSCHAUER GHETTO

VORWORT

2. Oktober 2009, 21 Uhr. Der Flughafen von Paris-Beauvais. Ich bereite mich auf den Flug mit der letzten Maschine nach Warschau vor. Geplante Ankunft: gegen 23 Uhr. Die Langeweile des Wartens auf den Flughäfen. Heute Morgen hat mich meine Schwester Ania angerufen, um mir zu sagen, dass sich der Zustand unseres Vaters verschlechtert habe. Ein Gedanke jagt den anderen: Wird die Maschine pünktlich sein? Was soll ich – es wird ja fast Mitternacht sein – nach der Ankunft tun? Soll ich zu meinem Vater fahren oder in der Einzimmerwohnung übernachten, in der meine Mutter gewohnt hat? Wo werde ich in Warschau schlafen? Wird es, wie seit einiger Zeit, wieder Spannungen mit den Freunden meines Vaters geben? Über den Lautsprecher wird der Check-in für den Flug nach Warschau angekündigt. Wir besteigen die Maschine. Ich nehme Platz. Im selben Moment klingelt mein Handy und Ania teilt mir mit, dass mein Vater gestorben ist.

Zwei Stunden später lande ich in Warschau. Ich nehme ein Taxi und lasse mich zu der Wohnung fahren, in der mein Vater vor drei Stunden verstorben ist. Im Esszimmer sitzen einige Leute um einen Tisch herum. Sie reden laut und lachen. Ich gehe gleich in das kleine Zimmer am Ende des Flurs. Dies sind seine letzten Tage hier. Er liegt in seinem Bett, sein Gesicht ist eingefallen, ruhig, fast nicht wiederzuerkennen.

Wie ist die Woche danach verlaufen? Ich habe keine Erinnerung daran. Am 9. Oktober, dem Tag der Beerdigung, waren wir allein in der Menge während der offiziellen Reden am Denkmal für die Kämpfer des Warschauer Ghettos, später gingen wir, wieder allein, mit in dem Zug, der den mit der Fahne des Bund bedeckten Sarg – Zosia hatte das Stück Stoff eigens aus Paris mitgebracht – zu dem zwei Kilometer entfernten jüdischen Friedhof geleitete. An der Spitze des Zuges gingen Musiker und spielten Jazz. Um uns kümmerte sich niemand. Jeder in der Menge war ein »sehr enger Freund« von Marek gewesen, wir waren überflüssig.

Stunden später kommen wir in Łódź an, wo wir gewohnt hatten, bevor wir 1972 nach Paris gingen. Die Wohnung ist leer. An den Wänden hängen nur noch die Bilder von Z., die wir unserem Vater mitbrachten, seit wir ihn 1991 erstmals besuchen konnten. Die Bibliothek unserer Großeltern. Ich erinnere mich, dass sie vor Büchern überquoll. Während der Stalin-Zeit waren hinter Reihen von medizinischen Büchern *Das Ghetto kämpft*, Wierniks Bericht über die Morde in Treblinka und über seine Flucht sowie andere Schriften des Bund versteckt gewesen, nachdem sie im Januar 1949 von der kommunistischen Partei verboten worden waren. Jetzt ist von all den Büchern fast nichts mehr da. In der Mitte des Wohnzimmers stehen noch der Tisch, an dem wir gegessen haben, und der alte Sessel.

Die Freunde, die uns hierher begleitet haben, sehen unsere Ratlosigkeit. Eine Freundin ruft mich.

»Schau dir diese Notizbücher an. Kennst du die? Wir haben sie in den aussortierten Papieren deiner Mutter gefunden. Niemand hatte in diese Schublade geschaut. Ich habe es der Ordnung halber getan. Nur deshalb sind sie noch da.«

Ich gehe hin und erkenne die – fast unleserliche – Handschrift meines Vaters. *Ulica Chłodna*[1], die Bilder kommen rasch zurück. Wir befinden uns im Jahr 1967. Oder ist es Anfang 68? Nein, es ist Herbst 67. Ich bin mir ganz sicher. Ich sehe meine

Eltern im Hauseingang, sie sprechen miteinander. Ich war gerade auf Tour mit den Kumpels und möchte meinen alten Herrschaften nicht in dem Moment begegnen, in dem ich von meinen Eskapaden heimkomme. Aber sie beachten mich nicht. Ich höre:

»Auch Rakowski hat abgelehnt.«

Ich habe gerade an etwas anderes gedacht, aber jetzt höre ich zu. Ich weiß, dass Rakowski der Chefredakteur der politisch-kulturellen Wochenzeitung *Polityka* ist. Meine Eltern betreten das Wohnzimmer und rufen mich.

»Hier, lies das.«

Sagt meine Mutter. Ich werfe einen Blick darauf: *Ulica Chłodna*.

Es ist das erste Mal, dass sie mir etwas zu lesen geben. *Das Ghetto kämpft*, den Bericht über den Aufstand im Warschauer Ghetto, den mein Vater nach dem Krieg für die Führungsgremien des Bund geschrieben hatte, habe ich selbst gefunden – das Büchlein war hinter der ersten Reihe der Handbücher für Medizin versteckt. Ich war damals zwölf. Ich nehme die Notizbücher, aber sie geben mir einige mit Schreibmaschine beschriebene Blatt Papier. Meine Mutter sagt zu mir:

»Lies es, es wurde von der *Kultura* und jetzt auch von der *Polityka* abgelehnt.«

Die *Kultura* ist eine den Machthabern nahestehende kulturelle Wochenzeitung. Deren Absage hatte meine Eltern nicht überrascht. Aber *Polityka*? Das hatten sie nicht erwartet. Genauso wenig hatten sie damit gerechnet, dass Władysław Machejek, der Chefredakteur von *Życie Literackie*, ablehnen und behaupten würde, diese Erinnerungen wären eine Gefahr für Polen. Nur die *Folksshtime*, deren Herausgeber Hersz Smolar war, wollte den Text veröffentlichen. Aber mein Vater wollte das nicht. Zu wenige Leser? Oder hatte er einen Groll gegen diese Zeitung, die früher vom Bund herausgegeben worden war, jetzt aber nach der Pfeife der Kommunisten tanzte?

Meine Eltern waren 1946 in einem Sanatorium für Tuberkulosekranke gewesen – beide hatten sich während des Krieges mit der Krankheit angesteckt. Eines Tages war Hersz Smolar gekommen und hatte darum gebeten, Marek Edelman sprechen zu dürfen. Man hatte es ihm erlaubt, und so hatten sie – Marek, Ala und Hersz – in der Annahme, dort nicht abgehört zu werden, sich im Garten getroffen. Smolar hatte zu meinem Vater gesagt:

»Marek, du musst Polen verlassen, sie werden dich hier sonst töten …«

Mein Vater hatte daraufhin einen Moment lang geschwiegen, dann aber ruhig geantwortet:

»Nein. Weißt du, es gibt so viele Menschen, die mich töten wollten. Sie sollen es nur versuchen …«

1967. Damals hatte mein Vater seine Stelle im Krankenhaus der Medizinischen Akademie noch nicht verloren. Meine Eltern befanden sich in dem kleinen Raum, der an die Küche grenzte. Ich kam gerade von wer weiß woher und wollte mich leise in die Wohnung schleichen. Es kam selten vor, dass sie sich in diesem Vorraum aufhielten. Sie sprachen sehr laut und beachteten mich nicht. Mein Vater fragte meine Mutter: »Was meinst du? Soll ich es tun? Versucht hat das noch niemand. Der Herzchirurg hat Angst.« Meine Mutter antwortete: »Und was ist mit dem Patienten, welche Überlebenschancen hat er?« Er: »Keine, aber den Blutfluss im Herzen umzukehren ist noch nie versucht worden.« Sie: »Der Patient kann also ohne diese Operation nicht überleben?« Er: »Nein, er wird sterben. Vielleicht ist er schon tot.« Sie fragte nach, er antwortete, erklärte wieder und wieder, so als wollte er sich selbst überzeugen. »Das ist noch nie versucht worden … der Herzchirurg traut sich nicht. Wenn der Patient auf

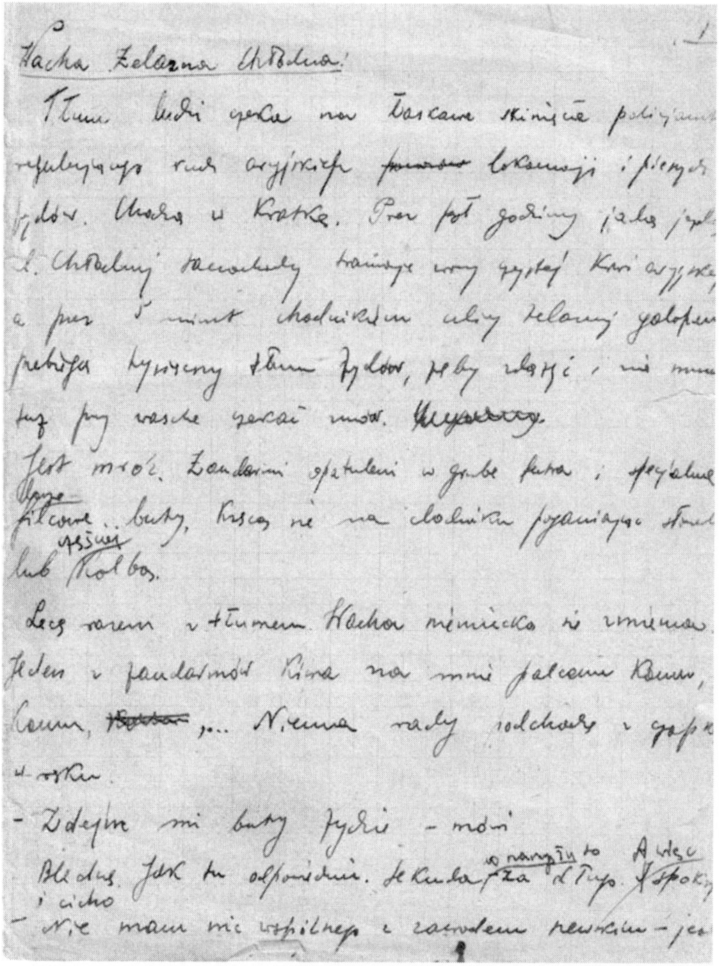

Erste Seite der *Erinnerungen an das Warschauer Ghetto* im ersten Notizbuch (Privatsammlung von Ania Edelman und Aleksander Edelman)

dem Operationstisch stirbt, ist er als Arzt verantwortlich.« Ich betrat das Haus. Von weitem hörte ich meine Mutter ruhig sagen: »Du verschwendest Zeit, ihr müsst es tun. Geh, sag ihnen, sie sollen den Patienten für die Operation vorbereiten, und ruf

Professor Moll an. Ist er der Operateur?« Er ging. Ich war überrascht. Sie war sonst so unentschlossen, neigte zu Haarspaltereien … Die Operation war erfolgreich. Der Patient überlebte und lebte noch weitere zwanzig Jahre.

Die *Erinnerungen* wurden Ende 1967 verfasst – sicherlich während der Zeit, in der mein Vater arbeitslos war. Moczar, der damalige Innenminister, hatte sich schon seine ersten antisemitischen Ausrutscher erlaubt. Er war ein perfektes Beispiel dafür, wie Macht einen Menschen verändern kann. Derselbe Moczar hatte meinen Vater 1946 oder 1947 aufgesucht, um ihn vor Horden polnischer Antisemiten zu warnen, die Juden töten würden, und um ihm zu raten, nicht ohne Waffe auf die Straße zu gehen. 1967 machte Moczar von der Waffe des Antisemitismus Gebrauch, um an der Macht zu bleiben.

Sehr wahrscheinlich war es unsere Mutter, die unserem ohne Arbeit ziel- und antriebslosen Vater vorschlug, seine Erinnerungen an das Ghetto zu Papier zu bringen. Sie wollte ihn um jeden Preis davor bewahren, depressiv zu werden. Dasselbe hatte sie 1945 getan, indem sie ihn drängte, *Das Ghetto kämpft* zu schreiben. Damals hatte ihm das allerdings nicht sehr geholfen. Sie waren dann durch Europa gereist, und anschließend hatte sie ihn an der Universität eingeschrieben, damit er Medizin studierte. Dank dessen hatte er die Lethargie überwunden, die ihn nach Kriegsende befallen hatte. Der Held des Ghettos war ein Mensch wie jeder andere.

Auch diesmal war das Heilmittel nicht besonders wirksam, da die Aufzeichnungen meines Vaters von allen Verlagen abgelehnt wurden. Sie wurden zu einem bedrückenden Thema.

Es war eine schwierige Zeit, nicht nur für die beiden. Die aufkommende Welle des Antisemitismus veranlasste viele Juden, Polen zu verlassen. Das musste meinen Vater hart treffen. Einmal mehr zeigte sich, dass das Ideal des Bund, »in Frieden und gegenseitigem Respekt mit den polnischen Bürgern zu leben«, nicht verwirklicht werden konnte. Die Menschen waren zerrissen, ihr Leben zerbrach, praktisch von heute auf morgen mussten sie sich entschließen, alles zu verlassen und ins Ungewisse zu gehen. Unser Haus war voller Menschen. Die Leute kamen zu meinem Vater, suchten Rat und hofften, er würde ihnen helfen, eine Entscheidung zu treffen. Oft weinten sie. Stundenlang saßen sie im Wohnzimmer. Die Tür war geschlossen, und sie redeten und redeten und redeten. Gehen oder bleiben. Gehen oder bleiben. Gehen oder bleiben. Wenn sie das Haus verließen, schienen sie innerlich zur Ruhe gekommen. Mein Vater war für sie wieder zum Kommandanten geworden, zu dem, der er für sie im Warschauer Ghetto gewesen war. Ich erinnere mich insbesondere an den Besuch eines Mannes, der Anatomopathologe an der Universitätsklinik war. Man nannte ihn Rudy A (der Rothaarige A.). Manchmal kam er zu uns nach Hause. Er war alleinstehend. Wenn er kam, brachte er uns Kindern Schokolade mit. Das Krankenhaus war sein Leben. Ich weiß nicht mehr, ob er entlassen worden war. Ich erinnere mich aber, dass er kam und weinte und dass sie viel Wodka tranken. Beim Abschied sagte er zu mir: »Ich gehe. Ich gehe nach Schweden.« Und er schien besänftigt zu sein. Dann wandte er sich an meine Mutter: »Ich weiß nicht, wie er das macht. Aber er schafft es, die Leute zu beruhigen.« Er lächelte und ging. Ich habe ihn nie wiedergesehen.

An einem anderen Tag kam ein Ehepaar. Sie war Kardiologin, sehr angesehen, er Redakteur bei *Głos Robotniczy*, einer lokalen Tageszeitung, und Mitglied der kommunistischen Partei. Sie kamen, um zu berichten, dass eine Parteiversammlung anberaumt worden war, um sie als Zionisten auszuschließen – das neue Wort ersetzte das Wort Jude. Bei der Zeitung überhäuften ihn alle, die zuvor seine Freunde gewesen waren, mit Beschimpfungen: »Verräter«, »Zionist«, »fünfte Kolonne«. Den letzteren Ausdruck benutzten die kommunistischen Machthaber in Polen 1968 zur Bezeichnung von Juden, die angeblich für Israel spionierten. Das Paar, beide waren um die fünfzig, hatte eine fünfzehnjährige Tochter und sprach nur Polnisch. Auch sie kamen mehrmals zu uns. Gehen oder bleiben, gehen oder bleiben. Sie gingen nach Schweden.

Gehen oder bleiben, gehen oder bleiben, gehen oder bleiben, bis zum Erbrechen.

Die Besuche, die Tränen, der Wodka, die abscheulichen Artikel in der Presse, die Gespräche, die ich von einem anderen Zimmer aus mithörte. Ich ging damals oft mit Freunden aus, versuchte unbewusst, dieser Atmosphäre zu entfliehen. Aber die Politik verschonte auch unsere Treffen nicht. Und wieder hörte ich:

»Du musst bleiben.«

»Nein, es ist besser, wenn du gehst. Wenn du bleibst, nimmst du einem Polen den Platz weg.« [Dasselbe habe ich in Frankreich gehört: Als ich ein junger Forscher war, sagte jemand zu mir: Du nimmst einem Franzosen den Platz weg.]

»Nein, du musst bleiben.«

»Bleib, wir ändern das gemeinsam.«

Es klingt krass, wenn ich das heute schreibe, aber damals war es das nicht. Die Freunde, von denen ich spreche, sind mein Leben lang meine Freunde geblieben.

Der einzige Mensch, den mein Vater nicht beruhigen konnte, war seine Frau. Sie, deren Gelassenheit und Unerschrockenheit die Gruppe von Juden, zu der er gehörte, am Ende des Warschauer Aufstands vor dem sicheren Tod gerettet hatte; sie, der es nach dem Krieg gelungen war, ihn aus der Depression zu holen, und die es 1967/68 wieder versuchte – sie hatte genug von Polen. Doch sie wusste, dass er nicht gehen würde.

»Keine Regierung wird für mich entscheiden, wo ich leben

soll«, sagte er zu mir – obwohl es in den zwanzig Jahren nach dem Krieg meines Wissens mindestens zwei Versuche gegeben hatte, ihn zu beseitigen.

Damals hatte ich die wenigen Seiten des Manuskripts gelesen, das mir meine Mutter in die Hand gedrückt hatte. Dann hatte ich es wie alle anderen vergessen. Und plötzlich, nach der Beerdigung, war das Manuskript, vergilbt, wieder aufgetaucht – wie eine Mahnung, ein Zeichen, dass wir dafür sorgen müssen, dass die Erinnerung an die Vernichtung der Juden lebendig bleibt. Die getippten Bögen haben wir nicht wiedergefunden. Ob sie vielleicht irgendwo in den Archiven einer Wochenzeitung herumliegen?

Die Notizbücher nahmen wir mit nach Paris – und »vergaßen« sie für weitere zehn Jahre. Was ist geschehen? Warum sie jetzt veröffentlichen? Ich weiß es nicht. Vielleicht wegen der katastrophalen Lage der Welt? Wegen der neuen Völkermorde? Weil gefährliche Politiker – Trump, Bolsonaro – an die Macht gekommen sind? Weil es an Achtung fehlt vor jeder Form von Leben auf der Erde? Wegen des Coronavirus? Weil ich Constance Pâris de Bollardière begegnet bin, einer jungen Historikerin, die die Nachkriegsgeschichte des Bund erforscht und die ich auf ihrem Karriereweg begleiten möchte? Vielleicht, weil mir mit zunehmendem Alter bewusster geworden ist, wie wichtig es ist, Erinnerung weiterzugeben …

Aleksander Edelman, Paris, 28. Mai 2020,
während der Pandemie

EINLEITUNG
MAREK EDELMAN. DIE WIEDERGEFUNDENEN NOTIZBÜCHER ÜBER DAS WARSCHAUER GHETTO[1]

EIN BISHER UNVERÖFFENTLICHTER PERSÖNLICHER BERICHT

Am 2. Oktober 2009 starb Marek Edelman, der letzte Kommandant des Aufstands im Warschauer Ghetto und letzte Repräsentant des polnischen Bund – ein unermesslicher Verlust für alle, die den Unbeugsamen, den Arzt und Friedenstifter bewunderten, wie auch für jene, die sich der Geschichte des Judentums und des jüdischen Sozialismus in Osteuropa sowie der Erinnerung daran verpflichtet fühlten und mit Edelman einen der letzten Zeugen der dunkelsten Stunden, aber auch zahlreicher Kämpfe und Ideale der Juden in Polen dahingegangen sahen. Als dieser Wächter nicht mehr da war, blieb uns nichts anderes übrig, als uns in seinen einzigen uns bekannten Bericht von seiner Hand über das Ghetto, *Das Ghetto kämpft*[2] [*Getto walczy*], sowie in die Interviews zu vertiefen, die Journalisten mit ihm geführt hatten und die nicht alle übersetzt worden sind.

Das Ghetto kämpft ist ein etwa 70-seitiger Bericht, der 1945 in polnischer Sprache für den Bund geschrieben wurde und lange Zeit das einzige Dokument aus Edelmans Feder über das Ghetto blieb. Dieser in »zurückhaltenden und schnörkellosen« Worten[3] verfasste Bericht über das Leben, den Tod und den Kampf im Ghetto wurde im November 1945 vom Zentralkomitee des polnischen Bund in Warschau veröffentlicht und erschien 1946 in New York unter dem Titel *The Ghetto Fights* im Verlag der amerikanischen Vertretung des Bund auf Englisch.[4] Es dauerte bis 1983, bis die erste französische Ausgabe dieses Textes, *Mémoires du ghetto de Varsovie*, erhältlich war; sie wurde 1993 und 2002 neu aufgelegt. Nach dem Erscheinen von *Das Ghetto kämpft* wurden Erinnerungen Edelmans an den Krieg in schriftlicher Form nur noch von Autoren mitgeteilt, die Aussagen von ihm zitierten oder referierten. Den Anfang machte die Schriftstellerin und Journalistin Hanna Krall, die 1975 ein erstes Interview in der polnischen Zeitschrift *Odra* veröffentlichte. Auf diesen Artikel folgte 1977 ein Buch, das aus einem zweiten, ausführlicheren Gespräch entstanden war und 1983 unter dem Titel *Prendre le bon Dieu de vitesse* erstmals auf Französisch erschien.[5] Die übrigen, alle von polnischen Journalisten transkribierten Interviews mit Edelman wurden in Buchform nach dem Fall der Mauer veröffentlicht, die meisten davon Ende der 2000er Jahre.[6]

Wir hatten geglaubt, nur durch diese Publikationen in Schriftform und durch einige Videoaufnahmen ein tieferes Verständnis dieses oft undurchschaubaren Widerstandskämpfers erlangen zu können. Marek Edelman hat jedoch ein Dokument hinterlassen, mit dem wir nicht gerechnet hatten: seine persönlichsten Aufzeichnungen über das Ghetto, die am Tag seiner Beerdigung von Freunden entdeckt und von seinen Kindern wiederentdeckt wurden. Diese hatten als Jugendliche miterlebt, wie die Eltern über ein einschlägiges Manuskript diskutierten, hatten dessen Existenz danach aber vergessen – bis Freunde in einem Schrank in der Wohnung der Familie in Łódź zwischen Stapeln von alten Papieren drei kleinkarierte Notizbücher fanden, deren Seiten mit der Handschrift des Vaters bedeckt waren. Sie erinnerten sich nun, dass er vor Jahren, wahrscheinlich 1967 oder

1968,[7] seine Erinnerungen an das Ghetto in diesen Notizbüchern festgehalten hatte. Dass sie kurz nach dem Tod des Autors wieder aufgetaucht waren, verlieh ihnen mehr als vierzig Jahre nach ihrer Niederschrift testamentarischen Charakter.

Diese Entdeckung erweist sich als große Überraschung. Edelman hatte oft betont, all seine persönlichen Kriegserfahrungen schon in *Das Ghetto kämpft*, dem Bericht aus dem Jahr 1945, dargelegt zu haben, so dass man glaubte, er habe seither nie wieder darüber geschrieben.[8] Die Notizbücher werfen unsere Annahmen über Edelmans Verhältnis zum Schreiben über sich selbst also über den Haufen. Sie offenbaren uns sogar bisher unbekannte Facetten der Persönlichkeit dieses jüdischen Widerstandskämpfers und erweitern unser historisches Wissen über das Warschauer Ghetto, insbesondere über die Aktivitäten, die Mitglieder der großen jüdischen sozialistischen Partei Der Bund dort entfalteten.[9]

Die Notizbücher enthalten Bruchstücke der persönlichen Erinnerungen Marek Edelmans an die ersten drei Jahre des Krieges. Während das erste Notizbuch Aspekte der Untergrundarbeit des Bund und des Alltagslebens vor und nach der Einrichtung des Ghettos darstellt, geht das zweite in kürzerer Form auf Momente ein, die Edelman mit seinen Parteigenossen erlebt hatte. Das dritte Notizbuch beginnt mit dem Satz: »Nun muss ich über die Aktionen berichten« (S. 85), wechselt dann aber das Register und behandelt ausschließlich die Anfänge der »Großen Aktion« im Sommer 1942. Diese zusammenhängenden rund dreißig Seiten sind in mehrfacher Hinsicht ein bemerkenswertes historisches Dokument.[10]

ERINNERUNGEN, DIE SICH AUF DIE JAHRE 1939–1942 KONZENTRIEREN

Die wiedergefundenen Texte vervollständigen in erster Linie unser Wissen über das Ghetto, von seiner Einrichtung im November 1940 bis zur »Großen Aktion« vom 22. Juli bis 21. September 1942, bei der etwa 265 000 Warschauer Juden in Zügen vom »Umschlagplatz« ins Vernichtungslager Treblinka deportiert wurden.[11] Edelman war nicht nur über den Alltag im Ghetto bestens informiert, sondern er kannte auch die Situation in den »arischen« Bezirken der Hauptstadt, in die er sich als Kurier des Bersohn-Bauman-Kinderkrankenhauses regelmäßig begab. Daher konnte er auch auf Widerstandshandlungen zu sprechen kommen, die er vor dem Sommer 1942 auf der anderen Seite der Mauer miterlebt hatte. Die Zeitangabe »vor dem Sommer 1942« mag überraschen. *Das Ghetto kämpft* und die später veröffentlichten Interviews befassen sich nämlich nur mit dem Zeitraum bis zu den Kämpfen während des Aufstands im Warschauer Ghetto (19. April bis 16. Mai 1943), des ersten städtischen Akts der Revolte im von den Nazis beherrschten Europa, der Gegenstand zahlreicher Erzählungen und ein zentrales Ereignis in der Erinnerung nicht nur an das Ghetto, sondern auch an die Shoah und den zweiten Weltkrieg ist.[12] Liegt es nur an ihrem Fragmentcharakter, dass die Notizbücher keine Informationen über diese Kämpfe liefern? Am Ende seines Textes teilt Marek Edelman seiner Frau mit, dass er unterbrechen müsse, »verspricht« aber, seinen Bericht zu vollenden. Wir wissen nicht, warum er nicht weitergeschrieben hat. Ein Plan am Ende der Notizbücher kündigt zwar eine Fortsetzung an, doch geht aus ihm nicht hervor, ob Edelman den Aufstand nochmals aufgreifen wollte. Fehlte ihm die Zeit, um seinen Text zu vollenden? Oder war er dazu nicht mehr in der Stimmung? Hielt er diese Erinnerungen für

Marek Edelman in den späten 1940er Jahren (Privatsammlung von Ania Edelman und Aleksander Edelman)

unwichtig? Hat er sich von der Zensur entmutigen lassen, der, wie wir noch sehen werden, zur gleichen Zeit einige seiner Texte zum Opfer fielen?

Während Edelman im kollektiven Gedächtnis vor allem als einer der Ghettokämpfer verankert ist, verschieben die chronologischen Grenzen der Notizbücher unser Hauptaugenmerk fort von seiner Teilnahme an dem Aufstand und bringen dadurch unseren Blick auf ihn in Einklang damit, wie er sich selbst sah. Der für seine Bescheidenheit bekannte jüdische Veteran pflegte zu behaupten, dass der Tod der Deportierten nicht weniger würdig gewesen sei als der der Kämpfer im bewaffneten Widerstand. In seinen Interviews hob er hervor, wie viele sich im Ghetto menschlich bewährt hatten, und erinnerte an das Schicksal der namenlosen Opfer. Edelman weigerte sich, die ihm zugedachte Rolle des Helden zu übernehmen, und schwieg oder ärgerte sich, wenn seine Gesprächspartner darauf beharrten, ihn nur aus dieser Perspektive zu befragen. Die wiedergefundenen *Erinnerungen* laden deshalb dazu ein, auch andere Aspekte von Edelmans Arbeit im Widerstand und seinem Alltag während der Besatzung zu berücksichtigen. Der in dem Text behandelte Zeitraum ist im Übrigen noch aus einem anderen Grund interessant: Indem dieses Dokument auf den Beginn des Krieges im Herbst 1939 zurückblickt, liefert es Informationen über das, was Edelman vor der Einrichtung des Ghettos tat; darüber war bisher wenig bekannt.

EIN ZEUGNIS OHNE KLARE INTENTION

All diese Elemente sind in fragmentarischen Erinnerungen enthalten, die der Autor manchmal ohne inneren Zusammenhang aneinandergereiht hat, wodurch für den Leser der Eindruck entstehen kann, er habe notiert, was ihm spontan wieder eingefallen sei. Edelman hat jedoch am Ende der beschriebenen Seiten einzelne Stichworte notiert, von denen einige spätere Ausführungen ankündigen.[13] Das deutet darauf hin, dass die Niederschrift nicht so improvisiert war, wie die Lektüre vermuten lassen mag. Da diese Erinnerungen meistens ohne Rücksicht auf die chronologische Reihenfolge präsentiert werden und von sehr unterschiedlicher Länge sind, erfordern sie mehr Mitdenken bei der Lektüre als Edelmans frühere Veröffentlichungen. Das Umgangssprachliche, die Aneinanderreihung von Fakten, die oftmals nicht kontextualisiert sind und miteinander nicht zusammenhängen, sowie die zahlreichen Verweise auf Persönlichkei-

Marek Edelman in den 1960er Jahren (Privatsammlung von Ania Edelman und Aleksander Edelman)

ten, die nur mit Vornamen genannt werden, werfen die Frage nach Edelmans Intention auf.

Edelman hat rückblickend erklärt, er habe sich mit *Das Ghetto kämpft* 1945 zum einen an die Überlebenden des Bund gewandt, um ihnen, die jahrelang für die Partei und deren Jugend gearbeitet hatten, zu zeigen, dass ihre Mühen nicht umsonst gewesen seien, zum anderen an die Führungskräfte der Bewegung, die von den Vereinigten Staaten aus den Widerstand der jüdischen Sozialisten politisch und finanziell unterstützt hatten. Außerdem habe er dieses »papierene Denkmal« als Hommage an die Juden geschaffen, die ihr Leben gelassen hatten, um ihren Werten treu zu bleiben, sowie zur Erinnerung an den Bund, dessen Geschichte und dessen Ideale seiner Meinung nach von den zionistischen Bewegungen nicht angemessen gewahrt wurden.[14] Als Edelman in der zweiten Hälfte der 1960er Jahre zur Feder griff, beschäftigte er sich, wenn auch nicht mehr im Auftrag des Bund, erneut ausführlich mit dem bundistischen Widerstand und mit seinen Genossen. Erzählte er diesmal in erster Linie für sich selbst, für seine Frau Alina Margolis-Edelman – der der Bericht gewidmet ist – oder für den Kreis seiner engsten Freunde, denen die Geschichte des Ghettos und der bundistischen Konstellation bereits bekannt war? Hatte er vor, seine Erinnerungen für eine Veröffentlichung zu ergänzen und zu überarbeiten?

Wir können diese Fragen nicht beantworten, sondern nur feststellen, dass sich diese unvollendeten Notizen, die keine klare Intention erkennen lassen und von denen wir nicht sicher wissen, ob Edelman sie veröffentlichen wollte, von jenen Zeugnissen unterscheiden, in denen Opferzeugen, um eine breite Öffentlichkeit zu erreichen, ihre Erlebnisse während der Shoah im Dienste der Dokumentation des Verbrechens für gerichtliche, erinnerungspolitische oder staatsbürgerliche Zwecke darlegen.[15] Doch wie Ksenia Kovrigina im Hinblick auf den sowjetischen Kontext schreibt, wurden Tagebücher ohne die Aussicht auf eine Veröffentlichung verfasst und blieben, »nie vollendet, im Stadium des Entwurfs, weil der Zeuge immer auf der Hut sein musste vor einem Regime, das […] jede nicht konforme Rede verfolgte«.[16] Handelt es sich bei Edelmans Notizbüchern um Texte, die nicht aus freien Stücken, sondern aufgrund von politischen Zwängen »für den Verfasser selbst« geschrieben wurden? Wenn dies der Fall gewesen sein sollte, warum machte Edelman dann nicht nach dem Ende des kommunistischen Regimes, als er in Polen zu einer angesehenen und in den Medien präsenten Persönlichkeit geworden war, den Versuch, diese Aufzeichnungen zu veröffentlichen? Was immer Edelman während der Niederschrift motiviert und in welchem Gemütszustand er sich befunden haben mag, das Manuskript, das er uns hinterlassen hat, besitzt Zeugniswert und ist eine reiche Quelle sowohl für die Dokumentation des Warschauer Ghettos und des bundistischen Widerstands als auch für die Untersuchung der vielfältigen Erzählungen von der Erfahrung, die Juden während der Shoah gemacht haben, und der Geschichte dieser »Schreibakte«.[17]

INFORMATIONEN ÜBER DEN BUND IM GHETTO, ZWISCHEN ALLTAG UND UNTERGRUND

Welche historischen Informationen liefern uns die Notizbücher? Wir finden darin vor allem eine Fülle von Details über die Untergrundarbeit des Bund vor dem Aufstand. Der Bund (*Algemeyner yidisher arbeter-bund in Lite, Poyln un Rusland*) war 1897 in Wilna heimlich als jüdische sozialistische Partei gegründet worden. Sein nicht-zionistisches Programm rief die Juden dazu auf, in ihren Heimatländern gemeinsam mit Proletariern anderer Nationalitäten für den Sozialismus zu kämpfen. Die Partei betrachtete die Juden des Russischen Reiches als eine Nation, war gegen Assimilierung an die Mehrheitsbevölkerungen und für nationale kulturelle Autonomie. Die Entwicklung einer säkularen jiddischen Kultur – Jiddisch war die Volkssprache der osteuropäischen Juden – wurde in diesem Projekt schnell zu einem Ziel von zentraler Bedeutung. Während der Bund im zaristischen Russland nur im Untergrund tätig war und in der Sowjetunion 1922 verboten wurde, entwickelte er sich im Polen der Zwischenkriegszeit zu einer legalen politischen und soziokulturellen Bewegung, die vor allem die jüdische Welt stark beeinflusste.[18]

In dieser Blütezeit des Bund, in der die Partei von einem breiten Spektrum soziokultureller Einrichtungen profitierte und bei

Wahlen erfolgreich war – ihre besten Ergebnisse erzielte sie bei den Kommunalwahlen 1938 –, wuchs der 1919 in Gomel (im heutigen Belarus) geborene Marek Edelman als Halbwaise in Warschau auf. Seine Mutter war als Sozialistin in der Frauenbewegung des Bund aktiv.[19] Obwohl er gemäß den Werten dieser Partei erzogen wurde, war die Muttersprache des jungen Marek Russisch, nicht Jiddisch, das er erst im Rahmen des vom Bund mitverwalteten progressiven säkularen jüdischen Bildungsprogramms erlernte. Dieser Bildungsgang habe ihm alles beigebracht, was er wisse, sollte er später sagen.[20] Der deutsche Einmarsch in Polen im September 1939 hatte zur Folge, dass die Mehrheit der bundistischen Funktionäre Polen verließ. Die im Land gebliebenen jungen Mitglieder der Bewegung, wie Marek Edelman und seine zahlreichen Genossen, hatten dadurch viele ihrer Führer verloren und mussten rasch neue Aufgaben übernehmen.

Dank Edelmans veröffentlichten Erinnerungen und anderen Quellen war uns sein Engagement und das seiner Partei im Widerstand in den Grundzügen bekannt.[21] Blicken wir kurz auf das zurück, was wir schon wussten. Marek Edelman wurde im November 1940 ebenso wie 400 000 andere Juden ins Warschauer Ghetto gesperrt. Der junge Bundist arbeitete als Kurier für das Kinderkrankenhaus Bersohn-Bauman (Szpital Dziecięcy Bersohnów i Baumanów) und war wie andere jüdische Sozialisten schon früh im Untergrund aktiv. Er verbrachte ganze Nächte damit, auf den Dachböden mehrerer Gebäude Zeitungen zu drucken, deren Artikel von Parteifreunden verfasst worden waren. Später, während der großen Deportationen vom Sommer 1942, diente diese Arbeit dem Ziel, Menschenleben zu retten: Informiert über die Massenvernichtung von Juden in Polen, insbesondere in Treblinka, druckten Edelman und seine bundistischen Freunde jetzt auch Plakate, mit denen sie (erfolglos) versuchten, die Ghettobewohner vor dem zu warnen, was sie nach dem Verlassen der Züge erwartete. Edelman, der täglich am Eingang des Krankenhauses am »Umschlagplatz« stand, gelang es jedoch, Bekannte vor der Deportation zu retten, indem er sie als Kranke ausgab, die einen Krankenhausaufenthalt benötigten. Von seinem Posten aus sah er fast zwei Monate lang täglich Tausende von zum Tode verurteilten Menschen vor seinen Augen vorbeiziehen.

Die Überlegungen des Bund zum bewaffneten Kampf hatten vor den Deportationen im Zeitraum von Juli bis September 1942 begonnen, die viele Mitglieder der Partei das Leben kosteten und deren Führung vernichteten. In der Überzeugung, »dass die Befreiung der Juden nur durch einen unermüdlichen Kampf an der Seite der nichtjüdischen Volksmassen erreicht werden« könne,[22] wie 1945 in einer von jungen Mitgliedern des Bund in Paris herausgegebenen Broschüre zu lesen war, bemühten sich die Bundisten im Ghetto, statt sich den bereits gegründeten zionistischen und kommunistischen Gruppen anzuschließen, zunächst um Verbindungen zum sozialistischen polnischen Widerstand, die sie für unerlässlich für jeden Kampf innerhalb des Ghettos hielten. Nachdem sich die jungen Bundisten im Oktober 1942 der Jüdischen Kampforganisation (Yidishe Kamf Organizatsye, YKO) angeschlossen hatten,[23] trug Edelman als Leiter des Widerstands im Gebiet der Bürstenfabrik weit mehr Verantwortung als zuvor. Der bewaffnete Widerstand der YKO gegen die Deportationen begann mit der zweiten Serie der Razzien im Januar 1943 und verstärkte sich erheblich während des Ghettoaufstands (19. April bis 16. Mai 1943), der den letzten Angriff der Deutschen und ihrer Kollaborateure auf die verbliebene jüdische Bevölkerung Warschaus vergelten sollte. Der junge Bundist vertrat in der YKO seine politische Partei und spielte während des Aufstands, den er als einer von wenigen überlebte, eine führende Rolle.[24] Nachdem er das Ghetto am 10. Mai durch die Kanalisation verlassen hatte, flüchtete Edelman für kurze Zeit in den Wald von Łomianki, kehrte dann aber nach Warschau zurück, um sich dem polnischen Widerstand anzuschließen. Er beteiligte sich am Aufstand in der Hauptstadt (1. August bis 2. Oktober 1944).

Von den sozialen Aktivitäten des Bund im Ghetto, unter anderem von der Verbreitung von Untergrundzeitungen, hatten wir bereits Kenntnis; wir wussten auch eine Menge über seine Beteiligung am bewaffneten Kampf. Neue Informationen liefern die Notizbücher jedoch über die Orte, an denen die Publikationen gedruckt wurden, und über deren Herstellung.[25] Darüber hinaus enthalten sie bisher unveröffentlichte Details über die geheimen Archive, die der Bund und die Juden in der Polnischen Sozialistischen Partei (Polska Partia Socjalistyczna, PPS) führten. Während das unter dem Tarnnamen Oneg Shabbat ›Freude am Sabbat‹ von dem Historiker Emanuel Ringelblum geleitete Untergrundarchiv des Warschauer Ghettos heute sowohl in der Fachwelt als auch in der breiten Öffentlichkeit bekannt ist, gilt dies für die viel kleineren Archive des Bund und der PPS, die im Ghetto geführt wurden, weit weniger.[26] Getreu ihrem Wunsch nach Unabhängigkeit hatte sich die Jüdische Sozialistische Partei dem großen Ringelblum-Projekt nicht angeschlossen, sondern ihre eigenen Bestände behalten (sie konnten nach dem Krieg nur teilweise wiedergefunden werden).[27] Da die Notizbücher diese bundistischen und sozialistischen Archive erwähnen, beleuchten sie einen ganzen Bereich der geheimen Dokumentation der Aktivitäten im Ghetto neu.

Im Unterschied zu jenen – von ihm selbst oder von anderen verfassten – Büchern, in denen Marek Edelmans Wirken im Mittelpunkt steht, gerät in den Notizbüchern fast nur sein bundistisches Umfeld in den Blick; sie erinnern uns daran, wie wichtig seine politische »Familie« für ihn war. Edelmans Bericht ist in dieser Hinsicht insofern wertvoll, als der Aktivist, der mit seinen damals knapp über zwanzig Jahren natürlich vor allem seinen Kameraden in der Jugendorganisation des Bund, der Tsukunft, nahestand, auch enge Beziehungen zu den älteren Parteifunktionären unterhielt und dadurch Brücken zwischen diesen beiden Gruppen mit ihren ausgeprägten politischen und praktischen Differenzen schlug. Indem es uns einen Einblick in die Geisteshaltung der Aktivisten verschafft, ermöglicht uns das Dokument, die zentrale Bedeutung dieser politischen Bruderschaft für den individuellen und kollektiven Widerstand gegen die Verfolgung der Juden im Ghetto und gegen die Deportationen zu verstehen. Zwar waren die wichtigsten bundistischen Widerstandskämpfer den Fachleuten bereits durch andere Zeugnisse bekannt, doch Edelman lässt den Leser neue Facetten der prominentesten Persönlichkeiten seiner Partei entdecken und holt außerdem Namen aus der Vergessenheit, von denen außerhalb kleiner Kreise bislang niemand wusste.[28] Soweit möglich, haben wir die Lebensläufe dieser Aktivistinnen und Aktivisten in kurzen biographischen Notizen am Ende des Buches zusammengefasst. Dort finden sich auch die Lebensläufe von Mitgliedern der PPS, auf deren Nähe zum Bund und enge Zusammenarbeit mit ihm Edelman hinweist. Durch diese Fokussierung auf das bundistische Netzwerk werden darüber hinaus das soziale Leben im Ghetto, dessen Widerstand und Not sowie das Blutbad vom 17. und 18. April 1942[29] und die Deportationen von Juli bis September 1942 dokumentiert.

Die *Erinnerungen* sind in einem viel persönlicheren Ton geschrieben als *Das Ghetto kämpft*, Edelmans chronologischer Bericht aus dem Jahr 1945, in dem er von den Ereignissen überwiegend in der dritten Person berichtet. Sie gewähren uns daher einen besseren Einblick in Edelmans Leben. Wir lernen dieses vor allem anhand von Edelmans Alltag als Widerstandskämpfer kennen, für den insbesondere seine bundistischen Freundschaften von grundlegender Bedeutung waren:

> Für mich existierte während dieser drei Jahre nichts außer der Tätigkeit für die Organisation. Zwar arbeitete ich im Krankenhaus, konnte auch anders für meinen Unterhalt sorgen – in Wahrheit war das aber alles unwichtig. Dagegen verschaffte mir jede erledigte Kleinigkeit eine wahnsinnige Genugtuung. Über jedes Gespräch mit Abrasza, Berek, Bernard freute ich mich wie ein Kind. (S. 48 f.)

Mehrere Passagen, in denen er die Situationen schildert, die fast zu seiner Verhaftung geführt hätten, lassen uns zudem die Umstände besser verstehen, unter denen er überleben konnte:

> Ich weiß, jetzt bin ich dran. Die Ukrainer rücken immer alle Schränke von den Wänden ab. Ich höre sie schon in der Wohnung. Sie plündern das erste Zimmer. Wenn sie nur das Telefon nicht kaputtmachen! Im nächsten Moment zerfällt krachend Emanuels Bücherschrank im Esszimmer. Jetzt kommen sie in die Küche. Ich höre auf zu atmen. Ich spüre schon, wie sie mich herauszerren. Zwei Schüsse und fertig. Doch nein, sie gehen wieder. Die Küche betreten sie nicht einmal.

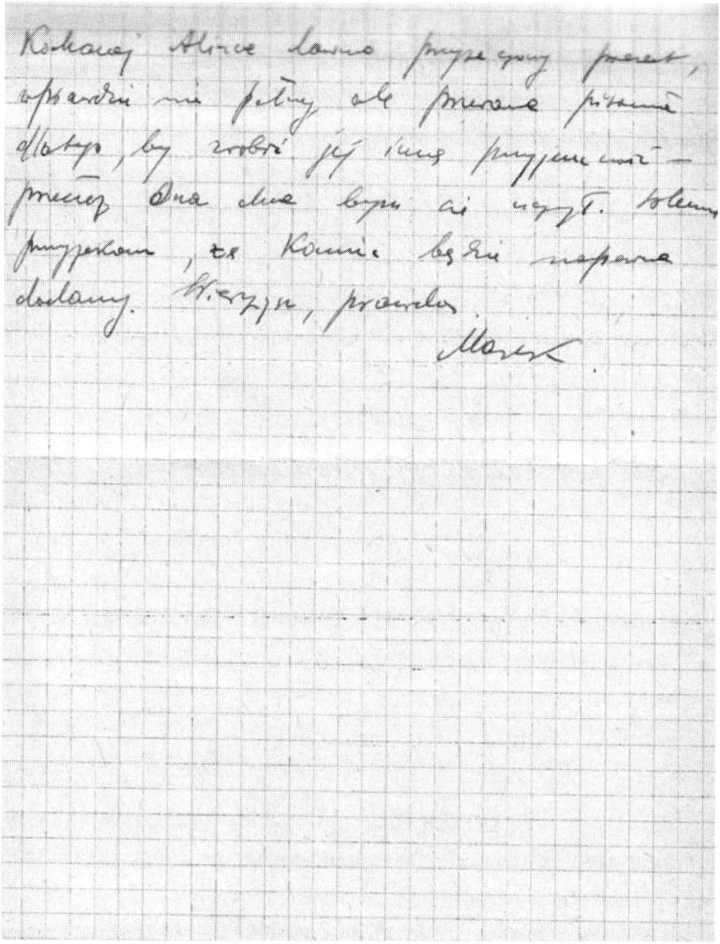

Widmung mit Marek Edelmans Unterschrift (Privatsammlung von Ania Edelman und Aleksander Edelman)

> Es gab einen Pfiff, und sie mussten antreten. Ich warte etwas ab und krieche heraus. (S. 100)

In *Die Liebe im Ghetto* hatte Edelman zwar von den Gefühlen der Ghettojuden angesichts der Vernichtung gesprochen, aber nichts von seinen eigenen verraten. Die Notizbücher geben diese Zurückhaltung auf und gewähren uns Zugang zu Edelmans Erinnerungen an seine Gefühle im Angesicht des Todes. Nach einer kurzen, aber beredten Distanzierung von den Wochen, in denen sich »ein Wettkampf [...], wobei der Einsatz das Leben war« (S. 85), entwickelte, gehen die letzten, den Deportationen vom Sommer 1942 gewidmeten Seiten zu einer genauen Darstellung des Beginns der »Großen Aktion« über, die hier und da auch Edelmans Gefühle erwähnt. So legt Edelman dort, wo er sich an den 23. Juli 1942 erinnert, den zweiten Tag der Deportationen und den Tag, an dem Adam Czerniaków, der Vorsitzende des Judenrates, Selbstmord beging, nicht mehr wie noch am Vortag die Haltung an den Tag: »Mir kam keine einzige Träne«, sondern er berichtet von der Verzweiflung, die ihn damals überwältigte:

> Es ist, als würden dir Steine schwer auf dem Rücken lasten, sie drücken dich zu Boden, du wirst so klein und hilflos, etwas würgt dich in der Kehle. Ich weiß gar nicht, wie ich gelaufen und wie ich nach Hause gekommen bin. Ich war ausgelaugt. Dabei war es doch nichts Neues, ich habe mich schon an den Gedanken gewöhnt. – Doch immer wieder kamen neue Beweise, dass es nun ganz sicher unwiderruflich war und sich nichts mehr ändern würde. (S. 96)

Mit der Bescheidenheit und Selbstironie, die in vielen seiner Interviews spürbar werden, offenbart uns Edelman bisher unbekannte Facetten seines und des Privatlebens seiner bundistischen Genossinnen und Genossen in den dunkelsten Stunden des Ghettos:

> Hela ging dann wieder, ich blieb alleine mit Sonia. Sie war aufgewühlt und zitterte. Ich kam auf sie zu, legte ihr die Hand

> auf den Rücken und sagte: »Ruhig, ruhig, vielleicht wird es einmal wieder gut werden.« Ich stand so noch eine Weile, reichte ihr dann ihren Hut mit einem großen Trauerschleier und führte sie auf die Straße. Wir gingen zu einer anderen Wohnung. Unterwegs sagte sie: »Marek, glaubst du wirklich daran?« Ich sagte: »Ja.« Ich log.
>
> * * *
>
> Die Geschichte mit Sonia löste in mir etwas aus. Meine Einstellung zu den Menschen änderte sich, nicht meine Art (die sicherlich nicht), aber ich handelte anders und zeigte mehr Interesse an ihnen. (S. 88)

Seit *Das Ghetto kämpft* erschienen war, hatten mehrere in Büchern veröffentlichte Interviews weitere Einblicke in Edelmans Persönlichkeit, seine tiefe Menschlichkeit, aber auch seinen Freimut und seinen Nonkonformismus gewährt. Der widerborstige Ton, in dem sich Edelmans Offenheit zuweilen äußerte, findet sich in den Notizbüchern nicht – vielleicht weil sie kein für die Öffentlichkeit bestimmtes Gespräch wiedergeben, auf keinerlei gesellschaftliche Erwartungen reagieren. Einmal mehr kommt dagegen auf diesen Seiten Edelmans tiefempfundenes Mitgefühl für das Schicksal der Juden im Ghetto zum Ausdruck. In einfachen Worten und mit der ihm eigenen Bescheidenheit liefert Edelman wertvolle historische Informationen und äußert tiefsinnige Betrachtungen. Seine Rückschau in einer Zeit, in der die Erinnerung an die Shoah in der polnischen Gesellschaft und Politik manipuliert und marginalisiert wurde, ist eben deshalb weder durch die reichhaltige Zeugnisproduktion der vergangenen Jahrzehnte beeinflusst noch durch die Interviews, die er selbst in den 2000er Jahren gab. Es ist jedoch wahrscheinlich, dass Edelman vor der Arbeit an den Notizbüchern einige der zahlreichen in der jüdischen Welt Polens Ende der 1940er Jahre veröffentlichten Werke zur Shoah und insbesondere zum Aufstand im Warschauer Ghetto gelesen hatte.[30]

ERINNERUNGEN, DIE IM POLEN VON 1967/68 GESCHRIEBEN WURDEN

Dass die Texte der Notizbücher in polnischer Sprache verfasst wurden, unterscheidet sie von vier anderen Zeugnissen überlebender Bundisten aus dem Warschauer Ghetto, die zwischen 1947 und 1968 in New York beziehungsweise Tel Aviv in jiddischer Sprache erschienen.[31] Diese Tatsache erinnert uns daran, dass das Leben Edelmans, des einzigen namhaften Bundisten, der nach der Shoah im kommunistischen Polen blieb, sich unterschied von dem seiner Genossen in der westlichen Welt, von denen viele fernab der Heimat eine jüdische Geselligkeit entwickelten, in der das Jiddische gepflegt wurde. Edelman hat in einem seiner Interviews erklärt, dass es seine Pflicht sei, über die Toten zu wachen, und dass er aus diesem Grund nach der Befreiung in Polen geblieben sei.[32] Nach kurzen Besuchen in Westeuropa ließen sich Edelman und seine Frau Alina Margolis-Edelman Ende der 1940er Jahre in Łódź nieder. Vor dem Hintergrund eines wiedererstarkten Antisemitismus und politischer Wirren, in einer Zeit, in der er 1948/49 unter anderem die Liquidierung der Reste des Bund miterleben musste, studierte der ehemalige Kommandant des Aufstands dort Medizin. Unter einem kommunistischen Regime, das er nie unterstützte, wurde Edelman ein bekannter Kardiologe.

Wie das Schicksal einiger seiner Texte belegt, die noch in den späten 1960er Jahren der Zensur zum Opfer fielen, war dieser

Sozialist sein ganzes Leben lang unmittelbar von den gesellschaftspolitischen Problemen Polens betroffen.[33] Edelmans Notizbücher stehen im polnischen Kontext jener Jahre, in denen der politische Antisemitismus wieder auferstand und etwa 13 000 Juden, die ihren Arbeitsplatz verloren hatten und bedroht wurden, beschlossen, ihr Land zu verlassen.[34] Wie viele andere wurde auch Edelman Opfer dieser Welle antijüdischer Maßnahmen im Gefolge des Sechstagekriegs (5. bis 10. Juni 1967): 1967 verlor er seine Stelle als Kardiologe in einem Krankenhaus in Łódź, und im März 1968 wurde er aus einer ähnlichen Position entlassen. Seinen Text schrieb er wahrscheinlich in diesen Jahren, als Tage ohne Arbeit ihm dazu die Zeit ließen und in ihm möglicherweise das Bedürfnis weckten, auf viel persönlichere Weise darzustellen, was er 1945 für den Bund nicht hatte ausdrücken wollen. Seine Frau Alina Margolis-Edelman, die 1994 selbst schriftlich Zeugnis über die Jahre im Warschauer Ghetto ablegte,[35] mag ihn gedrängt haben, seine Erinnerungen aufzuschreiben. Dank der Unterstützung von Bekannten erhielt Marek Edelman 1968 wieder eine Stelle in seinem Fachgebiet. Alina Margolis-Edelman, die die antisemitische Welle ebenfalls zu spüren bekam, gab ihren Job als Kinderärztin auf und zog 1971 mit ihren beiden Kindern nach Frankreich. Marek Edelman blieb in Polen und schloss sich später der Gewerkschaftsbewegung Solidarność an, was ihm im Dezember 1981 eine mehrtägige Internierung eintrug. Er gab die Ideale des Bund zu keinem Zeitpunkt auf, sondern kämpfte sein Leben lang für soziale Gerechtigkeit und die Achtung der Menschenrechte. Edelman starb 2009 und wurde auf dem jüdischen Friedhof in Warschau beigesetzt, wo er zwischen den Kenotaphen der in den *Erinnerungen* erwähnten bundistischen Ghettokämpfer ruht.

MAREK EDELMAN IM KOLLEKTIVEN GEDÄCHTNIS

Aufgrund seiner oft unbequemen politischen Stellungnahmen wurde diesem Gegner des kommunistischen Regimes trotz seiner führenden Rolle beim Aufstand im Warschauer Ghetto lange Zeit nur ein bescheidener Platz im offiziellen polnischen Gedenken eingeräumt. Als ehemaliges Mitglied einer Partei, von der nach 1949 nur machtlose internationale Vertretungen und über die ganze Welt verstreute Hilfsorganisationen übriggeblieben waren, repräsentierte Edelman keine politische Kraft, die Aufmerksamkeit auf sich ziehen konnte.[36] Innerhalb der zionistischen Bewegung war der Oberbefehlshaber der YKO, ein junges Mitglied des Hashomer Hatzair[37] namens Mordechaj Anielewicz (1919–1943), der sich in den letzten Tagen des Ghettoaufstands im Bunker Miła-Straße 18 das Leben genommen hatte, lange Zeit die einzige Person, deren Andenken in Ehren gehalten wurde. Selbst in den bundistischen Gruppierungen in Frankreich und den Vereinigten Staaten, die Edelmans Bedeutung voll anerkannten, wurden in der unmittelbaren Nachkriegszeit vor allem die Toten geehrt.[38]

In den vergangenen zwanzig Jahren wurden Edelmans Taten während des Krieges und danach stärker ins Licht der Öffentlichkeit gerückt, vor allem in Polen, wo Edelman aufgrund seiner Führungsrolle während des Ghettoaufstands zu einer festen Größe in der Erinnerung an die Shoah wurde. Jahrzehntelang hatte Edelman an jedem 19. April allein oder in Begleitung einiger weniger Verwandter und Freunde das berühmte, von dem Bildhauer Nathan Rapoport geschaffene »Denkmal der Helden des Ghettos« besucht, das 1948 im Herzen des alten Stadtbezirks eingeweiht worden war.[39] Am Ende seines Lebens kamen Tausende, um mit ihm an den Beginn des Aufstands von 1943 zu erinnern. Anfang der 2000er Jahre erschienen auch Interviews mit ihm in der Presse beziehungsweise wurden im Fernsehen gesendet. Zwar entsprachen die Aussagen des Bundistenführers, sofern sie sich gegen jede Heroisierung seines Kampfes und des Kampfes des Kommandanten Mordechaj Anielewicz wandten, nicht immer den Erwartungen der Öffentlichkeit,[40] aber viele waren angetan vom Freimut seiner Äußerungen, von seiner Bescheidenheit und von seinem permanenten Protest gegen die Mächtigen und Unterdrücker. In Łódź trägt heute ein 2010 eröffnetes Zentrum für multikulturellen Dialog seinen Namen,[41] und mehrere Plätze in polnischen Städten, darunter einer im Zentrum von Warschau, wurden nach ihm benannt. Außerhalb Polens wird Marek Edelmans selten gedacht; die Erinnerung an ihn wird aber von den Nachfolgeorganisationen des Bund gepflegt, und nicht nur von ihnen. Seine Schriften und Interviews wurden in zahlreiche Sprachen übersetzt, und im Frühjahr 2018 widmete Paris ihm einen Platz im XI. Arrondissement.

EINE ANTWORT AUF DIE GEGENWÄRTIGE POLNISCHE ERINNERUNGSPOLITIK

Die Notizbücher wurden erst einige Jahre vor der Rückkehr der rechtskonservativen polnischen Partei Recht und Gerechtigkeit (Prawo i Sprawiedliwość, PiS) an die Macht gefunden. Nachdem das im Jahr 2000 erschienene Buch des Historikers Jan Tomasz Gross über das Massaker von Jedwabne, *Sąsiedzi*,[42] den Anstoß zur offiziellen Anerkennung der Beteiligung eines Teils der polnischen Bevölkerung an der Ermordung von Juden während des Zweiten Weltkriegs gegeben hatte, verstärkte die Wahl der PiS im Oktober 2015 erheblich eine *gegenläufige*, bereits seit Mitte der 2000er Jahre vom polnischen Institut für Nationales Gedenken vorbereitete Tendenz, die *Hilfe* polnischer Bürger für Juden in den Mittelpunkt zu stellen. Diese Regierung wollte ein Geschichtsbild von Polen als ewigem Opfer durchsetzen und mit ihrem »patriotischen« Programm, insbesondere über das im Februar 2018 verabschiedete und im Juni desselben Jahres abgeänderte Gedenkgesetz, eine offizielle historische Erzählung diktieren, die dem Land ein ›gutes Image‹ verschaffen sollte. In diesem Zusammenhang ist die Frage nach der Haltung nichtjüdischer Polen gegenüber ihren jüdischen Mitbürgern während des Zweiten Weltkriegs von zentraler Bedeutung. Die zahlreichen Fortschritte der Forschung zu diesem komplexen Thema wurden angezweifelt, wenn sie nicht der offiziellen politischen Linie entsprachen.[43] Was Edelmans Verhältnis zu den Polen in seinen bereits veröffentlichten Berichten und in den Interviews mit ihm betrifft, so lassen sie weder Groll noch große Dankbarkeit erkennen – auf diese Themen geht Edelman nicht näher ein. Auch in den *Erinnerungen* wird die Haltung seiner nichtjüdischen Mitbürger nicht thematisiert. Die Frage nach dem Verhalten der Polen während der Shoah scheint nicht im Mittelpunkt seines Interesses gestanden zu haben; sie war Teil seiner allgemeinen Klage über die Untätigkeit der Welt, vor allem Europas, angesichts der Tragödie, die während des Zweiten Weltkriegs über die Juden hereinbrach.

Marek Edelman hat sich immer gegen jede politische Vereinnahmung des Gedenkens an die Shoah gewandt. Aus diesem Grund veranstaltet seine Familie heute an jedem 19. April eine Gedenkfeier an seinem Grab, die parallel zum offiziellen Gedenken der PiS-geführten Regierung am von Edelman zu Lebzeiten besuchten »Denkmal für die Helden des Ghettos« stattfindet. Die Veröffentlichung der *Erinnerungen* in französischer Übersetzung, fünf Jahre nach dem Erscheinen der Originalausgabe in polnischer Sprache,[44] ist Ausdruck des Bestrebens, die Erinnerung an diesen Mann und an seine scharfe Kritik an den Manipulationen der Erinnerung, die vergessen machen wollen, dass die allermeisten Juden in Polen mit ihrem Schicksal allein gelassen

Porträt Marek Edelmans von Zofia Lipecka, 1991 (Privatsammlung von Aleksander Edelman)

wurden, lebendig zu halten. Angesichts des aktuellen Wiedererstarkens von Antisemitismus und Fremdenfeindlichkeit in Polen und vielen anderen Ländern ist es angebracht, auf den Kämpfer, den Arzt, der ein großer Verteidiger des Lebens war, und den letzten Zeitzeugen der Kämpfe des polnischen Bund einen neuen Blick zu werfen. Die vorliegende Übersetzung seiner *Erinnerungen* ermöglicht es uns, fast fünfzehn Jahre nach Marek Edelmans Tod an der Verbreitung der von ihm vertretenen Werte mitzuwirken.

Constance Pâris de Bollardière

ERSTES NOTIZBUCH

Die Wache Żelazna-/Chłodna-Straße.[1]

Die Menschenmenge wartet auf einen gnädigen Wink des Polizisten, der den Verkehr »arischer« Fahrzeuge und jüdischer Fußgänger regelt. Es läuft unregelmäßig. Eine halbe Stunde lang fahren Autos, Straßenbahnen, Fahrzeuge rein »arischen Blutes« über die Fahrbahn der Chłodna-, und fünf Minuten lang hetzt über den Bürgersteig der Żelazna-Straße die tausendköpfige jüdische Masse, um es rechtzeitig zu schaffen und nicht wieder an der Wache warten zu müssen.

Es ist frostig kalt. Die Gendarmen, in Pelze gehüllt und mit speziellen großen Filzstiefeln ausgestattet, laufen auf dem Bürgersteig auf und ab und treiben brüllend, öfter mit Gewehrkolben, die Menschen an.

Ich renne mit der Menge. Die deutsche Wache wechselt. Einer der Gendarmen winkt mich mit den Fingern herbei: »*Komm, komm …*«[2] Nichts zu machen, ich gehe auf ihn zu, die Mütze in der Hand. »Zieh mir die Stiefel aus, Jude«, sagt er. Ich werde blass. Was soll ich sagen. Eine Sekunde überlegen – schon zu lang. Also sage ich ruhig und leise: »Ich hab nichts zu tun mit der Schusterei, bin Beamter.«

Bevor der Schwachkopf kapierte, dass der *verfluchte Jude* sich ihm verweigerte, stand er einen Moment lang still. Dann griff er mich am Arm und führte mich zum nächsten Eingangstor. Erst dort begann er mich zu prügeln, zu treten und mit dem Gewehrkolben zu traktieren. Zum Glück bekam ich einen solchen Stoß in die Seite, dass ich taumelnd aus dem Tor herausstolperte. Ich türmte. Eine ganze Woche lang konnte ich mich kaum bewegen.

Ich kam im Krankenhaus an, sagte keinem was. Doch Hela[3] ließ mir keine Ruhe: »Warum sind deine grauen Augen so traurig?«

* * *

Schrempf, *Kommissar zur Bekämpfung der Seuchenkranken*[4]. Groß, stämmig, mit riesiger Hornbrille, auf dem Tisch eine Peitsche.

Um acht Uhr morgens musste ihm ein Bericht über den Krankenverkehr vom Vortag vorgelegt werden. Da ich ein Bote am Bersohn-Bauman-Krankenhaus war, bekam ich einen Passierschein für die »arische Seite«.[5] Zu Schrempf ging ich regelmäßig, jeden zweiten Tag. Die Besuche waren sehr – wenn man so sagen darf – unangenehm. Niemals wusste ich, ob ich heil und lebendig wieder rauskommen würde. Nicht nur einmal schlug man mich gleichsam beiläufig. Dass sie mich zusammenbrüllten, war normal, das machte auf mich keinen Eindruck mehr, vermeiden konnte ich es ohnehin nicht. Klopfte ich an die Tür, war es falsch, weil ich sie bei der Arbeit störte; klopfte ich nicht, war ich ein ungezogener Judenlümmel oder – je nach deren Laune – ein *verfluchtes jüdisches Schwein.*

Einmal ergab es sich, dass ich um acht Uhr dreißig unser illegales Untergrundblatt zum Verbindungsmann der PPS[6] bringen sollte. Ich nahm das Blatt zu Schrempf mit, sonst hätte ich es nicht geschafft. Ich steckte es unauffällig unter den Umschlag meines Ausweises. Wie der Zufall so wollte, behielt ausgerechnet an diesem Tag der Gendarm am Eingang die Papiere aller Besucher ein. Es war nichts zu machen. Umkehren konnte ich nicht mehr, und so ließ auch ich meinen Ausweis bei ihm.

Nach der Erledigung der Sache bin ich eine Viertelstunde später wieder unten. Und ... da liegt mein Ausweis und daneben das Untergrundblatt. Ich gehe zur Garderobe, ziehe meinen Mantel an – einen anderen Ausgang gibt es leider nicht. Ich gehe zum Tisch, sage meinen Namen – der Gendarm sitzt mit abgewandtem Kopf und hört nicht, ich nehme schnell meinen Ausweis vom Tisch und gehe ruhigen Schrittes durch das Haustor hinaus. Dort abermals eine Ausweiskontrolle, nun ist es vorbei, und ich bin auf der Straße.

Zwei Wochen lang ging ich nicht mehr zu Schrempf.

* * *

Mitte Oktober 1939.[7] Seit einigen Tagen arbeite ich im B.-B.-Krankenhaus [Bersohn-Bauman-Krankenhaus]. Wie jeden Tag gehe ich morgens zur Arbeit, wie jeden Tag greifen die Deutschen morgens Juden zur Zwangsarbeit auf. In der Tasche habe ich allerlei echte und falsche Bescheinigungen, Ausweise, darunter eine gefälschte Urkunde, dass ich nicht in Russland geboren bin. Dies gehört zu meiner Ausstattung, um nicht zur Zwangsarbeit[8] eingesetzt zu werden. Bislang gelang mir das. Papiere, Zettelchen – half das eine nicht, hatte ich ein anderes in Reserve, und es klappte.

Also gehe ich auch heute gleichgültig an einer Straßenrazzia vorbei.

»Papiere«, höre ich hinter mir.

Ich gebe dieses und jenes her. Mehr will ich nicht riskieren, denn ich sehe, dass alles in der Tasche des polnischen Spitzels verschwindet. Keine Erklärung hilft. Mit einer Gruppe von vierzig Juden werde ich zum Postgebäude in der Żelazna-Straße geführt. Im dritten Stock gibt es keine einzige Fensterscheibe. Wir sollen das ganze Stockwerk verglasen, »Glas gibt es genug«, erklären uns die Deutschen, »in jedem Zimmer hängen Porträts von Piłsudski[9], Mościski[10], Rydz[11] und anderen wichtigen Götzen. Und wenn es nicht reicht, dann geht ihr in die Häuser ins Parterre […] und holt das Glas von dort […]. *Die Polen müssen kein Glas haben.*«[12]

Einige Stunden lang tun wir so, als wollten wir etwas bewerkstelligen. Der Deutsche ist mit unserer Arbeit zufrieden, und in einem Anfall von guter Laune erklärt er den Juden, wie großartig und genial der deutsch-sowjetische Plan[13] war, Polen zu teilen. Mit seinem Kommisskopf ist er sich nicht sicher, ob wir ihm alle folgen können. Also dreht er ein Piłsudski-Porträt um und zeichnet auf der Rückseite das Gebiet Polens: Von Osten kommen sowjetische Panzer, von Westen deutsche Flugzeuge, und in der Mitte steht ein kleines Schweinchen – das sind die Polen aus Warschau, und die wollten solchen Giganten widerstehen.

In dem Moment verliere ich die Geduld. Ich stehe auf dem Fensterbrett an einer Glasscheibe, die gerade neu eingesetzt wird. Eine winzige Bewegung mit dem Fuß, und die Scheibe zerspringt in tausend Stücke. Oh, das ist zu viel. Der Fritz packt mich am Kragen und verpasst mir einen Tritt in den Hintern. Erst im Erdgeschoss komme ich zu mir. Ich lasse die Papiere liegen und laufe nach Hause. Glück gehabt.

***

Das Ghetto gab es damals schon lange. Die Fleckfieberepidemie erreichte ihren Höhepunkt.[14] Täglich brachte ich einige Dutzend Blutproben zur Untersuchung (Weil-Felix-Reaktion) in die Städtische Hygieneanstalt in der Nowogrodzka-Straße – im Ghetto konnte man das nicht machen.[15] Ich überquere die Straße an der Ecke Złota und Żelazna[16], direkt vor mir hält ein Auto, aus der Fahrerkabine springt ein Gestapomann hinaus, schön gekleidet, mit grauen Handschuhen aus Wildleder. »*Bist du Jude? Was machst du hier?*« Er verpasst mir eine Ohrfeige, steigt in den Wagen und fährt weg.

Das tat gar nicht weh, und doch brannte meine Wange den ganzen Tag.

* * *

Mendelsohns[17] Bruder erkrankte an Typhus, seit neun Tagen hatte er Enzephalitis[18]. Da sie Verwandte sind, wird er von Hela behandelt. Es ist nichts mehr zu machen außer einer Punktion – ich begleite Hela. Da liegt der Mann völlig bewusstlos mit offenem Mund und Schluckauf. Es sieht so aus, als wäre es gleich zu Ende. Die Ärzte geben auf, schade um die Mühe. Doch Hela ist hartnäckig. Die Punktion wird gemacht, zwei Stunden später kommt er zu sich. Man könnte meinen, es war die Punktion – was für eine magische Kraft, diese Medizin.

* * *

Es fing damit an, dass Rozowski[19] in Erfahrung bringen sollte, wo ein Gestetner-Hektograph[20] aufzutreiben wäre. Einige Tage zuvor hatte ich aber zufällig in einem alten Schrank in der Karmelicka-Straße einen Vervielfältiger entdeckt – alt, gekauft noch von Zalcman[21] und Rywka[22].

Für mich war es klar, dass der Bund ein illegales Untergrundblatt herausgeben würde. Um jeden Preis wollte ich beim Druck mitmachen. Es imponierte mir ungeheuerlich. Und mir lag sehr daran, etwas Konkretes zustande zu bringen, etwas Bleibendes.

Ich hatte Glück. Zufällig war ich eingeweiht und wusste, dass die Druckerei bereits existiert, und ich konnte Jiddisch tippen. Es war schon Frühling 1940. Allgemein galt ich nicht mehr als ein Niemand, war nicht mehr der leichtsinnige Junge aus der Vorkriegszeit. Nicht nur einmal hatte ich ziemlich schwierige Aufgaben ganz ordentlich erledigt. Also bekam ich in den ersten Maitagen das Material für das Bulletin.[23] Für sechs Wachsmatrizen.

Alles ist fertig. Um vier Uhr nachmittags verstaue ich Papier, Matrizen und Farbe in einer Tasche und gehe in die Nowolipie-Straße 7[24] zum Keller des »Buchbinders«. Ich laufe auf dem Bürgersteig, und über die Fahrbahn fährt langsam, sehr langsam ein offener Wagen mit Gestapomännern, die von ihrer olympischen Höhe auf die sich auf den Straßen drängenden Juden herabschauen. Hätten sie nur gewusst, denke ich bei mir, was ich in der Tasche habe, hätten sie mit Sicherheit angehalten. Es ist eine Genugtuung für mich.

* * *

Orzech[25] ist festgenommen[26] worden. Den genauen Grund kannte man nicht. Vorsichtshalber wurde die Tätigkeit der Organisation fast gänzlich eingestellt, nur das Komitee [des Bund] blieb aktiv. Von einem Tag auf den anderen ist plötzlich alles zusammengebrochen. Man fühlte sich wie aus dem Leben herausgerissen. Doch was bedeutete schon das Leben im Ghetto – darüber lässt sich kaum reden. Für mich existierte während dieser drei Jahre nichts außer der Tätigkeit für die Organisation. Zwar arbeitete ich im Krankenhaus, konnte auch anders für meinen Unterhalt sorgen – in Wahrheit war das aber alles unwichtig. Dagegen verschaffte mir jede erledigte Kleinigkeit eine wahnsinnige Genugtuung. Über jedes Gespräch mit Abrasza[27], Berek[28], Bernard[29] freute ich mich wie ein Kind – alles war so unheimlich wichtig, dass es sich lohnte, überall den schlechtesten Ruf zu haben, wenn auch nur eine Lappalie erledigt werden konnte. War es nötig, sich irgendwohin dreimal zu begeben, so ging ich nie selber dorthin. Ich war in der glücklichen Lage, dass sich immer jemand fand, der mir blind gehorchte (an dieser Stelle wirst du wahrscheinlich lächeln und dir denken, der Junge bildet sich was ein[30]) und statt meiner hinging. Und einen überwachen kann ich ja, nicht nur überwachen, sondern auf ihn auch Druck ausüben. Ich selber befasste mich ausschließlich mit streng konspirativen Sachen. Hatte etwas nur einen Anschein von Legalität, erledigte das jemand anders. Also war ich wirklich den ganzen Tag unterwegs. Ich hatte keine Zeit, auch nur für eine Stunde ins Krankenhaus zu kommen. Und da ich mich dort langweilte – du verstehst es ja –, saß ich eben bei den Fünf.[31]

Und plötzlich eine solche Leere. Glücklicherweise ergab es sich, dass ich, als ich einmal die Dzielna-Straße überquerte, an einem Fenster des Pawiak-Gefängnisses[32] Orzech zu sehen glaubte. Ich kannte alle unsere konspirativen Adressen. Ohne einen guten Grund ging man dort aber nicht hin. Doch nun – nichts anderes wäre wichtiger gewesen. Am nächsten Tag war ich um elf Uhr bei Bernard in der Wohnung, alle saßen schon da. Die Nachricht war wichtig. Schon eine Stunde später ging Janina Orzechowa[33] zum Pawiak, ob sie ihn gesehen hat, weiß ich nicht.

Zum Glück gab es in dieser Zeit ungeheuer viel zu tun. Keine unserer Kommissionen war aktiv[34], und für die ganze Arbeit waren Abrasza, Klog[35] und Berek zuständig. Bei der Gelegenheit spannten sie mich tüchtig ein. Und wieder kamen Tage wahnsinniger Anspannung, nicht nur wegen der Arbeit selbst, sondern weil ich so beansprucht wurde, während alle anderen zu Hause saßen.

Nach zehn Tagen wurde Orzech freigelassen. Er erklärte sich

das damit, dass er zuvor in einem deutschen Lager inhaftiert gewesen war, aber die Ermittlung gegen ihn sei eingestellt und er sei freigelassen worden. Das habe für ihn gesprochen.

* * *

Seit einigen Monaten geben wir die *Yugnt-shtime*[36] heraus. Im Januar[37] wird die Auflage verdoppelt. Im Februar bekommen wir eine Nachricht, dass die Gestapo Fotos von der letzten Nummer habe. Am nächsten Tag überprüfen wir das: Alle Blätter sind zurückgekommen. Also hat uns jemand verpfiffen. Einer muss das Blatt genommen, es der Gestapo zum Fotografieren übergeben und es uns zurückgebracht haben, um alles zu vertuschen. Eine klare Sache, aber den Verdächtigen können wir nicht finden. Zwei Tage später wird Bas[38] in der Fabrik festgenommen, nach einer Stunde holt man aus derselben Fabrik einen Jungen ab, der – wie sich später herausstellt – mit dem Blatt erwischt worden war und Bas verraten hatte. Geholfen hat ihm das nicht. Unterdessen steht bei uns wieder alles still.[39] Wir müssen vorsichtig sein, unser Prinzip war bis dahin: durchhalten, alles überstehen und überleben, also müssen die Menschen geschont werden. Wenn der Krieg zu Ende ist, wird jeder Einzelne gebraucht.

Wie ich es bei jenem ersten Vorfall gelernt hatte, ging ich nach einigen Tagen unter einem beliebigen Vorwand zu Bernard. Sie fragten mich nicht einmal, weswegen ich kam, als sei es ganz klar und selbstverständlich gewesen, dass sie mich brauchten. Und so war ich in den langen sechs Wochen von Morgen bis Abend auf Achse. Tausende kleinere und größere Sachen. Dabei war es unvermeidlich, dass ich mich hier und da enttarnen musste. Einige mehr wussten nun Bescheid über mich, und das gefiel mir gar nicht.

Nach sieben Wochen fand die erste Sitzung der Tsukunft[40] statt, und Russ[41] sprach darüber, dass kaum jemand einen Finger krumm mache, um zu verhindern, dass die Organisation in dieser Zeit auseinanderfalle. Er sagte, dass die Tatwilligen das Unmögliche versuchen und das Mögliche erreichen. Alle haben verstanden, wen er meinte. Ich auch.

* * *

Es ergab sich, dass ich sozusagen der Chef der Druckerei wurde. Seit der ersten Nummer übernahm ich – wenn man so sagen darf – die Verantwortung für das Schicksal der Druckerei. Die zwei ersten Ausgaben wurden im Keller des »Buchbinders« in der Nowolipie-Straße 7 gedruckt. Dieses Lokal stand unter der Obhut des Genossen Warszawski[42]. Den Kontakt zu ihm vermittelte Klog. Bei der ersten Nummer war er sehr nützlich, ein alter Buchbinder vom Fach: Er brachte uns bei, wie die Blätter zusammenzulegen waren, wie man Papier zählte. Auch Rozowski, der vor dem Krieg in einem Papiergeschäft gearbeitet hatte, kannte sich damit ein wenig aus. Beim zweiten Mal lief alles wie am Schnürchen. Wir arbeiteten in einer kleinen fensterlosen Stube, in der sich früher wohl das Büro befunden hatte. Trotz der Hitze draußen war es drinnen so kalt, dass unsere Hände ganz steif waren und die Farbe dickflüssig wurde. Dieser Warszawski gefiel mir nicht besonders, aber ich konnte ihm nichts Konkretes vorwerfen. An sein Gesicht erinnere ich mich kaum, ich weiß nur noch, dass er tiefsitzende, wässrige Augen hatte. Sein Blick war so finster und kalt.

Nach der zweiten Nummer sagte ich entschlossen, dass ich mit ihm nicht mehr arbeiten würde. Alle schrien mich an, waren wütend, aber ich gab nicht nach. Erst drei Jahre später stellte sich heraus, dass ich recht hatte.

Ich bestand darauf, die Druckerei zu verlegen, aber es gab kein anderes Lokal. Ein wenig irrten wir umher, bis sich Zyferman[43] fand. Seine Frau und sein Kind schickten wir nach Kazimierz[44], somit stand uns die Wohnung zur Verfügung. Erst dort richteten wir uns ein wenig ein. Spezielle Karbidlampen mit doppelten Brennern wurden besorgt, fünf elektrische Heizgeräte zusammengebastelt (das Zimmer war winzig, aber sehr kalt). In dieser Wohnung brachten wir unsere schönsten Veröffentlichungen heraus (*Di parizer komune*[45], eine Broschüre mit 68 Textseiten und Zeichnungen, zweifarbiger Umschlag; die Mai-Ausgabe[46] der *Yugnt-shtime* mit einem Deckblatt in drei Farben). In der Regel druckten wir zu dritt, mit Rozowski und Zyferman, und wenn es größere Auflagen waren, kam uns Rywka oder Blumka[47] zu Hilfe. Gewöhnlich arbeiteten wir tagsüber, von vier bis acht Uhr, in vier Stunden war das Blatt fertig. Am nächsten Morgen brachte Zyferman die ganze Auflage zu Anka Wołkowicz[48]. Dort befand sich die Vertriebszentrale. Das Paket dorthin zu bringen, war immer ziemlich riskant. Im Ghetto wurden alle Pakete kontrolliert. Aber uns ist nie etwas zugestoßen.

Das Haus in der Pawia-Straße 67, in dem Zyferman wohnte, hatte es an sich, dass seine Bewohner andauernd an Flecktyphus erkrankten und dort den ganzen Winter über eine Quarantäne verhängt war. Also war der Hauseingang gesperrt und wurde von zwei polnischen Polizisten überwacht, die niemanden hinein- oder hinausließen. Diese Überwachung bestand darin, dass jeder, der doch hinein- oder hinausgehen wollte, fünf Złoty bezahlen musste. Das hatte aber eine gute Seite: Wir konnten uns ohne Bedenken in der Wohnung aufhalten, da wir wussten, dass kein Deutscher zufällig das Haus betreten und dass niemand von dort zur Zwangsarbeit abgeholt werden würde.

Das Schlechte daran war, dass man für das Hinaustragen eines jeden Pakets getrennt zahlen musste, je nachdem, welche

Ware darin war. Unsere Pakete wären also sehr teuer. Wir konnten sie aber den Polizisten nicht zeigen, sonst hätten wir die Druckerei und Zyferman enttarnt. Einmal ergab es sich, dass ein Paket bis elf Uhr nicht weggebracht werden konnte. Ich ging mit Hela hin, sie sollte als Ärztin das Haus betreten, dort eine Gesundheitskontrolle veranlassen und bei dieser Gelegenheit das Paket hinausbringen. Doch Zyferman war sehr ehrgeizig, und als er mich am Haustor erblickte, das der Polizist einen Spaltbreit aufgesperrt hatte, haute er ihm auf die Fresse, und schon war er auf der Straße. Nach langem Hin und Her musste ich dem Polizisten achtzig Złoty für die Körperverletzung zahlen, und so endete die ganze Angelegenheit. Helas Einsatz war nicht nötig gewesen.

Einmal gibt es einen dringenden Auftrag, so dass Blumka, Zyferman und ich in der Nacht arbeiten müssen. Gegen ein Uhr hören wir deutsche Stimmen im Hof, dann in unserem Treppenhaus, und gleich darauf klopft jemand an unsere Tür … Schlimm. Im ganzen Zimmer liegt Papier herum, das Gerät ist aufgebaut – wir sind verloren. Aus dem Flur gelangt man direkt ins Zimmer.

»Blumka, zieh dich schnell aus – aber ruck zuck.«

Ich warte einen Moment, bis sie Bluse und Rock abgestreift hat.

»Schnell, schnell, stell dich nah an die Tür.«

Und mit meinen schwarzgefärbten Händen öffne ich langsam die Tür. Zyferman springt in die Ecke hinter der Tür.

»Wer ist da? Zu wem wollen Sie? Ich kann Sie nicht reinlassen, meine Frau …« Letzteres unterstreiche ich mit sichtbarem Beweis. Blumkas fast nackter Körper macht Eindruck. Ich trete vor die Tür.

»Wohnt hier der Schuster Goldwasser?«

»Nein, Sie sind hier falsch, eine Etage tiefer.«

Sie wollten noch überprüfen, ob er tatsächlich nicht da war, aber in der Mitte des Zimmers stand bereits eine Waschschüssel, und Blumka wusch sich eifrig. Es gelang mir, sie nach unten zu führen. Am nächsten Tag ist das Blatt normal erschienen.

Wie sich später herausstellte, betrieb Herr Goldwasser illegal eine Pferdeschlachterei. Gegen 10 000 Złoty ließen sich die Deutschen abwimmeln. Zyferman nahm er dann übel, dass dieser ihnen verraten hatte, wo er wohnte.

Eineinhalb [...][49] arbeiteten wir bei Zyferman, bis es brenzlig wurde. Die Nachbarn wussten zwar nicht, was sich in seiner Wohnung abspielte, doch ahnten sie, dass da etwas vor sich ging, und allein das war nicht gut. Wir begannen, nach einer anderen Wohnung zu suchen. Einige Ausgaben druckten wir zwischendurch mit etlichen Schwierigkeiten in der Volksküche, die Berksowa[50] leitete, und schließlich fanden wir eine Zweizimmerwohnung in der Nowolipie-Straße 36. Gedeckt wurde die Wohnung durch Barenbaum[51] und seine Frau, da aber zwei Personen für diese Räume zu wenig waren, meldete ich dort auch meinen Wohnsitz an. Nach der endgültigen Umorganisierung blieben Blumka und Zyferman mit mir in der Druckerei. In der Küche richteten wir ein Versteck für Maschine und Papier ein. Da wir damals bereits einen großen Vorrat an Papier hatten, passte nicht alles hinein. Der Rest lagerte also im Sofakasten. Die Wohnung war zwar verschimmelt und roch entsprechend feucht, aber wenn wir ankamen, heizten wir den Eisenofen, bis er glühte, und dann war es im Umkreis von einem Meter ziemlich warm. Manchmal legte Zyferman sogar sein Jackett ab, und Blumka, die immer ein elegantes schwarzes Kleid mit wohl vierundvierzig Knöpfen und einem weißen Kragen anhatte, öffnete gut die Hälfte dieser Knöpfe (oder wir machten es). Dort war es klasse. Besonders nach einem Besuch von Berek.

Wir druckten zweimal die Woche. Sechs Zeitschriften, darunter ein Wochenblatt.[52] Die Wachsmatrizen wurden immer erst im letzten Moment fertig – ich tippte sie meistens nachts, doch die neuesten Nachrichten musste man kurz vor Redaktionsschluss eingeben, so dass es gerade noch vor acht Uhr (die Ausgangssperre) zu schaffen war.

Ich glaube, es war im Winter oder Frühling 1941. *Der veker*[53] sollte am Sonntagmorgen erscheinen, und am Samstag um sieben Uhr hatten wir die letzte Nachricht noch nicht; die kam erst um viertel vor acht. Wir wollten unbedingt das Blatt herausbringen. Berek beschloss, mit mir über Nacht in die Druckerei zu gehen. Um zehn Uhr hatten wir die letzte Seite fertig. Und dann begannen wir zu drucken. Berek legte sich aufs Sofa, schloss die Augen und lag da, ich sah aber, dass er nicht schlief. Bei uns am Tisch war es merkwürdig still. Dann begann Blumka, was zuvor fast nie vorgekommen war, zu singen, traurige Liedchen, wohl aus dem Jahr 1905. Im Zimmer war es dämmrig, nur die Karbidlampe nahe an der Maschine brannte, Zyferman fiel ab und zu mit seiner Bassstimme ein. Der Eisenofen glühte wie immer. Das Drucken der Nummer ging sehr schnell, um drei konnten wir die Blätter zusammenlegen. Berek stand auf. »Ich helfe euch.« Am Tisch war es sehr eng, aber Blumka hatte wie jede Tsukunftistin eine Schwäche für ihn, und es rührte sie, dass dieser angeblich gefühllose Mann auf sie aufmerksam wurde. Wir gaben ihm Arbeit. Seine ungeübten Hände pressten langsam die noch fast feuchten Blätter zusammen. Blumka hatte Spaß: In zwanzig Minuten schaffte sie viermal so viel wie er. In dieser Nacht öffnete sie keinen einzigen Knopf, und das nicht wegen der Kälte.

Um fünf Uhr morgens verspürten wir Hunger. Wir hatten etwas Brot und Kaffee mit, da aber Berek, der damalige Kassierer, zugegen war, lief Zyferman nach unten und holte aus der Bäckerei im selben Hof fünfzehn Brötchen und viel, viel Milch. Lecker war es. Vor sieben Uhr gingen wir auseinander.

Um zwei Uhr gab es ein Treffen im Präsidium. Berek war noch im Bett. Ich hatte bereits den ganzen Vertrieb gemacht und bekam schon die Rückmeldungen aus der Stadt. Wir saßen da zu dritt mit Abrasza. Plötzlich ließ sich Berek vernehmen:

»Diese Nacht hat auf mich einen ungeheuren Eindruck gemacht. Ich war irgendwo in einer anderen Welt. Seit die Deutschen da sind, habe ich mich noch nie so gefühlt ...«

Hier fehlten ihm die Worte, oder er wurde verlegen. Blumkas Gesang, die Stimmung dort, dieses – wie er sagte – »bedeutsame Schweigen ...« Unter Bereks kühlem Äußerem steckte ein echter Romantiker. Wer ihn kannte, wusste sehr wohl, wie viele Visionen, Phantasien und Träume dieser Mann hegte. Er war aber sehr gerecht, deshalb wirkte er nach außen hin ausgesprochen kühl.

Bei dieser Gelegenheit bekam ich eine Rüge, dass ich nicht genug für mein Personal und dessen Verpflegung sorgen würde. Seit dieser Zeit gab es immer erstklassiges Essen.

Mehrmals wollte Abrasza nachts mit in die Druckerei, aber ich wehrte es ab, so gut ich konnte. Nach dem Besuch von Berek hätte kein anderer das Ganze genauso wahrgenommen, und die Legende wäre dahin gewesen. Er hätte uns von allen Seiten beobachtet und doch nichts gesehen. Besser also keiner mehr. Es war nicht unbedingt angenehm, so unter die Lupe genommen zu werden. Und insbesondere, wenn es um Abrasza ging. Lieber nicht. Und ich wimmelte ihn so ab, dass er nie kam.

Am 15. April 1943[54] erschien im Lokal der Druckerei ein Typ, der behauptete, vom Wohnungsamt[55] zu sein, und fragte, ob ein Barenbaum hier wohne. Zu Hause war ein zwölfjähriges Mädchen, das ihn fragte, wie er denn heiße und wo er wohne, da der Onkel tagsüber arbeite und erst gegen Abend zum ihm kommen könne. Der Mann gab seinen Namen und seine Adresse an: Orlean[56], Karmelicka-Straße 15. Ein bekannter Gestapospitzel. Barenbaum ging hin, doch man sagte ihm, die Sache sei schon erledigt. Wir haben Lunte gerochen. Barenbaum meinte zwar, es bestehe keine Gefahr, aber wir wiesen ihn an, sofort aus der Wohnung zu verschwinden. Wohl oder übel musste er gehorchen. Am nächsten Tag, d. h. am 18. April[57], rief ich eine SKIF-Gruppe[58] zusammen, um die Druckerei zu verlagern. Der Treffpunkt war bei Pola Lipszyc[59] in der Karmelicka-Straße 6.[60] Dorthin kamen Zośka Goldblat[61], Łajcia Blank[62], Cywia Waks[63], Bela Bojmblat[64], Tobcia Dawidowicz[65], Miriam Szyfman[66], Stefa Morzyc[67], Jurek Błones[68], Janek Bilak[69] und Abram Fajner[70].

Wir richteten es so ein, dass Fajner und ich auf der Straße standen und den anderen Anweisungen gaben, die alles in die Wohnung von Jurek Błones in der Nowolipie-Straße 67 verfrachten sollten. Die Jungen waren nicht in der Wohnung, Guta[71] hatte sich von der Arbeit freigenommen und saß zu Hause.

Alle zehn Minuten verließen die Mädchen eines nach dem anderen Polas Wohnung, gingen zur Druckerei, nahmen dort zwei bis drei Pakete mit Papier mit, die ihnen Jurek gab, und brachten sie in die Nowolipie-Straße 67. Von dort kamen sie auf Umwegen zurück in die Karmelicka-Straße und so immerfort. Die ganze Aktion dauerte von zwölf bis sechs Uhr abends. Um sechs Uhr nahm Jurek die Maschine auf den Rücken und brachte sie zu sich nach Hause. Alles war erledigt.

Die Wohnungstür schloss ich mit einem Vorhängeschloss ab, den Schlüssel nahm ich mit. Barenbaum hätte noch auf die Idee kommen können, nach Hause zurückzukehren.

* * *

Ein schöner Nachmittag des 17. April.[72] An der Ecke Leszno- und Karmelicka-Straße fallen Sonnenstrahlen schräg durch die Fensterscheibe und beleuchten die letzten zwei polnischen Polizisten, die dort noch stehen. Seit Monaten ist im Ghetto keine PP [Polnische Polizei][73] mehr zu sehen gewesen. Bestimmt geht etwas vor sich. Posten an jeder Ecke. Der Jüdische Ordnungsdienst[74] weiß von nichts. Die Stimmung ist sehr angespannt. Die Straßen, die immer voller Menschen sind, wirken heute wie ausgestorben. Die letzten Passanten eilen nach Hause. Unser Nachrichtendienst versucht, etwas in Erfahrung zu bringen, aber einige Stunden lang bleiben alle Bemühungen ergebnislos. Erst um neun Uhr abends bekommen wir eine Nachricht von der »arischen Seite«, dass in dieser Nacht eine Abteilung des Sonderdienstes[75] im Ghetto zum Einsatz kommen solle. Orzech benachrichtigt telefonisch Sonia[76], und sie gibt Klog Bescheid, er solle aus der Wohnung verschwinden.

Ich legte mich wie gewöhnlich schlafen. Eine Stunde später hörte ich einige Schüsse unter dem Fenster, da aber Schüsse im Ghetto eine normale Sache waren, schlief ich wieder ein. Um sechs Uhr morgens weckte mich ein Klopfen. Blumka kam angerannt, um zu prüfen, ob wir noch lebten, denn sie waren bei ihnen im Haus gewesen und hatten nach Lozer gesucht, ihn aber nicht gefunden.[77]

Die Straßen sind völlig leer, es ist ein frostiger Morgen. Ab und zu läuft eine verweinte Frau vorbei, die Hände blau vor Kälte. Wir halten eine von ihnen an, dann eine andere: Bei der einen holten sie den Mann ab, bei der anderen den Bruder. Zunächst fällt es schwer, abzuschätzen, wie viele Opfer es gibt, man sagt, etwa drei- bis vierhundert.

Mit der Rikscha[78] fahre ich die Żelazna-Straße entlang, auch meine Hände werden steif vor Kälte, neben mir fährt in einer anderen Rikscha eine Frau, ich spreche sie an, sie will nichts sagen, aber ihr Blick lässt mich erschauern. Das ist unser Ende – lese ich in ihren Augen.

Ich komme bei Berek an, er schläft, weiß noch von nichts.

Dann springt er auf, setzt sich aufs Bett, zieht die Beine unters Kinn und gibt ein langgezogenes »Jaaaa« von sich.

Wir gehen runter auf die Straße, wieder herrliche Sonne. Seltsamerweise verbinde ich diese zwei Tage mit Sonnenschein, vielleicht des Kontrastes wegen. Langsam können wir uns einen Überblick verschaffen. Etwa fünfzig Menschen wurden getötet. Acht von unseren Genossen. Das ganze Ghetto beschimpft uns, wir müssen darauf reagieren[79], und ausgerechnet jetzt können wir Abrasza nicht finden. Zu Hause ist er nicht, angeblich wollte er Luba[80] beim Umzug helfen und wusste noch nichts.

Berek blieb in der Leszno-Straße, und ich wollte nachsehen, ob sie in der Nowolipie-Straße[81] gewesen waren. Unterwegs traf ich Gabryś[82]. Wir gingen zusammen hin, ich blieb im Eingangstor stehen, er lief nach oben. Am Eingang stand ein Schnüffler, er sah kümmerlich aus und schaute mich eindringlich an. Nach einer Weile kamen zwei jüdische Gestapospitzel. Einige Minuten sprachen sie mit gedämpften Stimmen mit dem Hauswart. Dieser zeigte auf mich. Ich verstand. Sie suchten gewiss nach Barenbaum, denn in der Nacht war niemand dagewesen, und man hatte die Wohnung versiegelt. Und da ich auch dort gemeldet war, kamen sie nun auf mich zu. Auf der Stelle drehte ich mich um und war gleich auf der anderen Straßenseite. Aber dieser Schnüffler verfolgte mich. Ich lief geradeaus, kehrte um, ging in einen Laden, trank etwas Kwas[83], und ich war ihn los.

Ich lief zurück in die Leszno-Straße. Abrasza war schon da. Er war bei Orzech vorbeigekommen, der bereits einen Artikel verfasst hatte. Ich ging den Text abziehen, damit *Der veker* am nächsten Tag in der Stadt verteilt würde. Der Artikel war gut, maß- und taktvoll geschrieben, drückte aber die ganze Wahrheit aus: Das ist der Anfang der Vernichtung der Warschauer Juden.[84]

Der veker machte einen kolossalen Eindruck. Im Ghetto hieß es, die Redakteure der Untergrundpresse seien getötet worden, und siehe da, am nächsten Tag ist der Bund nach wie vor auf dem Posten. Offenbar hatten die Deutschen nicht die Richtigen getroffen. Für uns war das eine große Genugtuung.

* * *

Wie konnte das passieren, wer hat elf unserer Leute verraten, von denen acht getötet wurden?[85] Der jüdische Gestapospitzel, der sich mit dem Bund befasste, war Fred Orlean, hinzu kam der Bubi[86], beide von der degenerierten und blasierten Jugend aus Łódź. Ich weiß nicht mehr genau, wie wir darauf kamen, dass sie mit Leon, einem aus der Fünfergruppe der Frisöre[87], Kontakt hatten. Ich glaube, es begann damit, dass Berek, als er sich einmal in seinem Laden rasieren ließ, sah, wie Fred Leon etwas in die Hand drückte und wie sie sich verständigten. Zur Enttarnung von Leon trug wesentlich Marian Merenholc, ein PSler[88], bei, der bei der jüdischen Polizei war. Ausgerechnet am 18. April sah Zygmunt Frydrych[89], wie Leon in einer Rikscha zusammen mit einigen Gestapomännern fuhr. Der Sache mit Leon nahmen sich die fünf Ausbilder an, die gleichzeitig die Hauptzelle unseres Nachrichtendienstes darstellten. Wir konnten nachweisen, dass Leon tatsächlich Beziehungen zu Gestapomännern[90] hatte. Wir verfassten eine Anklageschrift – die wohl bis heute im Besitz des ZK ist –, und das Plenum des ZK verhängte das Todesurteil. Nach dieser Sitzung war Berek sehr mitgenommen oder vielmehr nervös: Wie sollte das durchgeführt werden, wie läuft das ab? Auf dem Heimweg lud ich ihn zu Łysobyk[91] auf einen Wodka ein. Er trank nicht viel, konnte sich dann aber kaum auf den Beinen halten. Seine Augen waren so schrecklich verstört, er bewegte sich hektisch, unkoordiniert. Ich dachte, er sei betrunken, aber das war nicht der Fall. Ihn belastete die ungeheuerliche Verantwortung für jemandes Tod. Während ich wohl völlig ruhig und leise von der technischen Seite der Angelegenheit sprach, starrte er auf den Boden mit abgestumpftem, gramvollem Blick. Ich wusste, dass meine Worte ihn nicht erreichten. Ohne seine ausdrückliche Erlaubnis konnten wir nichts tun. Stillschweigende Zustimmung war in diesen Zeiten auch für mich zu wenig.

Am vorgesehenen Tag war alles vorbereitet, alle Fäden hielten wir in der Hand, die Leute warteten. Ich wartete auf das Wörtchen Ja. Doch es fiel nicht. Ich wartete bis zehn vor neun, bis zur Ausgangssperre. Ich wiederholte alles zweimal, leise, ruhig, ich drängte ihn nicht mehr. Dann hakte ich Berek unter, wir gingen hinaus. An der Ecke trennten wir uns wortlos. Seit diesem Abend stand etwas zwischen uns. Ein Schatten. Eine Befangenheit im Umgang miteinander. Nie mehr schauten wir uns direkt in die Augen.

Den Leuten sagte ich ab. Ich spürte, wenn es nicht heute passieren würde, dann würde es nie mehr dazu kommen. Später wurden noch einige Versuche unternommen, aber alle misslangen. Man hätte ihn erneut beschatten müssen, dafür war aber keine Zeit. Bald kam die erste Liquidierungsaktion.[92] Leon kam am 6. oder 7. September 1942 um, er wurde aus einem »Kessel«[93] zusammen mit Polizistenfamilien[94] und der »Dreizehn«[95] geholt.

* * *

Der 18. April 1943[96] bedeutete sowohl für das Ghetto als auch für unsere Partei einen Wendepunkt. Sonia und Klog mussten ihre Tätigkeit[97] einstellen. Wir beschlossen eine strikte Trennung zwischen der halblegalen und der völlig illegalen Arbeit. Sogar zwei getrennte Komitees wurden gebildet. Die halblegale Arbeit leitete Zdzisław.[98] Abrasza, Berek und ich (Orzech war krank) übernahmen die ganze illegale Tätigkeit. Alles wurde in größerem Maße zentralisiert. Ins Warschauer Komitee nahmen wir Grylak[99] und Mermelsztajn[100] auf. Sie befassten sich ausschließlich mit Parteigruppen.

Es war so, dass das Zimmer, in dem Berek bei Ruta[101] wohnte, tagsüber nicht benutzt werden konnte. Übrigens wollten wir ohnehin das Versteck wechseln, zu viele Menschen kannten uns jetzt. Nebenan wohnte das Ehepaar Sytner, sie waren zwar sehr ernsthafte Poalei-Tzion-Anhänger[102], aber sehr redselig. Also war es besser, sich von ihnen fernzuhalten.

Wir mieteten ein Zimmer bei Bartman[103] in der Leszno-Straße 31. Und wieder meldete ich dort meinen Wohnsitz an. Ich war gleichzeitig in drei Wohnungen gemeldet. Bei dem Chaos im Meldebüro ging das aber.

Wir konzentrierten uns fast ausschließlich darauf, eine bewaffnete Aktion[104] für den Fall einer »Aussiedlung« vorzubereiten, und gaben weiterhin alle unsere Untergrundblätter heraus, nun wurde aber alles schwieriger.[105] Unter ungeheuren Sicherheitsvorkehrungen erschien alles rechtzeitig. Nie zuvor waren die Zusammenkünfte der Fünfergruppe so kurz und so nervös wie bei Bartman. In dieser Zeit hatten wir auch große Geldprobleme. Dort oben, in diesem stickigen Zimmer, herrschte »Aussiedlungsstimmung« – bereits drei Monate im Voraus.[106]

* * *

Um zwölf Uhr komme ich aus dem Krankenhaus, fahre durch das Tor[107] zum großen Ghetto. An der Ecke bemerke ich Augen, die mich anstarren, das Gesicht erkenne ich nicht. Eine Weile verfolgt mich das. Und dann plötzlich fällt es mir ein: Es ist dieser Schnüffler von der Nowolipie-Straße. Ich sehe schon, wie er in die nächste Rikscha steigt und mir folgt. Wie kann ich ihn abhängen? Dabei habe ich es so schrecklich eilig.

»Noch zwei Złoty drauf! Volle Fahrt!«

Meine Rikscha holpert, an der Ecke fällt sie fast um, doch es geht weiter. Mein Verfolger ist offensichtlich hartnäckig, er wechselt die Rikscha und ist nur noch zehn bis fünfzehn Meter von mir entfernt. Ich biege in die erste Nebenstraße ein, springe von der Rikscha ab, die Rikscha nimmt Fahrt auf, sie ist leichter geworden, saust weiter, und ich stehe ruhig, nun ohne Jackett, mit dem Rücken zur Straße und betrachte das Schaufenster. Einen Moment später kommt in voller Fahrt der Schnüffler und holt meine Rikscha fast ein, während ich mich ruhig umdrehe und in die umgekehrte Richtung laufe.

Auch dieses Mal konnte ich ihm ausweichen.

* * *

Zwei Wochen lang übernachtete ich im Krankenhaus, in Jasias[108] Zimmer. Kronczor[109] war darüber nicht begeistert, aber im Grunde lief alles glatt. Da ich es sehr weit hatte, kam ich immer nach der Ausgangssperre an und sah niemanden am Eingang. Später ging ich nochmal raus, um mich abzusichern.

Und dieses Mal sehe ich schon von weitem den grauen Mantel des Schnüfflers. Es war einer jener Frühlingstage, an denen manche Winterjacken oder Herbstmäntel trugen, andere aber gar keine Oberbekleidung anhatten.

Es ist etwas vertrackt: In das große Ghetto zurück schaffe ich es nicht mehr, es ist bereits nach neun, und man lässt mich nicht mehr über die Brücke. Mich ins Krankenhaus zu schleichen, ist kaum möglich. Die Straße liegt zwar völlig leer da, und es herrscht Dämmerung, aber er steht gegenüber dem Eingang. Das alles spielt sich in der unmittelbaren Nähe des VIII. Abschnitts der PP [Polnische Polizei] ab, und gleich rücken die Nachtpatrouillen in die Stadt aus. Nach einer Übernachtung bei der Gendarmerie gelüstet es mich auch nicht. Also gehe ich direkt auf ihn zu, bitte um Feuer und … biege zum VIII. Abschnitt ab. Die Polizisten dort kennen mich, weil sie das Bad im Krankenhaus benutzen. Ich bitte sie um Erlaubnis, bei einer deutschen Einrichtung anzurufen (ich weiß, dass dort um diese Zeit keiner mehr ist), und telefoniere eine gute halbe Stunde lang. Danach meine ich, dass es reicht und dass er aufgegeben hat. Ich gehe raus – keiner mehr da. Einen Sprung über die Straße, und schon bin ich im Krankenhaus. Auch dieses Mal habe ich es geschafft.

* * *

Der Schnüffler gab nicht auf. Drei Tage später kam er tagsüber zum Krankenhaus. Nun hatte ich keine Wahl mehr, ich musste mit offenen Karten spielen. Ging auf ihn zu: »Auf wen warten Sie?« Keine Antwort. »Wir werden es gleich sehen.« Romanowicz[110] und Jurek waren im Kesselraum. Ich sagte ihnen, dass ich einen zu verdreschen hätte. Flugs waren sie auf der Straße, zogen ihn in die Aufnahme hinein, und da ging es los mit den Prügeln, ganz ordentlich. Es dauerte nicht länger als zehn Minuten. Geschrien hat er nicht, hat sogar versucht, sich zu wehren. Doch auf eigenen Beinen rausgehen konnte er nicht mehr. Wir haben ihm *richtig*[111] zugesetzt. Ich sah ihn nie wieder.

* * *

Um eine Stunde verspäte ich mich zum Treffen der fünf Ausbilder. Ich bin sicher, dass ich gerade am Ende der Sitzung eintreffen würde. Ich komme hinein, alle sitzen da, Berek fehlt. Ich sehe eine stumme Frage an mich gerichtet: »Und …?« Ich setze mich hin und sage gleich: »Ich weiß von nichts. Was ist passiert?« Nun vernehme ich es aus vier Mündern gleichzeitig, sie reden durcheinander. Orzech sei festgenommen worden und sitze im Zentralgefängnis.[112] Abrasza sei krank. Also mache ich mich auf den Weg, bei Abrasza treffe ich auch Berek an. Ich erfahre, dass Orzech heute nach dem Aufstehen zum Arzt zu einer Untersuchung gefahren sei. Auf dem Rückweg sei sein Rikschafahrer falsch gefahren und daraufhin von Hendel[113] angehalten worden, der ihm einen Schlag versetzt habe. Orzech sei von der Rikscha gesprungen und habe Hendel zweimal auf die Fresse gehauen. Großes Aufsehen auf der Straße. Die Polizisten hätten sich für Hendel eingesetzt. Dieser habe verlangt, Orzech solle sich entschuldigen. Doch Orzech, ein Hitzkopf, habe lauthals vor der Menge auf der Straße erklärt: »Diesen Gestapolümmel werde ich, Orzech, nicht um Entschuldigung bitten.« Letztendlich sei er im Zentralgefängnis gelandet. Nun intervenierten Zdzisław und Berek bei Lejkin[114]. Es gab eine Menge Schwierigkeiten, Hendel weigerte sich, doch Lejkin versprach, in der Angelegenheit zu vermitteln. Die Nacht verging, und nichts passierte.

Am nächsten Morgen stehen wir fünf vor dem Gefängnis. Wenn man ihn zum Verhör abführt, werden wir ihn befreien. Wir warten eine Stunde, zwei Stunden, drei, fünf. Um eins öffnet sich das Tor, Orzech schießt heraus wie eine Rakete und schreit: »Eine Rikscha!« Janek wartet schon, fährt vor, mit zwei anderen Rikschas begleiten wir ihn nach Hause. Die Halunken hatten ihn nicht freilassen wollen, aber er hatte vorgegeben, seine Leute würden ihn selbst befreien. Da hatten sie Angst bekommen.

* * *

Um fünf Uhr ruft mich Jurek im Krankenhaus an. In der Nacht holte die jüdische Polizei Kuba[115] ab und führte ihn ins Dulag[116], damals schon in der Tłomackie-Straße. Heute um zwölf soll ein Transport in die Lager abgehen.

Lauter Pech in den letzten Tagen, alle unsere Beziehungen sind erschöpft. Gerade wurden viele unserer Leute erwischt. Was tun? Die einzige Rettung ist Marian, aber wo ist er zu finden so früh morgens? Seit Wochen schon übernachtet er nicht zu Hause. Wüsste ich nur, wo seine Braut wohnt. Verzweifelt fahre ich zu Berek. Vielleicht kommt ihm etwas in den Sinn. Ich klingle, die Tür öffnet Marian. Er schimpft fürchterlich, dass ich ihn so früh wecke, in diesem Haus schliefen die Leute wie ein Stein und keiner habe es gehört, nur er habe gewacht, behauptet er, dabei hat er zwölf Minuten gebraucht, um richtig wach zu werden. Sein Gequassel höre ich mir nicht an. »Zieh dich an, einer ist erwischt worden. Hier hast du seinen Namen, hol ihn sofort raus, es ist wichtig, dringend, der Mann ist Gold wert.«

Marian wäscht sich und zieht sich schwerfällig an, und als er schon fertig ist, erklärt er, er könne nichts machen, es sei aber gut, dass ich ihn geweckt hätte, dann verabschiedet er sich kühl und verächtlich und schickt sich an, zum Dienst zu gehen. Ich rede auf ihn ein, versuche ihn umzustimmen – vergebens. Ich wecke Berek, der mir helfen soll. Bald reden wir beide eindringlich auf ihn ein, appellieren an sein Herz, an seinen Verstand. In die Enge getrieben, erwidert er schließlich: »Euch Bundisten kann man nicht loswerden, ihr erreicht immer, was ihr wollt. Ich will es versuchen.« Ungeduldig warten wir in der Leszno-Straße. Nach einer guten Dreiviertelstunde kommt Marian zurück – nichts. »Die Deutschen, die Kontrolle, die Wache, der Transport bereits zusammengestellt. Ich lief herum, ich tat und machte, im Endeffekt – nichts erreicht.« Ich gehe auf ihn zu und flüstere ihm ins Ohr: »Marian, bei ihm zu Hause ist unsere Druckerei, dieser Junge muss dableiben.« Wie in einem Wutanfall schreit Marian: »Ein Fahrrad! Schnell ein Fahrrad und einen Knüppel!«

Dann sprang er zum Frisör nebenan, schnappte sich jemandes Fahrrad, nahm – wer weiß woher – einen Knüppel, schaute uns nicht einmal an und war schon an der Wache vorbei. Er stürmte in das Gebäude, wie durch ein Wunder fand er Kuba unter den 3000 Leuten und schlug mit dem Gummiknüppel auf ihn ein.

Kuba läuft erschrocken davon, Marian stößt ihn die Treppe hinunter und schlägt erbarmungslos weiter. Dann sehen wir, dass Kuba auf der »arischen Seite« zu fliehen versucht, während Marian ihm hinterherläuft und ihn immerzu prügelt. Endlich schafft er es, ihn zu schnappen, hält ihn am Kragen und führt ihn ab. Der Kleine zittert. Vor der Wache schlägt er ihn wieder und führt ihn unter Schlägen ins Ghetto zurück. Kuba ist außer sich vor Wut, zu Tode erschrocken. Erst als er uns erblickt, kapiert er. Marian zwinkert uns zu, wie immer. »Ein Husarenstück«, sagt er und verschwindet.

Jurek fuhr den zusammengeschlagenen Kuba mit der Rikscha nach Hause. Erst dort erzählte er uns alles. Er sei sicher gewesen, er gehe in den Tod. »Ausgerechnet auf mich hatte es der gemeine Polizist abgesehen. Alle Posten ließen uns durch, so wütend hat er auf mich eingeschlagen und mich verfolgt.«

* * *

Unsere Leute wurden zuhauf aufgegriffen und in die Lager[117] geschickt. Wir schafften es kaum, sie rauszuholen. Es musste irgendwie verhindert werden, dass sie geschnappt würden. Im Arbeitsamt[118] arbeitete Helka[119] von den PS, ein hübsches Mädchen, Aronson[120] bevorzugte sie. Sie saß in der Gebührenabteilung, was uns nichts nutzte. Man müsste sie in die – wie man damals sagte – Prüfungsabteilung versetzen. Wir luden Helka und Marian zum Kaffee ein. Sie kam gerne. Bei Lourse[121] gab es hervorragenden Kaffee, tolle Musik, und Marian gefiel ihr sehr gut. Günstige Bedingungen für unsere Angelegenheit. Nach langem Hin und Her kamen wir zur Sache. Sie willigte ein. Die Ausführung blieb ihrer eigenen Initiative überlassen.

Drei Tage später kommt Helka, steht stramm und sagt: »Befehl ausgeführt, alles tipptopp. Ich arbeite in der Prüfungsabteilung als Hilfskraft. Ich stellte mich dumm, als ich die Blätter mit Kohlepapier zurechtlegen sollte. Statt zwei Durchschläge machen sie nun drei, ohne es zu wissen. Und hier sind die dritten Durchschläge« – und sie holt aus ihrem Büstenhalter einen Stapel Papiere hervor. »Bitte sich jeden Tag um zehn nach vier bei mir melden.« Sie lachte auf und ging wieder.

* * *

Mit dem letzten noch gangbaren Weg auf die »arische Seite« durch das Gerichtsgebäude[122] ist es nun aus. Die Gendarmerie hat den Ausgang abgesperrt. Und heute muss Orzech auf die »arische Seite« gelangen. Ich überlege: Die allerletzte Möglichkeit ist das Arbeitsamt.[123] Ich gehe zu Helka, erkläre ihr die Sache. Abgemacht. Bei ihr liegen nun seine »arischen« Papiere.

Eine Stunde später meldet sich Orzech in Begleitung von Marian – denn ins Arbeitsamt zu gelangen, grenzt ans Unmögliche – bei Helka, lässt bei ihr seine jüdischen Papiere liegen, nimmt den polnischen Ausweis und geht als Pole durch den zweiten Ausgang hinaus, zwei Schritte von der Wache, auf die »arische Seite«. Er soll vor vier Uhr zurück sein. Eine Stunde später fährt am Sitz des Arbeitsamtes ein Wagen der Gestapo vor. Vier Uniformierte und ein Zivilist, und sie laufen direkt zu Helka. Sie durchsuchen ihren Schreibtisch, finden Ausweise. Fragen nach Orzech und Marian. Sie rechtfertigt sich, wie sie nur kann.

Doch in diesem abgekarteten Spiel half nichts. Sie nahmen sie mit. Schlugen sie brutal. Sie verriet niemanden, nach ein paar Tagen wurde sie erschossen.

Wir konnten Orzech telefonisch warnen, dass er vorerst nicht zurückkehren sollte. Er kam am nächsten Tag zurück.

* * *

Aus dem Schreibtisch von Katz[124] in der Politischen Abteilung der jüdischen Polizei wurde ein Bericht über das Bezirkskomitee des Bund im Stadtteil Muranów gestohlen. Ein Bericht von einer Sitzung, an der angeblich fünf Personen teilnahmen, die Namen waren aufgelistet: vier fremde, uns nicht bekannte Personen und Naftali Leruch[125]. Der Bericht war zwei Tage zuvor an die Gestapo weitergeleitet worden, wie aus dem Vermerk hervorging.

Ich rannte sofort zu Leruch, erzählte ihm die ganze Geschichte und wies ihn an, sofort aus der Wohnung zu verschwinden. Es war nicht so einfach, denn seine Familie war keineswegs einverstanden. Naftali verdiente gut, er arbeitete in der Bäckerei im selben Haus. Die ganze Familie hätte ihre Lebensgrundlage verloren. Also garantierten wir ihnen das Existenzminimum. Leruch hatte Kost und Logis bei Jurek. Das ging zwei Wochen lang gut. Bis Jurek eines Tages zu mir gerannt kam, weil Leruch auf das Zureden seiner Schwester hin nach Hause zurückgekehrt war. Am nächsten Tag ging ich zu ihm, wollte ihn umstimmen – vergeblich, die ganze Familie war gegen mich. Ich erklärte, dass wir nun keine Verantwortung mehr für sein weiteres Schicksal tragen können. Auch das half nicht. In der Nacht vom 18. April wurde Leruch zusammen mit seinem Vater erschossen.

* * *

Auf unerklärliche Weise war Gruszka[126] in die Sache mit Bas verwickelt. Wie mir scheint, nur indirekt; ich erinnere mich nicht genau an die ganze Geschichte. Sicherheitshalber musste er verschwinden. Wir suchten nach einer Wohnung in Warschau, aber es war sehr schwierig, etwas zu finden. Schließlich wurde beschlossen, ihn und Władka[127] in die Provinz zu schicken. Die Lage in Zamość war zu dieser Zeit relativ gut und das Leben viel billiger als in Warschau. Gruszka wurde dorthin mit einem Auto gebracht, für Władka besorgten wir einen polnischen Ausweis.[128] Sie hatte zwei große Gepäckstücke mit, und ich begleitete sie bis zur Mauer in der Nowolipie-Straße, dort durften nur Polinnen hindurch. Die Przejazd-Straße war zweigeteilt, die ungeraden Hausnummern gehörten zum Ghetto, die gegenüberliegende Seite war gänzlich niedergebrannt, und niemand wohnte mehr dort. Die Straße war leer. Die Mauer hier zu passieren, war für eine Jüdin höchst riskant, doch Władka hatte ein so gutes Aussehen, und von dort war es nicht weit zu Maria Szczęsna[129] – also ging sie. Alles lief gut – sie kam durch. Zwei Tage später bekamen wir schon Nachricht aus Zamość.

* * *

Einige Monate später kamen die beiden plötzlich nach Warschau zurück. In Zamość begann die »Aussiedlung«, und sie mussten fliehen. In Warschau war es damals sehr eng, man konnte keine Unterkunft finden. Es war nichts zu machen – sie zogen bei Zyferman ein. Nach einiger Zeit wurde für sie ein – wie soll ich sagen – Fest veranstaltet. Ich hatte gerade zwei schlaflose Nächte hinter mir, kam um vier Uhr an und schlief sofort ein. Erst gegen sechs, als alle Gäste schon da waren, weckte man mich. Es gab viel Wodka und wenige Trinker, also trank ich. Es wurde viel und intensiv geredet, oder vielleicht war ich es, der viel und intensiv redete. Ich weiß noch, ich erzählte Anekdoten aus dem Leben im Ghetto. Irgendwie kannte ich mich damit am besten aus. Alle fanden es toll. Unzufrieden waren nur Gruszka und Władka. Sie wollten ein ernsthaftes Gespräch, und nun waren wir so abgeschweift. Das holten sie aber ein anderes Mal nach – als Abrasza sie besuchte.

* * *

Um das Parteiarchiv[130] kümmerte sich Mendełe[131]. 1942 erlitt er mehrmals einen Blutsturz in der Lunge und musste für einige Monate ins Brijus-Sanatorium.[132] Ich organisierte seinen Aufenthalt dort. Das war sehr schwierig. Es gab sehr viele Kranke und sehr wenige Plätze in der Anstalt, man musste monatelang warten oder einige Tausender hinblättern. Irgendwie gelang es aber. Zwei Wochen später konnte er hin. Wir mussten also das Archiv übernehmen. Zunächst wussten wir nicht, wohin damit. Fürs Erste nahm ich alles in die Muranowska-Straße zu Rywka mit. Das waren aber so große Mengen, dass es keinen Platz gab, um alles zu verstecken. Von Odesowa[133] im Krankenhaus bekam ich ein paar Marmeladendosen aus Blech, ich sortierte die Papiere, verstaute sie in den Dosen und bat Janek, am Nachmittag ins Krankenhaus zu kommen. Jasia gab mir die Schlüssel zum Labor, und dort verlötete Janek alle Behälter. Nun fehlte lediglich noch ein Ort, wo wir alles vergraben konnten. Ich dachte an den Hof des Krankenhauses (ach, wie schade, dass das nicht geschehen ist!), aber es gab niemanden, der das hätte machen können. Moniek Ribensztej und Ram[...][134] befürchteten, es könnte dort entdeckt werden. Also brachte ich alles wieder in die Muranowska-Straße.

Dort blieb das Archiv entsprechend lange, bis es eines Abends richtig brenzlig wurde. Einen Teil verfrachtete ich damals in die Dzielna-Straße[135] und vermauerte ihn im Ofen. Und wie stolz ich auf meine Fertigkeiten als Ofenbauer war! Der Kleine Kostek[136] sollte den zweiten Teil in seinem Keller[137] verbuddeln. Als er mit den Dosen auf die Straße ging, fragte ich ihn: »Hast du keine Angst?« Er schaute mich vorwurfsvoll an und antwortete gar nichts.

* * *

Einmal bekam ich von Jacek Kulik[138] einen deutschen Aufruf »*Auf Reichenau zur neues und besseres Deutschland*«[139] [so im Original]. Damals wussten wir bereits, dass Reichenau[140] umgekommen war. Im Aufruf forderte man alle Soldaten der Ostfront dazu auf, die Waffen gegen ihre Befehlshaber zu richten und sich Reichenau zu unterstellen, der schnell und ohne deutsche Verluste Frieden schließen würde.

Wir waren davon überzeugt, dass hier eine deutsche sozialistische Organisation am Werk war, worauf einige Sätze am Ende des Aufrufs hindeuteten. Wir wollten die Leute kontaktieren – wir wollten ihnen helfen. Hatten gewisse Möglichkeiten, ihre Veröffentlichungen zu drucken. Es galt, nach und nach, sehr vorsichtig, um keinen Schaden anzurichten, die Quelle ausfindig zu machen. Nach einigen Tagen konnten wir feststellen, dass der Aufruf aus dem deutschen Restaurant »Zur Hütte« in der Krakowskie-Przedmieście-Straße[141] stammte. Ich ging hin. *Eintritt für Juden verboten.* Ich komme mit meiner Armbinde herein, setze mich an den Tisch in der Ecke. Ich ahne, dass Dinge hinter dem Tresen geschehen. Ich bleibe sitzen und warte, vielleicht kann ich etwas sehen. Leider gehe ich nach einer halben Stunde enttäuscht wieder hinaus.

Ich komme zu Ruta in die Leszno-Straße zurück. Ich berichte. Berek ist wütend. »Ich hab doch gesagt, dass du nichts erreichst. Ich hätte da hingehen sollen.« Abrasza schweigt. Ich antworte nichts und verschwinde. Zwei Tage später bin ich wieder im Restaurant »Zur Hütte«. Ich setze mich an den Tisch, bestelle ein Bier. Als ich meine Rechnung bezahle, lege ich noch einen Einhundert-Złoty-Schein auf den Tisch und bleibe sitzen. Nach einer Weile kommt der Kellner noch einmal. »Was wollten Sie?« »Ich will den Vorstand treffen und etwas von ihm bekommen. Sehen Sie, ich bin Jude und kein Gestapomann.« Ich verabrede mich mit ihm zwei Tage später im Ghetto. Um die ausgemachte Uhrzeit ist er da, erzählt mir genau, womit ich mich befasse, was die Einwohner des Hauses, in dem ich verkehre, von mir denken, und welche politischen Ansichten ich habe. Ich staune ein wenig, denke mir aber, die Deutschen können ja alles.

Langsam und indirekt kam ich zur Sache. Er selber half mir ein wenig, die richtigen Worte zu finden. Wir verblieben so, dass ich jede Woche ihre Blätter bekommen würde. Ich hatte ein wenig Bedenken, dass es doch unvorsichtig war. Niemandem verriet ich die ganze Wahrheit darüber, wie alles zustande gekommen war.

Eine Woche später, pünktlich zur verabredeten Stunde, bekam ich drei Ausgaben von *Der Hammer*[142]. Ich wollte ein grundsätzliches Gespräch beginnen. Doch mein Gegenüber kam mir zuvor und meinte, wir könnten noch reden, wenn wir uns besser kennen würden. Noch einmal bekam ich von ihm ihre Blätter. Dann zeigte er sich nicht mehr. Ich ging in die Krakowskie Przedmieście. Das Restaurant war geschlossen. Vom Hausmeister erfuhr ich, dass einige Tage zuvor die Gestapo eine Hausdurchsuchung gemacht, eine Sendeanlage und einen Stoß deutscher Untergrundblätter gefunden habe. Dass das eine Stelle des englischen Nachrichtendienstes gewesen sei, dass man alle festgenommen und bereits erschossen habe. Schwer zu sagen, was davon der Wahrheit entsprach. Und dass das keine deutsche Organisation gewesen ist, wissen wir jetzt mit Sicherheit.

* * *

Am 18. April wurde der Rechtsanwalt Neuding[143], der Führer der Polnischen Sozialisten, getötet. Das versetzte sie in Panik, und sie beschlossen, alle Spuren zu verwischen. Sämtliche Aktivitäten wurden eingestellt. Mietek Dąb[144] brachte ihr Archiv zu mir. Es sollte irgendwo untergebracht werden. Ich hatte gerade keinen Zugang zu einem unserer Archivkeller. Man musste etwas anderes finden. Wieder verlötete Janek eine Blechdose, die dann bei Jasia unter dem Bett stand und wartete. Einmal, als ich das Krankenhaus in der Leszno-Straße verließ, traf ich Hela und Inka[145]. Und ich dachte mir: »Bei Inka.« Ich sprach Hela darauf an, sie zuckte mit den Achseln und sagte: »Ich weiß es nicht.« Inka hatte ich bis dahin als einen Menschen betrachtet, der uns in der Zukunft einmal nützlich sein könnte. Sie hatte uns bereits einige kleinere Dienste geleistet. Einmal hatten wir sogar im Bulletin ihren Bericht über die Kinder im Krankenhaus[146] abgedruckt. Jetzt kam der Moment: »Inka, bei dir im Keller werden wir die Dose mit Materialien vergraben.« Wortlos stimmte sie zu. Am nächsten Tag konnte der Kleine Kostek das bewerkstelligen. Diese scheinbare Kleinigkeit brachte Inka zwar nicht in die Reihen unserer Partei, doch zumindest ganz in unsere Nähe.

* * *

Am 1. Mai 1942 wurden alle Parteifeierlichkeiten abgesagt. Morgens traf ich mich mit Abrasza und Berek bei den Etkins[147] in der Leszno-Straße 56. Ich war gerade dabei aufzubrechen, als sie mich zurückriefen und für fünf Uhr nachmittags zu Bernard bestellten. Er wohnte damals bei Mania Wasser[148] in der Gęsia-Straße 13. Ich weiß noch, dass ich mich etwa zwanzig Minuten verspätete. Abrasza und Berek waren schon da. Die Zusammenkünfte mit Bernard machten auf mich einen schrecklichen Eindruck. Ich wäre beinahe in Tränen ausgebrochen. Der Mann war innerhalb von einigen Monaten um zwanzig Jahre gealtert. Mit seinem zerzausten Bart, seinem Gesicht, das weiß wie Leinen war, und mit seinen eingefallenen Augen sah er aus wie aus einem anderen Jahrhundert. Kein gesellschaftlicher Aktivist, sondern ein Metaphysiker. Dabei grinste er merkwürdig, auf seinem Gesicht war ein lüstern-fieses Lächeln zu sehen. Zum Glück schenkte er bald Weingeist ein, wobei er auf seltsame Weise die Flasche schüttelte …

Wir sprachen damals über die Ereignisse der Nacht vom 17. auf den 18. April. Bernard erzählte, wie unter seinen Fenstern einige erschossen wurden. Berek und er waren der Meinung, sie selbst hätten sich nicht so schweigend erschießen lassen, sondern hätten vor dem Tod etwas gerufen, Bernard: »Es lebe der Bund!« und Berek: »Es lebe Polen!« Ich sagte nichts, ich wusste, das waren nur Träumereien.

Bernard sagte noch, er habe vom Fenster aus »Mörder!« rufen wollen, doch Mancia und Hania[149] hätten ihn davon abgehalten.

Auch das waren Träumereien. Der Mensch sieht sich selbst, wie es ihm passt, ist gar nicht objektiv, erst recht nicht sich selbst gegenüber.

Bernard, Bernard, wie schrecklich hast du ausgesehen!

ZWEITES NOTIZBUCH

Im Januar 1940 bekam ich eine Postkarte von Janek[1] aus Wilna, und am Rande schrieb er: »Grüße an Adam[2], er ist bestimmt schon bei Euch.« Ich machte mir darüber keine Gedanken, ich kannte keinen Adam.

An einem der ersten Februartage kam ich am Nachmittag bei Bernard vorbei. Niemand war da, also ging ich wie üblich in die Küche. Plötzlich trat Berek hinter der Tür hervor. Seltsamerweise war ich darüber gar nicht erstaunt. Ich gab ihm die Hand, wir küssten uns. Er errötete, denn diese Begegnung kam ihm nicht gelegen. Wir setzten uns ans Waschbecken in der Ecke und unterhielten uns leise, ganz leise. »Wie geht es weiter?«, fragte ich ihn. »Ich breche wohl zum Militär auf, über die Tatra[3]. In Frankreich[4] entsteht eine polnische Armee, man muss fürs Vaterland kämpfen.« Ich bewunderte ihn sehr und beneidete ihn schrecklich. Wir saßen etwa eine halbe Stunde zusammen, dann ging ich wieder. Gleich hinter der Tür leuchtete es mir ein: Er taucht unter, deswegen sagt er, er breche auf. Berek verhielt sich noch bis Mai streng konspirativ, ungerne begegnete er Leuten.

Seit dieser Zeit sah ich ihn sehr oft, nie war aber zwischen uns die Rede von der ersten Begegnung, die für mich und – wie ich übrigens weiß – auch für ihn so denkwürdig war.

* * *

Es war, glaube ich, im Oktober 1939. Über jemanden bekam ich einen Brief von Roza[5] aus Wołkowysk: »Komm sofort her, hier hast du eine sichere Existenz, und was uns widerfährt, widerfährt auch dir.« Der Drang, zu den Bolschewiken zu fliehen, war riesig. Fast die ganze Jugend flüchtete in die Ostgebiete. Das Angebot war ungeheuer verlockend, und obwohl ich fest entschlossen war, in Warschau zu bleiben, schwankte ich nun. Dies hielt aber nur kurz an.

Am nächsten Tag traf ich Abrasza, ich war stolz auf mich. Zeigte ihm den Brief. Er las ihn und fragte: »Was erwartest du also von mir?« Ich errötete: »Wollte euch nur zeigen, dass ich hierbleibe.« Abrasza sagte gar nichts und ging. Erst später begriff ich, was sein Schweigen bedeutete.

* * *

Es war wohl am 5. November 1939.[6] Ich stand mit Abrasza auf dem Korridor im Gebäude des Judenrates[7]. Plötzlich öffnete sich die Tür, im Sitzungssaal waren einige Mitglieder versammelt, darunter Artur[8]. Artur saß da mit einer zwölf Zentimeter breiten Armbinde mit blauem Zionstern[9]. Damals wurden in der Stadt noch keine Armbinden getragen. Ich war sprachlos. Innerlich schrumpfte ich zusammen, fühlte körperlichen Schmerz, empfand Scham. Ich sah Abrasza an, auch er sagte nichts. Nach einer Weile hörte ich wie aus der Ferne: »Er ist doch Ratsmitglied, er muss das tun.«

* * *

Tausende Menschen stehen im Hof der Gemeinde.[10] Alle verzweifelt. Sie warten auf die Bekanntgabe der Entscheidung, ob es ein Ghetto geben wird oder nicht. Auf einem Tisch in der Mitte stehen Artur und Szoszkies[11]. Als Erster spricht Szoszkies. »Wie ich es verstanden habe, wird es kein Ghetto geben«, sagt er.[12] Dann ist Artur an der Reihe, anfangs redet er leise, und durch das Fenster, an dem ich stehe, ist kaum etwas zu hören. Er spricht kurz und endet lauthals und entschlossen: »Es kommt noch der Tag, an dem die Sonne auch für uns scheinen wird.« Aufgeregt zerre ich an Abraszas Ärmel: »Hast du's gehört, hast du's gehört?«[13] Abrasza reagiert nicht. Ich schaue auf sein Gesicht und beruhige mich auch.

Dieser Mann war so ausgeglichen. Ich glaube, damals habe ich ein für alle Mal gelernt, keine Reaktion zu zeigen. Nicht nur einmal machte ich davon Gebrauch. Nie vergaß ich sein ruhiges, ernstes Gesicht, von dem abzulesen war: »Ruhig, ruhig, ruhig …«

* * *

Die erste Hinrichtung im Ghetto fand am frühen Morgen statt.[14] Nachmittags hingen schon große Plakate mit den Namen der Getöteten aus. Wie jeden Tag ging ich vom Krankenhaus zu Baksowa zum Mittagessen.

Den ganzen Weg lang – auf Schritt und Tritt Plakate. Sie taten mir mehr weh als die Hingerichteten selbst. Die Bekanntmachungen waren so unverschämt. Ich träumte davon, auf jedes Plakat einen Aufkleber anzubringen: »*Schande der Mörder*«[15] [so im Original]. Wir aßen zu Mittag und waren fast fertig, als ich es wagte, meine Idee anzusprechen. Berek und Klog führten tausend Argumente an, warum man so etwas nicht tun sollte. Schüchtern begann ich es zu erklären und versuchte, sie davon zu überzeugen, dass auf der »arischen Seite« auch so etwas gemacht werde. Aber die beiden blieben stur. Schließlich sagte Abrasza: »Man kann das schon machen.« Nur diese knappe Zustimmung, und er verstummte. Am hitzigsten war Berek. Ich ahnte schon, dass nichts daraus werden würde. Flehentlich schaute ich Abrasza an, aber er schwieg wie verhext. Schließlich sagte Berek: »Alleine können wir das nicht beschließen. Das Plenum muss das entscheiden.« Die Sache ging unter, zum Plenum gelangte sie gar nicht mehr. Einige Monate später fragte ich Abrasza, warum er sich so halbherzig dafür eingesetzt hatte. Und er daraufhin: »Ich sah solch panische Angst in ihren Augen. Wie wäre es erst mit den anderen gewesen?« Auch ich hatte von Anfang an diesen Eindruck gehabt, fürchtete mich aber vor solchen Gedanken.

* * *

Nach einer großen Panne in der Provinz[16] kamen Fensterblum[17], Samsonowicz[18] und andere nach Warschau. Es ergab sich, dass ich für sie eine Unterkunft finden sollte. Damals war das eine ziemlich schwierige Angelegenheit. Ohne Papiere, ohne Wohnungen. Sie durften nicht hinaus, um nicht von irgendjemandem erkannt zu werden. Glücklicherweise ist alles gutgegangen. Zwei Monate später ging Kuncer[19] [?], der damals Jakubowicz hieß, auf die Straße. An der Ecke Leszno und Żelazna kamen zwei Typen auf ihn zu, sprachen ihn mit seinem richtigen Namen an, verlangten Geld und drohten, ihn sonst den Deutschen auszuliefern. Eingeschüchtert gab er ihnen seine Uhr, sein Jackett und alles, was er bei sich hatte. Ihnen war das aber nicht genug. Sie machten aus, dass er ihnen am nächsten Tag noch mehr Geld bringen sollte. Wir erfuhren eine Stunde später davon und mobilisierten sofort alle PSler von der Polizei. Um die verabredete Zeit betraten statt Kenner zwei Polizisten den Laden[20], nahmen die beiden fest und führten sie zum V. Sektor[21], dessen Abschnittsleiter Hertz[22] war, ein PSler. Abrasza, Berek, Kenner und ich warteten vor dem Abschnitt. Dort mussten wir entscheiden, was zu tun war. Als Erstes – das war für alle klar – wollten wir denen die Fresse polieren, was Heniek und Witek[23] sehr gewissenhaft ausführten. Dann könnte man sich mit ihnen entweder einigen oder veranlassen, dass sie auf dem offiziellen Weg nach Treblinka I[24] geschickt würden, was Dr. Auerswald[25] sehr begrüßen würde. Letzteres wollten wir prinzipiell nicht. Wie auch immer, wir hatten das Sagen und verhandelten mit ihnen im Beisein der Polizisten, die auf unserer Seite waren.

Ich begleitete Kenner, und wir forderten die Rückgabe aller ihm abgenommenen Gegenstände. Die Verhandlungen dauerten einige Stunden, schließlich einigten wir uns auf die Uhr und das Jackett. Was das Geld anging, behaupteten die Typen, es bereits versoffen zu haben. Es war immerhin etwas, mit mehr hatten wir nicht gerechnet.

Heniek ging mit dem einen die Sachen holen, und ich blieb mit dem anderen auf dem Abschnitt. Plötzlich traf eine deutsche Kontrolle ein, und mein Schützling begann sich bei ihnen zu beschweren. Fast wäre ich erledigt gewesen. Da wir aber im Parterre saßen, sprang ich aus dem Fenster. Unterdessen tappte der Mann in seine eigene Falle und wurde nach Treblinka geschickt. Die Deutschen glaubten ihm nicht, und ich als greifbarer Beweis war nicht mehr da. Und er hatte ein Verfahren wegen Erpressung am Hals.

* * *

Die Deutschen eroberten Lida[26], und einige Wochen später kamen Józef[27] und Henryk[28] nach Warschau, die aus einem russischen Gefängnis freigelassen worden waren. Henryk wurde sofort im Sanatorium in Miedzeszyn untergebracht, wo er sich bis zu dessen Liquidierung[29] aufhielt. Und Józef blieb auf der »arischen Seite« in Warschau. Man musste ihm Papiere beschaffen. Wir hatten Vordrucke für Personalausweise, aber noch keine Stempel. Marian konnte sie über die PSler auftreiben. Das dauerte aber einige Wochen. Unterdessen war Józef schrecklich nervös. Orzech sagte ihm dann, wir würden die Papiere von der Regierungsvertretung bekommen und er möge sich gedulden. Das beruhigte ihn ein wenig, sowohl in Bezug auf die Qualität der Fälschung als auch auf die Warterei.

Nach einiger Zeit war alles fertig, es fehlte nur ein Datumsstempel. Die nötige Stempelgröße war nirgends zu finden. Den Ausweis hatte ich die ganze Zeit bei mir. Einmal sagte mir Abrasza in der Orla-Straße 2, man könne nicht länger damit warten. »Einen Moment«, sagte ich. Und ich nahm den Datumsstempel von Szklarz[30], mit dem täglich Hunderte von Mittagessenskarten abgestempelt wurden, und drückte ihn darauf. Fertig. Ein vorwurfsvoller Blick von Abrasza: »Es ist doch nicht die richtige Größe.« Ich sagte nichts.

Am nächsten Tag bekam Józef seinen Ausweis und war von dessen Qualität begeistert. »Wenn die Vertretung es macht, dann sieht man es sofort!«, sagte er.

* * *

Orzech wurde fünfzig Jahre alt.[31] Obwohl wir alle untergetaucht waren, gab es bei Bernard ein Fest, zu dem etwa zwanzig Personen kamen. Unter anderem war auch ich dabei. Anfangs fühlte ich mich unwohl. Lauter Respektspersonen oder solche, die ihr ganzes Leben lang mit solchen zu tun hatten. Ich konnte keinen Platz für mich finden. Meine Lage verbesserte sich dank Abrasza, der sich zu mir setzte, und was auch immer um uns herum geschah, wir becherten gemütlich. Dann kamen die Reden, eine länger als die andere. Orzech sprach sehr schön, schließlich war auch ich an der Reihe. Und ich sagte: »Ich bin der Jüngste, also werde ich am kürzesten reden. Orzech gebührt meine tiefe Anerkennung.« Alle waren froh, weil sie sich nicht noch eine Rede anhören mussten, und ich auch, weil ich die Rede hinter mir hatte.

Bei der Gelegenheit erzählte mir Abrasza etwas über Orzech. Als Bas festgenommen worden war, begab sich Orzech auf die »arische Seite« zu dem Gestapomann, der ihn früher freigelassen hatte, um sich für Bas einzusetzen. Er ging um vier Uhr nachmittags hin, und um acht, neun Uhr gab es immer noch keine Nachricht von ihm. Seine Frau war sich schon sicher, er sei erwischt worden. Erst gegen ein Uhr nachts kam er zurück. Es stellte sich Folgendes heraus: Als er etwa um neun Uhr auf dem Heimweg gewesen war, war es auf der Straße zu einer Prügelei zwischen seinem Gestapomann und einem SS-Mann gekommen, so dass alle drei von der Gendarmerie zur Gestapo abgeführt worden waren. Orzech war Zeuge gewesen. Er sagte zugunsten seines Gestapomannes aus. Alles dauerte einige gute Stunden, und erst nach Mitternacht brachte ihn derselbe Gestapomann durch die Wache ins Ghetto.

DRITTES NOTIZBUCH

Nun muss ich über die Aktionen berichten. Ich weiß wirklich nicht, welcher Augenblick als Anfang zu fassen wäre. Denn alles änderte sich so plötzlich. Eigentlich weiß ich nicht, ab wann das Leben nichts mehr wert war. Ab wann ich spürte, dass ein Wettkampf begann, wobei der Einsatz das Leben war. Es war so, wie wenn ich heute um 500 Złoty Karten spielen würde. Die Menschen machen gefährliche Bergwanderungen, besteigen schweißgebadet den Gipfel, haben aber ein großes Erfolgserlebnis – ist das vergleichbar? Du rettest dich bravourös aus einer Blockade, hast den Deutschen phantastisch reingelegt, weil du ihm ein Apothekenrezept statt deiner Arbeitskarte vorgezeigt hast. Ein Wettkampf um Leben und Tod. Wer ihn auf die leichte Schulter nahm und dem Leben keine allzu große Bedeutung beimaß, konnte – falls er Glück hatte – das alles überstehen und ein normaler Mensch bleiben, ohne seelische Schäden davonzutragen.

* * *

Juli 1942. Verdammte Hitze. Im Ghetto geschehen merkwürdige Dinge. Es fällt schwer, mit den Menschen zu reden. Ungeheuerliche Anspannung. Etwas wird passieren, »etwas, etwas«, aber was? Tausende stellen sich dieselbe Frage. Sie verlieren sich in Vermutungen, können nachts nicht schlafen. Man weiß nicht, warum und weswegen sie sich in den deutschen Werkstätten anstellen lassen, ihre Geräte abgeben, ihre Geschäfte auflösen. Es naht etwas Schreckliches. Aber was?

Unter unseren Leuten eine furchtbare Aufregung. Es ist wirklich jetzt – das Ende. Nach Wilna, Lublin[1] ... Nun ist Warschau an der Reihe. Aber vielleicht doch noch nicht? Vielleicht ist das eine verfrühte Panik? Unsere Leute alarmieren uns von allen Seiten, am schlimmsten geht es denen, die nicht hinausdürfen. Seit einigen Tagen drängt Samsonowicz auf ein Gespräch mit Abrasza. Rozowski, der ihn besucht, genügt ihm nicht. Er verfasst einen Brief nach dem anderen, in immer größerer Panik. Wir alle sind abgehetzt, treffen uns zwei-, dreimal täglich, um die notwendigsten laufenden Geschäfte zu erledigen. Bei unseren kurzen Gesprächen sind wir genauso chaotisch und aufgeregt wie das gesamte Ghetto, eigentlich unternehmen wir nichts Konkretes – lauter Lappalien, die noch vor zwei Wochen unwichtig waren, sind jetzt die dringendsten. Nur Orzech bemüht sich irgendwo auf der »arischen Seite« um Waffen. Immer wieder Telefonate, immer wieder wird es auf die lange Bank geschoben, und dann flackert wieder die Hoffnung auf: vielleicht in einer Stunde, vielleicht morgen.

Es ist nichts zu machen, und nach dem letzten alarmierenden Brief gehe ich statt Abrasza zu Samsonowicz. Er wirkt sehr eingeschüchtert, dabei hat der Mann keine schwachen Nerven. Er kennt die ganze Wahrheit, und er will leben – aber wie? Er ist zu allem bereit: Frau und Kind zählen nicht, Hauptsache, er lebt weiter. Er ist nicht der Dümmste und betrachtet die Angelegenheit von der gesellschaftlichen Ebene her. Aber hinter jedem seiner Worte verbirgt sich eine große Angst. Ich spüre ganz deutlich, dass sein Gerede belanglos ist. Die ganze Zeit hängt in der Luft eine Frage: »Was wird aus mir?« Schließlich hörte ich mir nicht mehr an, was er sagte. Ich sah, ich sah ganz deutlich, wie unsere Leute in ein oder zwei Tagen anfangen würden, genauso zu reden. Wie plötzlich alle Hemmungen wegfallen und nur der animalische Lebensinstinkt übrig bleibt. Nur das, was allem Tun zugrunde liegt. Der Mensch – der Mensch ist ein Tier, das Kleider trägt. Samsonowicz sah ich als Ersten nackt.

Damals war ich bereits sehr beherrscht, man sagte, ich ginge über Leichen. Meinem Gegenüber, der mit mir flüsternd sprach, schien, als ob das alles an mir vorbeigehe, auf mich keinen Eindruck mache, nicht bei mir ankomme. Und plötzlich schrie er:

»Begreif's, du abgestumpfter Mensch, ich bin völlig mittellos!«

»Schon seit einem Monat haben wir überhaupt kein Geld mehr. Sie sind einer der wenigen, die in diesem Monat doch noch etwas bekommen haben. Seien Sie zufrieden.«

Ich stand auf und ging weg. Samsonowicz blieb mit ausgestreckter Hand zurück.

* * *

Die zwei letzten Tage vor der Aktion[2] verbrachte ich – ich weiß nicht warum – fast ausschließlich mit dem Personal des Krankenhauses.

Ich konnte niemandem sagen, was ich fühlte. Am meisten schämte ich mich vor Abrasza. Es war, als ob er in meinen Augen lesen könnte und zu mir vorwurfsvoll sagte: »Du hast den Glauben an den Menschen verloren.«

Ich traf mich mit ihm nur, wenn es notwendig war. Zu dieser Zeit verehrte und bewunderte ich ihn. Dieser Mensch sah vermutlich mehr als ich, und dennoch war ihm alles wichtig. Er war imstande, die kleinsten und nichtigsten Sachen für andere zu erledigen. »Sie sollten wissen, dass jemand sich um sie kümmert«, meinte er. »Wir haben sie daran gewöhnt, dass die Partei alles für sie erledigt, wenn wir also für eine Weile damit aufhören würden, würden sie sich hilflos und zurückgelassen fühlen. Heute, wenn sie am meisten das Gefühl der Sicherheit brauchen, müssen wir dranbleiben.« Ich hörte zu, ich verstand und ich bewunderte ihn, doch selbst konnte ich gar nichts tun.

Ich saß in Dolas[3] Zimmer in der Żelazna-Straße 101. Sonia[4] und Hela[5] waren da. Sonia war schrecklich aufgeregt, Hela bemühte sich, sie zu beruhigen. Mich machte das wütend, aber ich schwieg. Hela ging dann wieder, ich blieb alleine mit Sonia. Sie war aufgewühlt und zitterte. Ich kam auf sie zu, legte ihr die Hand auf den Rücken und sagte: »Ruhig, ruhig, vielleicht wird es einmal wieder gut werden.« Ich stand so noch eine Weile, reichte ihr dann ihren Hut mit einem großen Trauerschleier und führte sie auf die Straße. Wir gingen zu einer anderen Wohnung. Unterwegs sagte sie: »Marek, glaubst du wirklich daran?« Ich sagte: »Ja.« Ich log.

* * *

Die Geschichte mit Sonia löste in mir etwas aus. Meine Einstellung zu den Menschen änderte sich, nicht meine Art (die sicherlich nicht), aber ich handelte anders und zeigte mehr Interesse an ihnen.

* * *

Die Nacht verbrachte ich in der Muranowska-Straße, aus irgendeinem Grund trieb es mich von einer Wohnung in eine andere.

Um sechs Uhr früh gab es eine wüste Schießerei gleich unter den Fenstern, sechs Personen wurden erledigt.

In der letzten Zeit passierte das im Ghetto sehr oft. Auf mich machte es keinen besonderen Eindruck, um acht Uhr bekam man mich mit Mühe aus dem Bett.

Ich ging auf die Straße, die Sonne schien wunderschön, es war aber schrecklich kalt.

Die Mauer war umstellt. Die Esten und die Letten schossen auf die Passanten.

So fing es an.[6]

* * *

Ich ging zum Krankenhaus – wozu, weswegen? Dort wussten sie ja auch von nichts. Vor der Gemeinde sah ich eine Reihe Autos vom *Umsiedlungsstab*[7]. – Ich sah, wie man die jüdische Polizei in der Ogrodowa-Straße vor der [...][8] antreten ließ.

In der Stadt war es noch ruhig, zu ruhig.

Um elf Uhr begann man, das Zentralgefängnis auf den *Umschlag*[9] abzutransportieren. Die Straße war abgeriegelt, aus dem Fenster sah ich aber, wie das vor sich ging.

Ich sah, wie der erste Wagen mit den aufgegriffenen Bettlern in die Stawki-Straße abbog – ich hörte verzweifelte Schreie dieser Menschen, die noch auf dem Wagen »*Brojt*!«[10] schrien.

In der Stadt wurden Bekanntmachungen[11] angebracht, dass diejenigen, die nicht arbeiten, nach dem Osten »ausgesiedelt« würden. Mir kam keine einzige Träne, ich habe mich verschlossen. An diesem Tag entwendete ich vierzig abgestempelte Arbeitskarten.

* * *

Um sieben Uhr versammelten sich bei Fajner zu Hause nur die fünf Ausbilder. Ich kam etwas verspätet. Zygmunt und Natan[12] reden gleichzeitig, es ist schwierig zu verstehen, worum es ihnen genau geht. Sie überschreien einander. »Waffen ...«, »Plan ...«, »sich vorbereiten ...« Ich hatte bereits die neuesten Nachrichten von der »arischen Seite«, ich wusste, die Sache ist verloren. Auch Berek schwieg. Plötzlich trat Stille ein, ohne ein Wort begriffen alle, wie es um uns stand.

Was tun also? Die Menschen retten, wie es nur geht. Vorerst wird die »Aussiedlung« doch von der jüdischen Polizei[13] durchgeführt. Jeder von uns verfügt über verschiedene Möglichkeiten.

Plötzlich stürmt Miriam[14] herein. Die Deutschen haben die Strecke Muranowska- – Niska-Straße umstellt und alle abgeholt. Ich laufe auf die Straße. Schnell, schnell, ich bin schon an der Ecke. Hier und da sieht man noch deutsche Posten. Ich stürme in die Wohnung, laufe durch die leeren Zimmer. In der Küche springt ein Mann aus dem Fenster. Der Kopf der Nähmaschine fehlt. Ich habe verstanden.

Atemlos renne ich in die Dzielna-Straße[15]. Es ist schon fast ganz dunkel. Im Zimmer sind eine Menge Menschen, ich kann niemanden ausmachen, ich erkenne sie nur an ihren Stimmen. Rywka[16] ist da. Lajbła [...][17], Hania[18] und Cesia[19] wurden abgeholt. Ich sage nichts, gehe wieder auf die Straße. Ich schnappe mir eine letzte Rikscha.

In der Wohnung sieht man bereits Spuren von Plünderern: Der Schrank steht offen, auf dem Fußboden liegen Sachen verstreut. Ich kann nicht abschätzen, was fehlt. Den Rest rolle ich in drei Bündel zusammen und nehme sie mit. Wir fahren zurück. Das heißt, die Rikscha fährt, und ich renne hinterher. Die Gęsia-Straße ist asphaltiert, wir kommen schnell voran. Aber noch schneller prasseln die Kugeln. Dicht an dicht schlagen sie gleich neben uns ein. Endlich kommen wir an.

* * *

In den Büros der ŻTOS[20] in der Nowolipki 25 drängen sich einige tausend Menschen, es ist so eng, dass man sich nicht von der

Stelle rühren kann. Der Ausweis der ŻTOS schützt vor der Deportation. Tausende wollen einen haben.

Wir brauchen uns nicht zu sorgen. Bartman hat den nötigen Stempel. Ohne Frage bekommen ihn alle Unsrigen. Abrasza bringt von Zeit zu Zeit Stapel von Ausweisen vorbei. Im Gebäude herrscht derartiges Gedränge, dass es kaum möglich ist, sie den Inhabern auszuhändigen. Niemand will das Gebäude verlassen, denn in den ersten Tagen ist man sich einigermaßen sicher, dass es hier, in einer sozialen Einrichtung, keine Blockade geben wird.

Im dritten Stock findet gleichzeitig eine Sitzung des Arbeiterkomitees[21] statt. Ab und zu dringen zu uns einzelne Satzfetzen durch. Es ist, als warteten wir auf eine Entscheidung, dabei weiß doch jeder von uns, dass die Sache verloren ist. Bei einer solchen Stimmung werden die Juden uns nicht folgen. Und ein paar Tage später löst sich das Arbeiterkomitee auf, man weiß nicht warum. Die Leute kommen nicht mehr.

Es war, glaube ich, am dritten Tag der Aktion. Etwa um drei Uhr nachmittags fand in der Dzielna-Straße die letzte Sitzung des Komitees der Tsukunft statt. Russ allein ergriff das Wort. Er redete lange und weitschweifig davon, dass die ganze Jugend unbedingt mobilisiert werden müsse, dass es in ein oder zwei Tagen zu einem bewaffneten Widerstand kommen werde. Zuweilen war seine Rede ziemlich leidenschaftlich, aber … Es lässt sich schwer sagen, worin dieses Aber bestand: Vielleicht war es der Ausdruck seiner Augen, vielleicht seine ganze Haltung. Eine Stunde zuvor hatte er jedoch sehr tapfer gehandelt: Als man ihn erwischt hatte und auf den Wagen zerrte, hatte er sich gewehrt, andere hatten ihm geholfen, und es war zu einem Riesentumult auf der Straße gekommen. Vielleicht war er dadurch erschöpft, denn jetzt sah er sichtlich niedergeschlagen aus, und das zeitigte seine Wirkung. Danach erledigen alle die Aufgaben, die ihnen aufgetragen wurden. Morgen und an drei folgenden Tagen sollen in der Nowolipki-Straße einige Hundert von unseren SKIF- und Tsukunft-Leuten zusammenkommen. Es wird aber nichts mehr passieren, das spürt man schon jetzt.

* * *

In den ersten Tagen der Aktion kam *Der veker*[22] noch heraus. Der Druck lief problemlos. Drei knappe Seiten, nur ein Beitrag von Orzech. Trotz ständiger Straßenrazzien meldeten sich alle pünktlich zur Stelle, die Ausgabe wurde an einem Tag ausgetragen. Der Eindruck war gewaltig: Der Bund harrt noch aus. Das galt aber nur für einige Stunden. Die Ereignisse überschlugen sich so, dass ich kaum sagen konnte, was mit mir selbst am Morgen geschehen war, von den anderen ganz zu schweigen.

Am dritten Tag brachte Zośka[23], als wäre nichts passiert, die Blätter zurück. Drei fehlten – deren Leser wurden inzwischen abgeholt. *Der veker* gelangte bis nach Treblinka.

* * *

Am ersten Freitag der Aktion bin ich schrecklich nervös. Ich bin überzeugt, dass die Gęsia-Straße zwischen der Zamenhof- und der Smocza-Straße abgeriegelt wird. Bis jetzt kann man kein System bei den Blockaden erkennen, aber ich weiß mit Sicherheit, dass es dort eine Straßensperre geben wird, und zwar am Nachmittag. Um drei renne ich zu Berek und sage: »Man muss Bernard abholen, sonst ist er dran.« »Woher weißt du das?«, fragt er. »Ich hab's von einem Polizisten gehört«, sage ich, ich kann doch nicht zugeben, dass es nur meine Vorahnung ist. In diesem Moment kommt Marian. Wir wollen uns bei der Polizei erkundigen – auch sie wissen von nichts. Ich bin ein wenig beruhigt.

Doch kaum sind wir auf der Straße, reden alle darüber, dass die Gęsia abgeriegelt wurde. Bernard konnte im letzten Moment fliehen. Er kam zu den Etkins.

* * *

Die Menschen werden geschnappt. Immer wieder fehlt jemand. Es fällt sogar schwer festzustellen, wer abgeholt wurde und wann. Ständig bekommen wir alarmierende Nachrichten vom *Umschlag*. Marian geht jeden Tag hin. Zehnmal geht er hin und kann nur einen herausholen. Es ist schrecklich schwierig, einen Menschen in dieser Menge ausfindig zu machen. Allein auf dem Platz vor dem Gebäude sind zwei-, dreitausend Menschen. Immer wieder werden neue herangeschafft. Die Masse fließt, sie wogt, und doch ist es dort still wie auf einem Friedhof. Von Zeit zu Zeit hört man einen Schuss oder das Schreien eines jüdischen Polizisten: »Nicht an den Stacheldraht treten!« Das sind dieselben Jünglinge, dieselben kleinen Dandys, die sich in den Salons so vornehm und mit so distinguierten Manieren zeigten – heute führen sie die Warschauer Juden in den Tod. Heute sind sie brutal, eine Woche zuvor ließen sie sich noch schmieren und trieben Handel an der Mauer – heute treiben sie Handel mit menschlichem Leben. Der Einsatz ist gleich, der Preis nicht einmal überhöht, jeder von ihnen wird ruhig weiterleben, wenn er 1700 Köpfe liefert. Das Gleichgewicht der Werte bleibt erhalten.

Auf meine wiederholte dringende Bitte hin nahm mich Marian zum ersten Mal zum *Umschlag* mit. Es war zwei Uhr. Wir sollten Dembiński[24] samt Familie herausholen. Wir kamen durch die Kontrolle. »Herein, bitte schön«, lächelt der Gendarm – noch ein Kopf mehr, und das ganz ohne Mühe. Vor dem Stacheldraht bleiben wir stehen. Der Platz ist so voll, dass man keinen

Schritt tun kann. Marian lässt mich ohnehin nicht weitergehen. »Da kommst du nicht mehr raus, wirst mit der Masse zu den Waggons getrieben.« Er versucht, sich durchzudrängen. Ich bleibe vor dem letzten Posten stehen, lehne mich an einen Baum, etwa zehn Schritte vom Eingang entfernt. Vor mir fließt ununterbrochen der Menschenstrom. Es dauert schrecklich lange. Dann kommen die Deutschen. Bereiten das Verladen vor. Das große Tor wird geöffnet. Sechs von ihnen stehen da mit kurzen Peitschen, die Ärmel hochgekrempelt. Sie sind bester Laune, wie bei einer Vergnügung. Die Menge hält den Atem an. Niemand rührt sich. Sie schmiegen sich nur aneinander. Also, es ist so weit – jetzt. Aber die Deutschen haben es nicht eilig, bis vier Uhr bleiben noch zwanzig Minuten. Sie nehmen das Gewehr eines Ukrainers und zielen auf die Fenster gegenüber. Auf dem Fensterbrett im vierten Stock sitzen zwei Kinder. Die sind abzuschießen. Die Entfernung beträgt nur 400 Meter. Sie streiten, einige meinen, 500. Offenbar sind sie sich einig geworden, denn einer von ihnen steigt auf einen Hocker, zielt und schießt. Der Junge fällt herunter. Tausende Augen begleiten ihn auf seinem letzten Weg. Nicht einmal ein Stöhnen ist zu hören. Wahrscheinlich wird allen wie mir mulmig in der Magengrube.

Aber das Werk ist noch nicht vollendet. Auf dem Fensterbrett sitzt noch ein Kind, offensichtlich ganz klein, es kann nicht alleine heruntersteigen. Aus der Entfernung sieht man, wie es sich sehr schnell bewegt. Der zweite Schütze steigt auf den Hocker. Daneben. Seine Kameraden lachen laut und tief, sicherlich aus dem Bauch heraus. Ich atme auf. Vielleicht ist es jetzt vorbei. Das Kind bewegt sich immer schneller, irgendwie weniger rhythmisch. Plötzlich – womöglich kam jemand ins Zimmer – streckt es seine Ärmchen aus, steht auf. Paff – es fällt mit dem Kopf voraus hinunter.

In dem Moment kommt Marian. »Ich möchte dir einen prima

Jungen vorstellen, Olek[25] heißt er, ist stellvertretender Kommandant des Platzes, mit ihm kann man alles organisieren. Die anderen habe ich nicht gefunden. Und jetzt verduften wir, gleich wird verladen. Ohnehin ist es ein Wunder, wie lange du es ausgehalten hast.«

Kaum hatte er zu Ende gesprochen, wurden die Menschen durch ein schmales Tor hinausgetrieben. Die Deutschen stehen in einer Reihe direkt am Zugang zum Platz. Von Zeit zu Zeit zerren sie jemanden heraus.

Auch um uns herum wird es eng. Wir verschwinden im letzten Moment, knapp kommen wir noch durch. Die Bekanntschaft mit Olek ist uns sofort von Nutzen. Um sechs Uhr sehe ich auf der Gęsia-Straße 200 Jungen, die auf dem *Umschlag* aussortiert wurden und jetzt ins Dulag abgeführt werden. So sieht die Selektion aus: 200 von 10 000.

200 für einen anderen Tod.

* * *

Sonia drängte sehr darauf, dass wir Dembiński herausholen sollten. Wir wussten genau, dass er am Vortag mit dem Transport verschleppt worden war. Doch Sonia blieb stur. Also ging ich zum *Umschlag*. Zum Glück war Olek da. Ich sagte ihm, worum es ging. Er ließ mich auf den Platz und sagte, dass ich mich bei ihm melden sollte, bevor ich wieder ginge. Ich lief über den Platz, durch den Hinterhof – dort waren sehr wenige Menschen, in den Stockwerken der Gebäude – kaum jemand. Die Dembińskis waren nicht da. Im vierten Stock fand ich auf dem Treppenabsatz Chajełe Cygielman[26] mit ihrer ganzen Familie. Ich nahm sie alle mit nach unten. Olek sagte ich, das seien unsere Leute. Wortlos ordnete er an, sie herauszulassen. Sogleich waren wir auf der Straße.

Es ging unglaublich einfach. Olek konnte ich nicht genug loben. Er war es, der seinen Kopf aufs Spiel setzte, er trug ja die Verantwortung. Den Menschen auf dem *Umschlag* war es verboten, hinauszugehen. Dafür war er verantwortlich.

* * *

Czerniaków hat sich das Leben genommen.[27] Es ist ein kalter Abend. Die Sonne geht rötlich unter. Um sieben Uhr bin ich mit Marian verabredet. Er wird die neuesten Nachrichten haben. Ich stehe am Entbindungskrankenhaus[28] Ecke Żelazna- und Nowolipie-Straße und suche Schutz vor dem Wind. Von der Żelazna 101 hört man Schüsse, es ist unangenehm, hier zu stehen, und Marian kommt nicht. Auf der Straße ist kein Mensch mehr zu sehen. Ich setze mich in den Eingang und warte, meinen Pulli ziehe ich über die Ohren, ich friere schrecklich, warte. Die Zeit zieht sich unglaublich hin. Vor acht kommt Marian. Ach, wie ich mich freue. Aber ich mache ihm Vorwürfe, dass er sich verspätet habe und so weiter.

»Gibt es etwas Neues über Czerniaków? Schnell, es ist spät.«

»Alles dahin, alles verloren. Der Alte hat Angst gekriegt. Angeblich wollte man von ihm neue Kontingente[29].«

Es ist, als würden dir Steine schwer auf dem Rücken lasten, sie drücken dich zu Boden, du wirst so klein und hilflos, etwas würgt dich in der Kehle. Ich weiß gar nicht, wie ich gelaufen und wie ich nach Hause gekommen bin. Ich war ausgelaugt. Dabei war es doch nichts Neues, ich habe mich schon an den Gedanken gewöhnt. – Doch immer wieder kamen neue Beweise, dass es nun ganz sicher unwiderruflich war und sich nichts mehr ändern würde.

Zu Hause drängen sich Menschen, sie warten auf Nachrichten oder haben keine Bleibe mehr und wollen hier übernachten. Zusammen sind es, glaube ich, achtzehn, *chai*[30] [hebr. *chai* – Leben; entspricht dem gematrischen Zahlenwert 18 – Anm. d. Ü.] – was für ein Paradox. Sie sitzen am Tisch und essen zu Abend, nein, es gibt nichts zu essen, sie schlürfen Kaffee. Ich sage kein Wort und lege mich schlafen.

* * *

Wir verlegten unser Hauptquartier in Sonias Wohnung in die Nowolipie-Straße 7. Dort wohnte nur Filozof[31], der erst abends nach Hause kam, Klin[32] war bereits auf der »arischen Seite«. Die Annehmlichkeit der Wohnung bestand darin, dass das Telefon dort noch intakt war. Das war die Verbindung zur »arischen Seite« und mit Miedzeszyn[33]. Einer von uns war immer da, meistens saßen wir alle zusammen. Orzech rief zwei-, dreimal täglich[34] an, man wartete auf seinen Anruf wie auf die Erlösung – vielleicht doch? Wenn es keine Waffen gibt, dann gelingt es vielleicht, einige Dutzend Menschen herauszuholen. Jetzt machen wir doch nichts anderes als Menschen herausholen. Immer wieder wird jemand aufgegriffen, und immer wieder fährst du zum *Umschlag*, stundenlang wartest du auf den günstigen Moment, bis es dir gelingt. Und wenn es dir nicht gelingt, weil ganz plötzlich verladen wird, dann kommst du knapp mit dem Leben davon und kannst nicht einmal erklären, warum es dir nicht gelungen ist. Berek beharrt: »Geh noch einmal hin.« Du sagst nichts und gehst hin – du weißt, dass es nichts bringt, aber du gehst hin, kommst dann mit leeren Händen zurück, aber jetzt fragt dich niemand mehr, inzwischen ist es vergessen, es gibt so viele neue Dinge, nein, keine Dinge, so viele Menschen, wieder sind Menschen verschwunden. Da ist nichts zu machen, in der Nacht gehst du wieder zum *Umschlag*. Nachts hat man immer mehr Glück.

* * *

Seit Berek einen Platz in der Werkstatt bekommen hatte und dort zwei, drei Stunden täglich verbringen musste, begann der Kleine Kostek in die Nowolipie zu kommen. Er saß dort den ganzen Tag, abends ging er manchmal zu Hanusia[35]. Und ausgerechnet heute wollte er sie in der Werkstatt besuchen. Er ging hin. Pech. Die Werkstatt von Leszczyński wurde abgeriegelt, und sie nahmen auch Kostek mit. Wir erfuhren das erst Stunden später. Berek ging zum *Umschlag*. Er stand einige Stunden vor dem Eingang, konnte aber nichts ausrichten. Der Kleine Kostek hätte sich irgendwo verstecken sollen, um die Verladung abzuwarten und in der Nacht herauszukommen. Es hat nicht geklappt, er ist zusammen mit der Menge und mit Hanusia mitgenommen worden.

Berek fragte mich nie mehr: »Warum hast du sie nicht rausgeholt?«

* * *

Es ist ziemlich spät. Ich bin im großen Ghetto, habe noch etwas im Krankenhaus zu erledigen. Janek fährt mich. Ich beschließe, in der Śliska-Straße zu übernachten, will aber vorher zu Hause Bescheid sagen. Wir erreichen die Straßenecke – alle stehen schon auf dem Balkon und warten auf mich. Ich öffne die Tür, Rywka ist in Tränen aufgelöst. Und ich habe keine Minute zu verlieren. Sie wollen mich zurückhalten. Aber ich muss wirklich ins Krankenhaus. »Vielleicht komme ich noch zurück.« »Nein, nein«, schreien sie mir hinterher.

Wir fahren mit Vollgas, Janek ist außer Puste. Wenn wir nur durch die Kontrolle kommen! Und ausgerechnet jetzt gibt es eine schreckliche Schießerei. Wir bleiben einen Augenblick stehen. »Fahr nicht weiter«, sage ich. Doch bald sind wir an der Wache, man schaut uns an, als wären wir Gespenster. Ich weise mich als Bote des Krankenhauses aus. Sie lassen uns durch. Wir beide atmen auf. Fünf Minuten später bin ich im Krankenhaus.

Ich habe alles erledigt. Im Krankenhaus wollte ich nicht übernachten, ich wollte nach Hause. Ohne Hoffnung, dass ich etwas Fahrbares erwische, ging ich hinaus. Gerade stand dort eine Rikscha, ich fragte, er wollte mich nicht fahren.

»Man holt Sie ja doch nur ab, und ich verdiene nichts.«

»Ich zahle im Voraus, einhundert Złoty, und fahre auf eigene Gefahr.«

Er ist einverstanden. Wir fahren los, an der Wache erkennen sie mich wieder und halten uns nicht einmal an. Als ich nach Hause komme, ist es schon ganz dunkel. Niemand hat mehr mit mir gerechnet.

* * *

Ich sitze bei Sonia. Die Straße ist abgeriegelt. Da die Wohnung im fünften Stock liegt, mache ich mir keine Sorgen: Hier kommen die Deutschen nicht herauf, es ist zu hoch.

Plötzlich das bekannte Gebrüll auf der Treppe, ganz nah. Das sind die Ukrainer, die in Wohnungen einbrechen. Es ist nichts zu machen, man muss sich verstecken. In der Diele zwischen Küche und Zimmer steht eine Anrichte. Dahinter gibt es eine kleine Wandnische, die durch die Anrichte völlig verdeckt ist. Ich krieche hinein. Es ist so eng, dass ich mich nicht nur kaum bewegen, sondern auch kaum richtig atmen kann. Ich sitze dort eine gute Viertelstunde, bis sie unsere Tür zu zerschlagen beginnen. Ich halte den Atem an.

Ich weiß, jetzt bin ich dran. Die Ukrainer rücken immer alle Schränke von den Wänden ab. Ich höre sie schon in der Wohnung. Sie plündern das erste Zimmer. Wenn sie nur das Telefon nicht kaputtmachen! Im nächsten Moment zerfällt krachend

Emanuels[36] Bücherschrank im Esszimmer. Jetzt kommen sie in die Küche. Ich höre auf zu atmen. Ich spüre schon, wie sie mich herauszerren. Zwei Schüsse und fertig. Doch nein, sie gehen wieder. Die Küche betreten sie nicht einmal. Es gab einen Pfiff, und sie mussten antreten. Ich warte etwas ab und krieche heraus. Ich habe schrecklichen Durst, fürchte mich aber, den Wasserhahn aufzudrehen, da die jüdische Polizei hören könnte, dass jemand da ist – die Leitungsrohre können einen ganz leicht verraten.

Die Wohnung sieht aus wie üblich. Von hier sind schon alle abgeholt worden. Umso besser. Sie werden hier nicht mehr suchen. Plötzlich klingelt das Telefon. Das ist Abrasza, er fragt, ob ich lebe, weil sie schon zum *Umschlag* rennen wollten.

Auch er hat einiges durchgemacht. Von 300 Personen in der Werkstatt seien nach der Selektion 26 geblieben, und er sei der 26. gewesen. Ein Gestapomann habe ihm die Peitsche um den Hals geworfen und ihn zu den Lebenden hinausgezerrt. Wir hatten Hunger – auch Abrasza, der nun ankam. Es war schon zwei Uhr nachmittags, und keiner hatte etwas gegessen. Bis dahin hatten uns Reste von Moral davor bewahrt, den Schrank zu öffnen, in dem angeblich Vorräte lagerten. Doch jetzt kamen sie uns gelegen: Da die Ukrainer die Tür zerschlagen hatten, stand der Schrank offen. Darin fanden wir einen Riesentopf mit Marmelade. Sie war schrecklich sauer, aber vorzüglich. Anfangs waren wir zurückhaltend, jeder nahm sich ein wenig auf eine Untertasse. Lange hielt das nicht vor, in zwei Tagen war der Topf leer. Die Marmelade war alle, das Telefon wurde abgeschaltet, und wir verlegten unser Quartier zu Bereks Schwager in die Nowolipki-Straße 7a.

* * *

Die Nowolipki-Straße 7a war ein schlechter Ort, direkt an der Mauer. Und auf der »arischen Seite«, gleich hinter der Mauer, lag ein Trümmerhaufen. Dort war ein SS-Mann postiert, den man nicht sah. Und wie aus der Vogelperspektive schoss er auf die Passanten.

Als ich zum ersten Mal dorthin ging, sausten die Kugeln um mich herum, ich wusste nicht woher. Eine verfehlte mich nur knapp, sie prallte von den Brettern eines geschlossenen Ladens ab. Ich war mir dessen nicht bewusst, dass gezielt auf mich geschossen wurde. Erst einige Tage später, als ich in der Rikscha über die Nowolipki-Straße fuhr, bemerkte ich einen Kopf, der hinter der Mauer hervorschaute. Der Mann war nicht der beste Schütze. Auch dieses Mal traf er nicht, er durchlöcherte nur die Sitzlehne.

In die Nowolipki-Straße gingen wir, bis die »Kessel«[37] begannen, aber irgendwo mussten wir uns treffen, und einen anderen Ort gab es nicht. Immer kostete es uns ein wenig Nerven.

In der Wohnung selbst war es sogar ziemlich sicher, denn nebenan befand sich die Zentrale von Leszczyński[38], so dass wir im Fall einer Blockade geschützt waren.

* * *

Es war gegen zwölf Uhr. Frau Heller[39] rief vom Krankenhaus an und sagte, dass es eine Blockade in der Schwesternschule[40] gegeben habe. Alle Mädchen seien freigelassen worden, nur Abrasza[41] habe man abgeholt. Eine etwas seltsame Nachricht. Ich versuche, in der Schule anzurufen, aber niemand geht ans Telefon. Ich gehe runter, nehme eine Rikscha und fahre hin. Hinter der Wache ist es auf den Straßen völlig leer, was aber nichts besagt, sehr oft ist das so. In der Grzybowska-Straße plündert die jüdische Polizei die Geschäfte. Auch nichts Besonderes.

Aber der Rikschafahrer weigert sich, will nicht weiter. Wir gelangen bis zur Ecke der Ciepła-Straße. Dort hält uns ein jüdischer Polizist an.

»Was machen Sie hier? Seit sieben Uhr ist das kleine Ghetto abgeriegelt. Niemand kann rein, niemand kann raus. Verschwinden Sie.«

Ich erkläre ihm, dass ich ein Kind im Krankenhaus habe, zur Bluttransfusion gerufen wurde und ins Krankenhaus gelangen muss.

»Von hier aus zum *Umschlag* – ja, aber zum Krankenhaus – das bezweifle ich.«

Ich ziehe das Gespräch in die Länge, wie ich nur kann. Der Rikschafahrer ist inzwischen weg. Das Ganze sieht nicht so rosig aus. Entlang der Ciepła-Straße stehen alle fünf Meter Ukrainer. Von der Twarda-Straße her ist die Ciepła durch eine dichte Postenkette der Ukrainer abgeriegelt, direkt vor ihnen sieht man die aufgegriffenen Menschen in einem riesengroßen Viereck zusammengepfercht. Auch dort gibt es keine Möglichkeit umzukehren, denn die jüdische Polizei lässt niemanden durch.

Was tun, wohin gehen? Zu lange stehen bleiben kann ich nicht. Mit festem Schritt und meinem Ausweis in der Hand gehe ich also rechts die Fahrbahn entlang, direkt vor den Ukrainern. So gelange ich bis in die Twarda-Straße, dort stehen sie aber quer über die Straße so dicht nebeneinander, dass man nicht durchkann.

Ich sehe das von weitem, gehe aber mit demselben sicheren Schritt weiter. Ich berühre einen der Männer mit der Schulter, er rückt zur Seite, und ich komme vorbei. Niemand hält mich an. Durch die völlig leeren Straßen gelange ich zum Krankenhaus, und erst dort beginnt mein Blut wieder zu zirkulieren.

Telefonisch erreiche ich die Schule – dort wissen sie nichts

Neues. Ich muss also zurück, und zwar direkt zum *Umschlag*. Doch ich will mich ein wenig absichern. Bei der Apothekerin hole ich eine Einliterflasche Rivanol[42] und noch eine, die einen halben Liter fasst, und tue so, als wollte ich zum Krankenhaus in der Leszno. Keine Menschenseele auf den Straßen. An der Ecke Twarda- und Ciepła-Straße erblicke ich plötzlich Hertz mit einer Gruppe Polizisten. Ich renne zu ihm und berichte von Abrasza. Ich höre seinen kurzen Befehl: »Mróz[43], sofort zum *Umschlag* und Abrasza Blum um jeden Preis herausholen!« Oh, welche Erleichterung, dass nicht ich zum *Umschlag* muss! Und jetzt in die Nowolipie-Straße, um alles zu berichten.

Ich sehe, dass in der Grzybowska-Straße schon der Wagen der *Umsiedlungsstation*[44] abfährt, zum Abschied gibt es eine Salve aus der Maschinenpistole[45]. Die Ukrainer stehen lässig herum, rauchen Zigaretten, sitzen am Bordstein – offensichtlich sind sie erschöpft nach der Arbeit, die Halunken.

Ich bin immer noch der einzige Zivilist auf der Straße, aber die Aktion ist schon zu Ende, und leichten Herzens gehe ich weiter. Als ich bereits in die Walicków-Straße[46] abbiege, wird plötzlich aus der lockeren Ansammlung von Ukrainern eine geschlossene Reihe, die Straße ist wieder abgeriegelt, und ich bin mittendrin. Auf der anderen Straßenseite erblicke ich Janek mit seiner Rikscha. Ich gehe direkt auf ihn zu, stelle mich daneben und fühle mich etwas sicherer. Aber er meint, die Rechnung gehe nicht auf, wir würden beide abgeholt, denn zu einer Rikscha gehöre nur eine Person. Was tun? Als Erstes will ich mich auf Teufel komm raus dieser unseligen Flaschen entledigen, die ich nur zur Tarnung mitnahm, jetzt stören sie mich und machen mich unbeweglich. Nach einem kurzen Gespräch verstaue ich sie unter dem Sitz der Rikscha (das Krankenhaus in der Leszno-Straße bekam wohl bis zum Ende seines Bestehens kein Rivanol mehr). Und ich selbst – ich habe keine andere Wahl – gehe direkt auf die

Ukrainer zu. Wieder stoße ich einen leicht an der Schulter und gehe durch die Postenkette durch, niemand hält mich an. Ich verstecke mich hinter einem Zigarettenkiosk, wo ich das Ende der Blockade abwarte, und dann geradeaus in die Nowolipie-Straße. Abrasza ist schon da.

Es war ihm dank der Vermittlung eines jüdischen Polizisten gelungen, an der Ecke Zamenhof- und Muranowska-Straße einen Ukrainer mit seiner Uhr zu bestechen, der ihm dann erlaubt hatte, in einem Einfahrtstor abzuwarten, bis alle vorbeigegangen waren. Luba, die auch unterwegs war, um Abrasza am *Umschlag* herauszuholen, kam unverrichteter Dinge zurück.

* * *

In der Versorgungsanstalt[47] konnte Zygmunt von Sztolcman[48] deutsche Passierscheine entwenden, die angeblich hundertprozentig vor der Deportation schützen sollten. Ich ging sie abholen. Ich schaffte es kaum, ein paar Worte mit ihm zu wechseln, schon waren Schreie der Deutschen zu hören. Sogleich erschien ein hübscher SS-Mann, braungebrannt, mit bis zum Ellenbogen hochgekrempelten Ärmeln und einer Pistole in der Hand, der alle vom dritten Stock nach unten jagte. Ich war der Letzte, ging direkt vor ihm die Treppe hinunter. Hinter ihm zurückzubleiben wollte mir einfach nicht gelingen. Wir wurden mit der ganzen Menge hinausgetrieben. Ich stand in der Mitte der Fahrbahn, wo die Selektion stattfand. Diejenigen, die Beschäftigungsnachweise von der Versorgungsanstalt hatten, ließ man zum Tor zurückgehen, die Übrigen, und das war die Mehrheit, mussten auf die andere Straßenseite, wo sie von der jüdischen Polizei in einer Reihe aufgestellt wurden. Natürlich landete auch ich dort. Als man die Menschen in die Kohn-Heller-Omnibusse[49] zu verladen begann, erblickte ich plötzlich in der Mitte der Fahrbahn einen jüdischen Polizisten, der gerade auf die andere Straßenseite ging. Ich lief ihm hinterher. Es sah so aus, als begleitete ich ihn. Er ging durch ein Eingangstor, ich auch. Und dort hielt mich ein anderer Polizist an: »Sie wollen …?« »Ich bin mit dem Wachmeister …«, riskierte ich die Antwort. Dieser drehte sich um, es war Talmus[50] von den PS, und er bestätigte meine Worte. Auf dem Hof fragte er mich: »Wie konntest du nur? Man hätte mit dem Polizisten verhandeln müssen, wäre jemand anders dagewesen, wärest du erledigt. Und jetzt versteck dich gut.« Kaum hatte er zu Ende gesprochen, war ich schon im dritten Hof und oben im fünften Stock angekommen, versteckt wie in einem Mäuseloch. Die Blockade dauerte schrecklich lange, denn gleichzeitig wurde auch die Orla-Straße abgeriegelt. Erst am Nachmittag kam ich heraus. Zygmunt hatte bereits alle informiert, ich sei auf dem *Umschlag* gelandet.

* * *

Marek Edelman,
Łódź, in den 1960er Jahren

Meiner lieben Alinka widme ich dieses längst versprochene Geschenk, das zwar nicht vollendet ist, doch das Schreiben habe ich unterbrochen, um ihr mit etwas anderem Freude zu machen – sie will doch, dass ich mich freue. Ich verspreche es hoch und heilig, dass es mit Sicherheit noch abgeschlossen wird. Du glaubst mir, nicht wahr?

Marek

1. Karmelicka-Straße
2. Többens
3. Zygmunt – Guzik
4. Das Archiv
5. Sonia
6. Szefnerowa – der Große Kostek
7. Zeitungsausträgerinnen *Umschlag*
8. Blumka – ŻSS
9. Umzug – Pawia-Straße
10. Inka Sanatorium
11. Verkleinerung der jüdischen Gemeinde – Wagen
12. Küche in der Nalewki-Straße – Berman
13. Das Mädchen – Zamenhof-Straße
14. Szpichlerowa
15. Marian – geht hinaus
16. Leszno-Straße – Ukrainer
17. Nowolipki-Straße – sie werden geführt
18. Die Frau im Rollstuhl

Aus dem Polnischen übersetzt
von Ewa Czerwiakowski

DAS GHETTO KÄMPFT[1]

ZUM GEDENKEN AN ABRASZA BLUM

Nach der Eroberung Warschaus im Jahre 1939 finden die deutschen Besatzer die jüdische Gemeinschaft in einem Zustand des absoluten Chaos und der Auflösung vor. Fast die gesamte führende Schicht hatte Warschau schon am 7. September verlassen. Politische Führer, gesellschaftliche Aktivisten, Vertreter der Intelligenz überließen die Hauptstadt ihrem eigenen Schicksal. Die 300 000 Menschen zählende jüdische Bevölkerung verspürte ein tieferes Gefühl der Ratlosigkeit und Einsamkeit als die anderen.

Angesichts einer solchen Situation fällt es den Deutschen nicht schwer, diese Masse in kurzer Zeit zu beherrschen, zu unterdrücken und sie durch Repressalien in einen Zustand passiver Resignation zu treiben. Der raffinierte, erfahrene deutsche Propagandaapparat arbeitet unablässig daran, Panik und Desorganisation noch zu verstärken, indem er für damalige Zeiten unglaubliche Gerüchte verbreitet. Innerhalb kurzer Zeit gehen die Unterdrückungsmaßnahmen gegen Juden weit über den gelegentlichen Schlag in die Fresse, das sadistische Hinauszerren aus Wohnungen oder die willkürlichen Razzien hinaus, mit denen sie auf der Straße für sinnlose Zwangsarbeit weggefangen werden. Die Verfolgungen nehmen immer konkretere, systematischere Züge an.

Bereits Mitte November 1939 werden erste »vernichtende« Anordnungen erlassen: Einrichtung von »Erziehungslagern« für die gesamte jüdische Bevölkerung und Beschlagnahme des ganzen jüdischen Vermögens bis auf 2000 Złoty pro Familie. Dann häufen sich in schneller Folge Verbote und Einschränkungen: Juden dürfen nicht mehr in der Großindustrie arbeiten, sie dürfen nicht mehr in öffentlichen und staatlichen Institutionen arbeiten, sie dürfen keine Backwaren mehr herstellen, sie dürfen monatlich nicht mehr als 500 Złoty verdienen, während der Preis für ein Kilo Brot zeitweilig auf bis zu 80 Złoty steigt. Juden dürfen nichts mehr an »Arier« verkaufen, sie dürfen nicht mehr bei »Ariern« einkaufen, sie dürfen sich nicht mehr von einem »arischen« Arzt behandeln lassen, sie dürfen keine »arischen« Kranken mehr behandeln, sie dürfen nicht mehr mit Zügen und Straßenbahnen fahren, sie dürfen die Stadt nicht mehr ohne Sondergenehmigung verlassen, sie dürfen kein Gold und keinen Schmuck mehr besitzen. Vom 12. November[2] an muss jeder Jude ab dem zwölften Lebensjahr am rechten Arm eine weiße Armbinde mit blauem Davidsstern tragen (in manchen Städten, wie Łódź und Włocławek, den gelben Fleck auf dem Rücken und auf der Brust).

Die jüdische Bevölkerung, grundlos geprügelt und misshandelt, lebt in ständiger Angst. Verstößt man gegen die Vorschriften, so droht nur eine einzige Strafe – der Tod; beachtet man sie, schützt auch das nicht vor Tausenden immer ungeheuerlicheren Schikanen, immer massiveren Verfolgungen, den sich häufenden Terrorakten und den zunehmend verschärften Bestimmungen. Den Höhepunkt bildet das ungeschriebene Gesetz der Kollektivbestrafung: So werden in den ersten Novembertagen 1939 fünfzig Männer aus dem Haus in der Nalewki-Straße 9 erschossen, weil ein Bewohner angeblich einen polnischen Polizisten geschlagen hat. Dieser erste Fall eines Massenmordes verstärkt noch zusätzlich die Panikstimmung unter den Juden. Die Angst vor den Deutschen erreicht unbeschreibliche Dimensionen.

In einer solchen Atmosphäre und unter solch grundsätzlich veränderten Bedingungen nimmt der Bund seine gesellschaftliche und politische Tätigkeit auf, oder, besser gesagt, setzt sie fort. Denn unter uns gibt es Menschen, die trotz allem, was geschehen ist, versuchen, weiterzuarbeiten. Das Bewusstsein, dass man jeden Augenblick umgebracht werden kann, nicht für das, was man tut, sondern einfach, weil man nur ein niedergeschlagener, gequälter Nicht-Mensch – ein Jude ist, wirkt dabei sehr deprimierend. Das mangelnde Selbstbewusstsein macht jeglichen Ansatz zur Aktivität und jegliche Selbstsicherheit zunichte. So lässt sich am besten erklären, warum unsere Tätigkeit in der ersten Zeit nach der Niederlage Warschaus überwiegend karitativer Art ist und warum alle Impulse zum bewaffneten Kampf gegen die Besatzer relativ spät und anfangs in solch unbedeutender Form aufkommen. Es bedeutet für uns ja bereits eine gigantische Anstrengung, unsere eigene verzweifelte Apathie zu überwinden, in uns selber einen Funken von Aktivität zu wecken und uns der allgemein herrschenden Panik zu widersetzen.

Auch in der schwersten Zeit stellt der Bund seine Tätigkeit nicht ein. Das im September zum Verlassen der Stadt gezwungene Zentralkomitee der Partei betraut Abrasza Blum mit der Führung der Parteiarbeit, denn wie es scheint, ist er der Einzige aus der Parteispitze, der angesichts der massenhaften Flucht freiwillig beschließt, in Warschau zu bleiben. Gemeinsam mit Artur Zygielbojm stellt er in Absprache mit dem Verteidiger Warschaus, dem Stadtpräsidenten Starzyński, jüdische Einheiten auf, die aktiv an der Verteidigung der Hauptstadt teilnehmen. Die ganze Redaktion der *Folkstsaytung* (Tageszeitung der Partei) ist geflüchtet. Trotzdem erscheint am 7. September die Zeitung wie gewöhnlich, herausgegeben von den Genossen Abrasza Blum, Klog und Klin, und wird auch während der ganzen Belagerungszeit weiterhin regelmäßig erscheinen.

Die während der Belagerung eingerichteten Essensausgabestellen und Volksküchen arbeiten weiter. Fast alle Partei- und Gewerkschaftsmitglieder erhalten materielle Hilfe. Abrasza Blum organisiert gleich nach dem Einmarsch der Deutschen in Warschau eine neue Zentralführung der Partei (A. Blum, L. Klog, S. Nowogródzka, B. Goldsztein, dann A. Sznajdmil – Berek und M. Orzech).

Im Januar 1940, nachdem der erste Sender der polnischen Untergrundorganisation entdeckt wird, setzt die zweite Welle des Massenterrors ein. In einer einzigen Nacht nehmen die Deutschen mehr als 300 Personen (gesellschaftliche Aktivisten, Vertreter der Intelligenz, Angehörige der freien Berufe) fest und ermorden sie. Aber damit begnügen sich die Besatzer nicht. Es wird zwar noch kein Ghetto, aber – als Vorbereitung darauf – das sogenannte »Seuchensperrgebiet« eingerichtet, außerhalb dessen die Juden nicht wohnen dürfen. Juden werden als kostenlose, sowohl den Deutschen als auch den Polen nutzbringende Arbeitskräfte eingesetzt. Aber damit noch nicht genug. Die Welt soll erfahren, dass die Juden nicht nur von den Deutschen gehasst werden.

Während des Osterfestes 1940 wird ein Pogrom durchgeführt, das einige Tage andauert. Angehörige der deutschen Luftwaffe heuern für vier Złoty pro »Arbeitstag« den polnischen Mob an. Die ersten drei Tage lang wütet er ungehindert. Am vierten Tag führt die Bund-Miliz eine Vergeltungsaktion durch. Es kommt zu vier großen Straßenkämpfen: Solna-Straße – Hale Mirowskie, Krochmalna-Straße – Grzybowski-Platz, Karmelicka – Nowolipie, Niska – Zamenhof-Straße. Die Aktion wird von einem Versteck aus vom Genossen Bernard geleitet.

Wie desorientiert die jüdische Gemeinschaft damals war, wird daraus ersichtlich, dass keine der anderen aktiven politischen Parteien sich an der Aktion beteiligte. Schlimmer noch:

Alle waren dagegen. Unsere Aktion stoppt allerdings das Vorhaben der Deutschen und wird zur ersten tatkräftigen Abwehr der jüdischen Gemeinschaft.

Sie war notwendig, damit die Allgemeinheit ihre Situation begriff. All diesen geschlagenen, gepeinigten Menschen musste gesagt und gezeigt werden, dass wir trotz alledem, gegen alle widrigen Umstände, doch noch imstande sind, unser Haupt zu erheben. Und dann erscheint zum 1. Mai die erste Ausgabe des *Byuletin*, hergestellt mit einem alten, in einer Grundschule in der Karmelicka-Straße zufällig gefundenen Vervielfältiger von SKIF[3] und herausgegeben von einem Redaktionskomitee, dessen Mitglieder Abrasza Blum, Adam Sznajdmil und Bernard sind. Die Ausgabe ist den Osterunruhen gewidmet. Aber die Allgemeinheit bleibt taub.

Im November 1940 errichten die Deutschen in Warschau das Ghetto. Die gesamte jüdische Bevölkerung, die noch außerhalb des »Seuchensperrgebietes« wohnt, wird dorthin umgesiedelt. Die innerhalb des Ghettos wohnenden Polen räumen ihre Wohnungen. Für kleine Fabriken, Werkstätten und Geschäfte dauert die Räumungsfrist zwei Wochen länger. Also bis zum 1. Dezember. Aber schon am 15. November darf kein Jude mehr den jüdischen Wohnbezirk verlassen. Die Deutschen versiegeln sofort die von den Juden verlassenen Wohnungen und Geschäftsräume und übergeben sie anschließend, samt des gesamten Inventars, unentgeltlich polnischen Händlern und Schmugglern. Schmuggler und Schwarzhändler – ein typisches Produkt der Kriegsumstände – sind die Leute, auf die die Deutschen zählen und die sie für sich zu gewinnen versuchen, indem sie ihnen den jüdischen Besitz überlassen und bei ihrem Lebensmittelschmuggel ein Auge zudrücken.

Von Tag zu Tag wachsen jetzt die Mauern und der Stacheldraht in die Höhe, die das Ghetto umzäunen, um schließlich am

15. November die jüdische Gemeinschaft völlig von der Außenwelt und den Menschen draußen abzuschneiden. Der Kontakt mit den Juden aus anderen Städten und der Provinz bricht natürlich dadurch auch ab. Für jüdische Arbeiter bestehen jetzt keine Verdienstmöglichkeiten mehr. Alle Fabrikarbeiter, Staats- und Kommunalbeamte und Angestellte bei »arischen« Firmen werden arbeitslos. Es entsteht eine für den Krieg typische Schicht von Zwischenhändlern. Die Mehrheit bleibt aber unter den neuen Umständen arbeitslos. Da sie am Anfang alles, was sich auch nur zu Geld machen lässt, bis auf den letzten Rest verkauft, sinkt sie langsam in bodenloses Elend herab. Trotz der von den Deutschen lautstark angekündigten Produktivmachung des Ghettos erfolgt eine vollständige Verarmung. Hinzu kommen noch Tausende Juden, die aus den benachbarten Kleinstädten vertrieben worden sind, Menschen, die fast nichts mehr besitzen und die hier ohne jeglichen Rückhalt, in einer fremden, mit sich selbst beschäftigten Umgebung, vor Hunger verkommend, ihre Existenz von Neuem aufbauen müssen.

Die völlige Absonderung des Ghettos, das Verbot, Zeitungen von außen zu beziehen, die Abschottung von den Nachrichten aus der Außenwelt – all dies gehört ebenfalls zu den gezielten Maßnahmen, die die jüdische Bevölkerung in eine bestimmte Richtung lenken sollen. Das, was außerhalb der Ghettomauern geschieht, wird immer entfernter, immer nebliger, fremder. Wichtig ist nur das Heute, die alltäglichen Dinge, die Menschen aus der nächsten Umgebung, und daher konzentrieren sich alle Interessen eines durchschnittlichen Ghettobewohners nur noch darauf. Wichtig ist nur, dass man lebt.

Dieses »Leben« wird von jedem auf seine Art, je nach Umständen und Möglichkeiten, aufgefasst. Es bedeutet Wohlstand für diejenigen, die schon vor dem Krieg reich waren, Ausschweifung und Überfluss für verschiedene degenerierte Gestapo-

Agenten und demoralisierte Schmuggler; für die große Masse der Arbeiter und Arbeitslosen ist es ein hungerndes Dahinvegetieren mit der Suppe aus der Volksküche und dem rationierten Brot. An dieses »Leben« klammert sich jeder krampfhaft auf seine eigene Weise. Diejenigen, die Geld haben, trachten nach Wohlleben, sie laufen ihm nach im stickigen Getümmel der ständig überfüllten Cafés, sie schwelgen in ihm inmitten der Tanzmusik der Nachtlokale. Diejenigen, die nichts haben, die Elenden, suchen ihr »Glück«, das in einer aus dem Müll ausgegrabenen, verschimmelten Kartoffel verborgen ist, sie finden dieses flüchtige Glück in einem erbettelten Stück Brot, das ihnen für einen Augenblick ermöglicht, zu vergessen, was Hunger ist.

Daher diese Kontraste auf den Ghettostraßen, die so oft von den Deutschen ausgenutzt werden, die sie für Propagandazwecke fotografieren lassen und gehässig der Weltöffentlichkeit präsentieren: »So sterben im Warschauer Ghetto die vor Hunger aufgeschwollenen Elenden vor üppigen Schaufensterauslagen mit Lebensmitteln, die von der arischen Seite hineingeschmuggelt werden.«

Und der Hunger wächst täglich, er sickert aus den dunklen, überfüllten Wohnungen auf die Straße, wird sichtbar in der Gestalt grotesk angeschwollener, klotziger Körper, der mit schmutzigen Lumpen umwickelten eiternden Beine voller Geschwüre und Wunden, die von Erfrierungen und Unterernährung herrühren. Der Hunger spricht aus dem Munde der Alten, Jungen und Kinder, die auf den Höfen betteln.

Überall betteln Kinder. Sie betteln im Ghetto, betteln auf der »arischen Seite«. Die sechsjährigen Jungen kriechen unter den Augen eines Gendarmen durch den Stacheldraht, um auf der »anderen Seite« ein wenig Nahrung aufzutreiben. Auf diese Weise unterhalten sie ganze Familien. Oft verkündet ein einzelner Schuss in der Nähe des Stacheldrahts den Passanten, dass ein kleiner Schmuggler im Kampf mit dem Hunger gefallen ist. Es treten sogenannte »Schnapper« auf. Es sind Jungen oder eher Skelette einstiger Jungen, die den Passanten Pakete aus den Händen reißen und den Inhalt in Windeseile, noch im Laufen, noch fliehend, gierig hinunterschlingen. Es geschieht oft, dass sie sich in der Eile ein Stück Seife oder rohe Erbsen in den Mund stopfen.

Das Elend ist so groß, dass die Menschen vor Hunger auf den Straßen sterben. Tagtäglich gegen vier, fünf Uhr morgens sammeln die Begräbnisunternehmen etwa ein Dutzend Leichen von den Straßen auf, die der eine oder andere Passant mit einer Zeitung bedeckt hat. Die Zeitung hat er mit einem Stein beschwert, damit sie nicht wegfliegt. Einige fallen einfach auf der Straße um, andere sterben zu Hause, aber ihre Familien ziehen sie nackt aus (um die Kleidung zu Geld zu machen) und schaffen sie auf die Straße, damit sie auf Kosten der Jüdischen Gemeinde begraben werden. In Kolonnen fahren die mit nackten Leichen beladenen Karren durch die Straßen. Die knochigen Skelette liegen übereinandergestapelt, ihre Köpfe schlagen auf dem unebenen Straßenpflaster hin und her, sie stoßen gegeneinander, prallen gegen die Wagenbretter.

Die Lage wird tragisch, als die ausgesiedelten Einwohner der kleineren Städte und der Provinz das Ghetto überschwemmen. Es gibt keine Häuser, keine Unterkünfte für sie. Obdachlose, schmutzige Menschen treiben sich auf den Straßen herum. Tagelang lagern, schlafen und essen sie auf den Höfen. Schließlich werden sie in den zu diesem Zweck eingerichteten »Punkten« – provisorischen Heimen für Ausgesiedelte – untergebracht. Diese »Punkte« stellen eine der dunkelsten Erscheinungen des Ghettolebens dar, ein Übel, mit dem man nicht fertig wird (es gelingt nur, einen Teil der Kinder in einem Internat mit etwas besseren Lebensbedingungen unterzubringen).

In großen, leeren, unbeheizten Sälen der Gebetshäuser und ehemaligen Fabrikhallen hausen zusammengepfercht jeweils einige Hundert Menschen. Dreckig, verlaust, ohne Möglichkeit, sich zu waschen, unterernährt und hungrig (einmal am Tag wird vom Judenrat Wassersuppe geliefert), liegen sie tagelang auf schmutzigen Strohsäcken, zu kraftlos, um aufzustehen. Die Wände sind mit grünen Schimmelflecken bedeckt. Strohsäcke liegen auf dem Boden, selten auf Holzpritschen. Auf eine ganze Familie entfällt oft ein einziger Liegeplatz. Gerade hier herrschen in vollem Umfang und uneingeschränkt Elend und Hunger.

Gleichzeitig wütet das Fleckfieber. An immer mehr Haus- und Wohnungstüren kleben gelbe Warnzettel: »Fleckfieber!« Die Elenden in den »Punkten« erkranken in besonders hohem Maße. Die Krankenhäuser, die alle in Infektionsstationen umgewandelt werden, sind überfüllt. Jede Abteilung nimmt täglich 150 Kranke auf, die dann zu zweit oder zu dritt in einem Bett oder gar auf dem Fußboden liegen. Bei jedem Sterbenden wartet man ungeduldig darauf, dass er schneller Platz für den nächsten macht. Die Ärzte können nicht Schritt halten, es gibt zu wenige. Die Menschen sterben zu Hunderten. Auf dem Friedhof reicht der Platz nicht mehr für alle aus. Die Totengräber schaffen es nicht mehr, alle zu begraben. Obwohl 500 Leichen in ein Massengrab hineingeworfen werden, bleiben Hunderte weitere mehrere Tage lang unbestattet und verbreiten über dem gesamten Friedhof einen Übelkeit erregenden, süßlichen Geruch. Die Epidemie breitet sich aus. Sie lässt sich nicht mehr eindämmen. Das Fleckfieber ist allgegenwärtig, es droht von überall. Neben dem Hunger wird es zum allmächtigen Herrscher über das Ghetto. Die Sterblichkeitsrate steigt bis auf 6000 Menschen im Monat (das sind mehr als zwei Prozent der Bevölkerung).

Unter diesen tragischen Umständen, die das jüdische Leben bestimmen, versuchen die Deutschen, einen äußeren Anschein von Ordnung und Autorität zu schaffen. Die offizielle Verwaltung des Ghettos liegt vom ersten Tag an in den Händen des Judenrates. Um die richtige »Ordnung« aufrechtzuerhalten, wird ein uniformierter Jüdischer Ordnungsdienst ins Leben gerufen. Von nun an müssen die Kinder, die durch den Stacheldraht schmuggeln, vor noch einer weiteren Macht auf der Hut sein, und die Ghettobevölkerung hat nun drei Zerberusse: den Deutschen sowie den polnischen und den jüdischen Polizisten. Die Einrichtungen, die dem Ghettoleben einen Anschein von Normalität verleihen sollen, sind tatsächlich Quellen weitgehender Korruption und Demoralisierung. Den Deutschen gelingt es, die angesehensten Bürger in den Judenrat zu berufen. Das einzige Mitglied des Judenrates, das trotz drohender Todesstrafe die Zivilcourage besitzt, aus dieser Institution auszuscheiden, ist der Genosse Artur (Szmul Zygielbojm).

In einer solchen Atmosphäre gelangen im Februar 1942 die ersten Nachrichten ins Ghetto, dass in Chełmno (Kulmhof) Juden vergast werden. Diese Nachrichten werden von drei Flüchtlingen überbracht, die sich wie durch ein Wunder haben retten können. Aus ihrem Bericht geht hervor, dass in Chełmno im Laufe des Novembers und Dezembers 1941 etwa 40 000 Juden aus Łódź, ebenso viele aus Pommern und anderen kleinen, dem Reich einverleibten Städten, sowie mehrere Hundert Zigeuner aus Bessarabien vergast wurden. Die Deutschen mordeten auf ihre mittlerweile bekannte, höchst raffinierte Weise. Sie täuschten ihren Opfern vor, sie würden zur Zwangsarbeit gebracht werden, und forderten sie auf, Handgepäck mitzunehmen; dann, als sie im Schloss in Chełmno ankamen, mussten sich alle ausziehen, jeder bekam ein Handtuch und ein Stück Seife, angeblich, um ein Bad zu nehmen. Bei perfekt bewahrtem Anschein führte man sie in die hermetisch abgedichteten Wagen, in denen sich die Gaskammern befanden. Das Gas wurde durch die Kraft des Motors hineingepresst. Dann luden die jüdischen Totengräber auf einer Lichtung in einem Wald bei Chełmno die Leichen aus den Wagen aus und begruben sie. Der Wald war von 200 SS-Männern umstellt. Die Aktion leitete ein SS-Mann namens Bykowiec. Mehrmals fanden dort Inspektionen von SS-Generälen und der SA statt.

Das Warschauer Ghetto glaubte diesen Berichten nicht. All diese Menschen, die sich so an das Leben klammerten, waren unfähig zu glauben, dass man ihnen dieses Leben auf solch eine Weise nehmen könnte. Nur die organisierte Jugend, die aufmerksam den sich ständig steigernden deutschen Terror beobachtete, hielt diese Ereignisse tatsächlich für möglich und wahr und beschloss, eine breitangelegte Propagandaaktion durchzuführen, um die Bevölkerung darüber aufzuklären. Mitte Februar 1942 findet eine Versammlung der Tsukunft-Kader[4] statt, auf der Abrasza Blum und Abramek Bortensztein Reden halten. Wir sind uns alle darin einig, dass wir uns nicht wehrlos umbringen lassen werden. Wir schämen uns für die Juden aus Chełmno, weil sie sich ohne den geringsten Widerstand in den Tod führen ließen. Wir wollen nicht zulassen, dass das Warschauer Ghetto sich irgendwann in einer solchen Situation befindet. »Wir werden nicht auf den Knien sterben«, sagt Abramek. »Nicht sie werden ein Beispiel für uns sein, sondern solche Menschen wie unser Genosse Ałter Bas.« Zur gleichen Zeit, als jene passiv und demütig umkamen, wurde er als politischer Aktivist mit illegalen Blättern in der Tasche gefasst und mit jeglichen den Deutschen bekannten Methoden gefoltert, doch er leistete mit seinem ganzen Wesen Widerstand gegen die bestialische Gewalt, obwohl er mit ein paar Worten sein Leben hätte retten können.

Eine Beschreibung der Verbrechen in Chełmno wird in einigen Dutzend Exemplaren im Ghetto verbreitet. Wir senden auch einen Bericht ins Ausland mit der Forderung, Repressalien gegen die deutsche Zivilbevölkerung anzuwenden. Aber das Ausland glaubt dem Bericht auch nicht. Unser Appell bleibt ohne Echo, obgleich Genosse Artur Zygielbojm, damals schon unser Vertreter im Londoner Nationalrat, in einer Rundfunkansprache unseren Funkspruch wörtlich an die ganze Welt bekanntgibt. Am darauffolgenden Tag wird seine Rede in einer Sonderausgabe unserer Parteizeitschrift *Der veker* und in den Untergrundblättern aller anderen politischen Parteien abgedruckt und im ganzen Ghetto in Umlauf gebracht.

Mit dem Beginn des deutsch-russischen Krieges (Sommer 1941) setzen auf dem Gebiet des westlichen Weißrusslands und der Ukraine massenhafte Vernichtungsaktionen ein. Im November dieses Jahres gibt es Massenerschießungen von Juden in Wilna, Słonim, Białystok und Baranowicze. In Ponary (bei Wilna) kommen in einer kurzen Aktion Zehntausende Juden um. Diese Nachrichten gelangen nach Warschau. Aber wieder ist die Haltung der Bevölkerung, die das nicht wahrnehmen will, abwehrend. Die Mehrheit ist immer noch der Meinung, die Morde seien nicht das Ergebnis einer organisierten, planvollen Aktion zur Vernichtung des jüdischen Volkes, sondern Ausschreitungen siegestrunkener Soldaten. Die politischen Parteien und gesellschaftlichen Organisationen sind dagegen anderer Meinung.

Im Januar 1942 findet eine überparteiliche Konferenz statt. Alle Parteien vertreten die Meinung, die einzig angemessene Antwort sei bewaffneter Widerstand. Zu dieser Zeit schlagen die Verbände Hashomer Hatzair und Hechaluz zum ersten Mal konkret vor, eine Kampforganisation zu gründen. In unserem Namen sprechen M. Orzech und A. Blum. Sie sind der Ansicht, eine Kampfaktion habe nur dann Erfolgsaussichten, wenn sie im Einvernehmen und in Zusammenarbeit mit dem polnischen Untergrund ausgeführt werde. Zur Gründung einer gemeinsamen Kampforganisation kommt es damals noch nicht.

Im Einvernehmen mit den Polnischen Sozialisten (die Linksradikalen der Polnischen Sozialistischen Partei) bilden wir die erste Kampforganisation. Zu ihrer Führung gehören: Bernard, Abrasza, Berek. Es entsteht die erste Fünfergruppe von Ausbildern: Liebeskind (aus Łódź), Zygmunt Frydrych, Lejb Szpichler, Abram Fajner, Marek Edelman. Wir beginnen unsere Arbeit mit theoretischer Ausbildung. Da wir über keine Waffen verfügen, ist es uns nicht möglich, unsere Tätigkeit auszuweiten. So beschränkt sich unsere Arbeit praktisch auf beständiges Sammeln von Nachrichten unter den Gestapo-Agenten, um die Menschen vor eventuellem »Hochgehen« warnen zu können. Im Nachrichtendienst arbeiten: Pola Lipszyc, Cywia Waks, Zośka Goldblat, Łajcia Blank, Stefa Moryc, Mania Elenbogen sowie die Genossen von den PS – Marian Merenholc, Mietek Dąb und andere. Wenn auch unsere Möglichkeiten sehr begrenzt sind, ist allein die bloße Tatsache der Gründung einer solchen Organisation von ziemlich großer Bedeutung. Unsere Initiative findet die volle Anerkennung aller eingeweihten Genossen. Das Parteikomitee, das Tsukunft- und das SKIF-Komitee leisten Hilfe und bekunden ihr Interesse.

Für die konspirativen Verhältnisse ist der Bund zu dieser Zeit eine große Organisation. An den Feierlichkeiten anlässlich des 44-jährigen Jubiläums des Bundes, die im Oktober 1941 stattfinden, nehmen innerhalb von mehreren Stunden an vielen verschiedenen Stellen über 2000 Menschen teil. Scheinbar fällt nichts auf. Wir arbeiten verteilt in kleinen Gruppen: Die Fünfer- oder Siebenergruppen versammeln sich in verschiedenen Privatwohnungen, und von außen ist nicht ersichtlich, wie zahlreich sie sind.

Es wird ein Zentralrat der Klassengewerkschaften gegründet (Bernard, Kersz, Mermelsztein), die im Laufe der Zeit etwa 30 000 ehemalige Gewerkschafter umfassen.

Der Verband Tsukunft entfaltet eine breite Tätigkeit. Sein konspiratives Komitee wurde schon in den ersten Oktobertagen 1939 gegründet, und Mitte November dieses Jahres gab es bereits die ersten Versammlungen der »Fünfergruppen«. Unter der allgemein tragischen Lage der jüdischen Bevölkerung ist die Situation der Jugend, die von den Deutschen am stärksten verfolgt wird, am schlimmsten. Stets in Gefahr, aufgegriffen und zur Zwangsarbeit eingesetzt zu werden, kann sie sich sogar auf der Straße nicht frei bewegen, geschweige denn daran denken, einer Erwerbstätigkeit nachzugehen. Das Tsukunft-Komitee richtet deshalb Werkstätten ein. 1940 entstehen zwei Friseurläden, eine Schneiderei- und eine Schustereigenossenschaft. Es sind nicht nur Werkstätten, sondern auch relativ sichere Treffpunkte für die gesamte Organisation. Hier bilden sich die ersten Fünfergruppen des Tsukunftshturem. Die Tätigkeit wird entwickelt, das Tsukunft-Komitee vereinigt sich mit dem SKIF-Komitee (Henoch Russ, Abramek Bortensztein, Lejb Szpichler, Abram Fajner, Miriam Szyfman, Mojszełe Kaufman, Rywka Rozensztajn, Faigełe Pelteł, Welwł Rozowski, Jankiel Gruszka, Szłojme Paw, Marek Edelman).

1941 entsteht die Jugendabteilung bei der Jüdischen Sozialen Selbsthilfe; ihre Stütze ist der Bund. Wir erreichen einen Großteil der Jugendlichen. Unsere Vortragenden betreuen Jugendgruppen, die sich zu dieser Zeit bei den Hauskomitees[5] bilden. Es gibt einen Chor, der eine breite Tätigkeit entfaltet (er tritt in der Judaistischen Bibliothek auf). Die Tsukunft nimmt sich die Organisierung der Schuljugend vor. Es entsteht der SOMS (Sozialistischer Verein der Schuljugend), der schon nach kurzer Zeit Hunderte von Schülern umfasst. Eine umfangreiche politische und kulturelle Arbeit wird aufgenommen.

Zugleich organisiert jetzt SKIF, dessen Aktivitäten anfangs darauf beschränkt waren, seinen Vorkriegsmitgliedern Arbeit zu verschaffen oder sie materiell zu unterstützen, eine ausgedehnte Arbeit mit den Kindern im Schul- und Vorschulalter. In jedem Haus gibt es eine sogenannte »Ecke«, wo die Kinder ein paar Stunden täglich verbringen. Man errichtet Gemeinschaftsräume. Die Theatergruppe, geleitet von Pola Lipszyc, gibt zweimal wöchentlich Vorstellungen. Während einer Saison (1941) wurden sie von 12 000 Kindern besucht (u. a. wurden achtzigmal die Stücke *Di Lyalkes*[6] und *Shpaykhler*[7] aufgeführt[8]). Für die zwölf- bis fünfzehnjährigen Kinder werden Unterrichtsstunden abgehalten. Der schon bestehende »Helferrat« (Rat der Ausbilder) macht selber den Realschulkursus.

Wir geben sechs Zeitschriften heraus: 1. *Der veker* (Wochenblatt), 2. *Byuletin* (Monatsschrift), 3. *Tsayt-fragn* (ein theoretisches Organ), 4. *Za Naszą i Waszą Wolność* [›Für unsere und eure Freiheit‹] (Monatsschrift), 5. *Yugnt-shtime* (Monatsschrift), 6. *Nowa Młodzież* [›Neue Jugend‹] (Monatsschrift). Die Auflagen dieser Zeitschriften betragen jeweils 300 bis 500 Exemplare.

Die Herstellung der Zeitschriften erfolgt unter sehr schwierigen Bedingungen. Mit einem alten Vervielfältigungsgerät vom SKIF arbeitet man die ganze Nacht durch. Meist gibt es kein elektrisches Licht. Die Arbeit beim Licht der Karbidlampen ist eine große Qual. Gegen zwei Uhr nachts beklagt die ganze Belegschaft der Druckerei (dies waren unsere Genossen Rozowski, Zyferman, Blumka, Klog, Marek) solche Augenschmerzen, dass es fast unmöglich wird, die Arbeit fortzusetzen. Man darf jedoch keine Zeit verlieren. Um sieben Uhr früh muss die neue Ausgabe, egal wie viele Seiten sie umfasst, fertig zum Vertrieb sein. Die Leute arbeiten bis zur Erschöpfung. Es gibt in der Woche zwei bis drei solcher schlaflosen Nächte. Auch ist es nicht möglich, tagsüber auszuschlafen. Es muss doch nach außen der Anschein bewahrt werden, dass man mit der Druckerei nichts zu tun hat.

Der Druckereileiter, Marek, leitet zugleich den Vertrieb (hier sind folgende Frauen aktiv: Zośka Goldblat, Anka Wołkowicz, Stefa Moryc, Miriam Szyfman, Marynka Segalewicz, Cłuwa Krysztal-Nisenbaum, Chajka Bełchatowska, Halina Lipszyc). Nach der schlaflosen Nacht ist auch der Tag voller Anspannung – ob alles angekommen ist, ob alles erledigt wurde, ob nichts aufgeflogen ist.

Einmal wurde Marynka beim Transport von vierzig Exemplaren des *Byuletin* von einem »Blauen« Polizisten angehalten. Es war an der Mauer auf der Franciszkańska-Straße. Sie wollte diese Angelegenheit wie jede andere Schmugglerin erledigen: Sie bot ihm 500 Złoty an. Diese ungewöhnlich hohe Summe verriet sie. Die Polizei wollte jetzt unbedingt ihre Ware sehen. Und da geschah die Katastrophe. Anstelle von Strümpfen fielen weiße Blätter aus ihrem Rock. Die Situation wurde ernst. Marynka sah sich schon in den Händen der Gestapo. Aber unerwartet ereignet sich ein glücklicher Zufall: ein Streit, ein Handgemenge auf der Straße. An der Mauer etwas völlig Unzulässiges. Die Polizisten verlieren den Kopf, wissen nicht, was sie zuerst tun sollen. Für einen Augenblick wenden sie sich ab. Das reicht Marynka. Sie wirft den Polizisten die versprochenen 500 Złoty hin, rafft schnell die verstreuten Blätter zusammen und haut ab … Dieses Durcheinander auf der Straße inszenierte absichtlich der Kleine Kostek (S. Kostryński), der die ganze Szene von weitem beobachtet hatte.

Es gelingt uns, eine Art statistische Recherche anzustellen, aus der sich ergibt, dass jedes Exemplar unserer Zeitschriften durchschnittlich von zwanzig Personen gelesen wird.

Unsere Blätter werden auch in der Provinz verbreitet. Diesen Teil der Arbeit organisieren J. Celemeński (Celek) und I. Falk, die, vom Zentralkomitee der Partei beauftragt, einen regen Kontakt mit der Provinz unterhalten. Um die Arbeit mit den Jugendlichen zu organisieren, wird Mendelson (Mendełe) vom ZK der Tsukunft in die Provinz geschickt. Die größten Zentren befinden sich in Piotrków, Lublin und Węgrów.

Unterdessen steigert sich im Ghetto der Terror. Die Abschottung von der Außenwelt wird immer perfekter. Täglich wächst die Zahl der Verhaftungen wegen unberechtigten Übergangs auf die »arische Seite« an, und schließlich werden »Sondergerichte« geschaffen. Am 12. Februar 1941 werden die Todesurteile an siebzehn Verurteilten vollstreckt, die illegal die »arische Seite« betreten haben. Die Hinrichtung findet im jüdischen Gefängnis in der Gęsia-Straße statt. Um vier Uhr früh verkünden furchtbare Schreie den Bewohnern der umliegenden Straßen, dass jetzt »der Gerechtigkeit Genüge getan wird«, dass siebzehn Elende (darunter vier Minderjährige und drei Frauen), die sich auf die »arische Seite« geschlichen haben, wegen eines Stücks Brot oder um etwas Geld zu verdienen, bestraft werden. Die Schreie dringen aus allen Zellen. Es schreien die zukünftigen Opfer, die für das gleiche Vergehen eingesperrt sind. Es gibt 700 von ihnen.

Gegen Mittag verkündet der deutsche Ghettokommissar Dr. Auerswald der gesamten jüdischen Bevölkerung durch Sonderbekanntmachungen die Vollstreckung der Todesurteile.

Das Ghetto spürt deutlich den Atem des Todes.

Am selben Tag wird auf der kurzen Sitzung des Präsidiums des Zentralkomitees der Partei (Abrasza, Klog, Berek und Marek) vorgeschlagen, ein kleines Flugblatt zu drucken und zu plakatieren: »A shande di merder!« [»Schande den Mördern«]. Leider wird diese Idee nur von Abrasza unterstützt. Die anderen sind genauso wie das gesamte Ghetto vom Grauen des Geschehens überwältigt und befürchten neue Konsequenzen für die Gemeinschaft. Erneut wird jeglicher Versuch der Auflehnung im Keim erstickt. Die Furcht vor den Deutschen und ihrer Politik der Kollektivbestrafung ist so groß, dass sogar die Besten zu keiner Regung des Protestes fähig sind.

Jetzt beginnen die Ereignisse, sich rasend zu überstürzen. Die Straßen des Ghettos werden zu einem blutigen Schlachthof. Die Deutschen schießen ohne Unterlass, grundlos, auf Passanten. Die Menschen fürchten sich, ihre Häuser zu verlassen, aber die Kugeln treffen sie auch durch die Wohnungsfenster. Es gibt Tage, an denen zehn bis fünfzehn Menschen völlig zufällige Opfer des wütenden Terrors werden. Einer der schlimmsten Sadisten, der Gendarm der Schutzpolizei, Frankenstein, hat in einem Monat 300 Tote auf seinem Gewissen, über die Hälfte von ihnen sind Kinder.

Gleichzeitig greifen die Deutschen, mit Hilfe der jüdischen Polizei, massenweise die Menschen auf den Straßen auf; sie holen sie aus den Wohnungen und deportieren sie in die im Generalgouvernement verstreuten Arbeitslager. Dadurch erreichen sie zweierlei: Zum einen gewinnen sie Arbeitskräfte, und zum anderen zeigen sie allen, die vielleicht ihrer Erklärung, der Zweck aller Aussiedlungen sei eine »Produktivmachung«, nicht glauben, deutlich, dass man in einem deutschen Arbeitslager unter schweren Bedingungen doch die Möglichkeit hat, den Krieg zu überleben. Die Deutschen sind großzügig. Sie erlauben sogar, Briefe an die Familien zu schreiben.

Diese Briefe treffen in großer Zahl im Ghetto ein und haben zur Folge, dass den gleichzeitig eintreffenden Berichten über die Vernichtung der jüdischen Bevölkerung kein Glauben geschenkt wird. Die anhaltenden Aussiedlungen in die Provinz, angeblich nach Bessarabien, machen kaum einen Eindruck, denn das Ghetto glaubt hartnäckig an das Gerücht, die Briefe kämen auch von dort.

Niemand glaubt auch daran, dass in den Wäldern bei Lublin fast alle jüdischen Kriegsgefangenen, die im vergangenen Jahr mit einem Transport aus Deutschland dorthin gebracht wurden, hingerichtet worden sind. Die Berichte über die Mordstätten bei Lublin sind zu schrecklich, um wahr zu sein.

Das Ghetto *glaubt nicht.*

Unterdessen geben wir uns alle Mühe, um Waffen von der »arischen Seite« zu erhalten. Wir vergrößern unsere Kampforganisation. Ihre Mitglieder stammen zum größten Teil aus dem aktiven Kern des SKIF (Szmul Kostryński, Jurek Błones, Janek Bilak, Lejb Rozensztajn, Icł Szpilberg, Kuba Zylberberg, Mania Elenbogen und viele andere). Es ist schwer, den Ablauf dieser Arbeit und alle unsere Anstrengungen zu schildern. Es ist eine einzige Kette von Enttäuschungen und Misserfolgen. Die immer wieder fehlschlagenden Hoffnungen, endlich Waffen zu bekommen, mangelndes Verständnis für unsere Sache bei den polnischen Genossen – dies ist die Atmosphäre, in der unsere Organisation wächst und aktiv ist.

Als es schon so aussah, als seien wir dem Ziel nahe und jeden Tag würden nun die Waffentransporte im Ghetto eintreffen, kam die Nachricht von der Liquidierung des Ghettos von Lublin. Schon seit einigen Monaten, nach der »dicken« Panne von Celek und anderen Genossen aus Piotrków und Lublin, ist die Verbindung mit der Provinz fast unmöglich geworden. Angesichts des fehlenden unmittelbaren Kontakts zur Provinz nimmt das Warschauer Ghetto die Nachrichten mit Unglauben auf; es bringt Tausende von Argumenten vor, die versuchen, die Glaubwürdigkeit jener Berichte völlig zu widerlegen; es lässt keinen Gedanken darüber zu, dass sich ein ähnliches Verbrechen in Polens Hauptstadt, in der über 300 000 Juden leben, wiederholen könnte. Die Menschen reden sich gegenseitig ein, erklären sich selbst und den anderen, dass »nicht einmal die Deutschen grundlos Tausende von Menschen umbringen würden, besonders nicht jetzt, wo sie doch Arbeitskräfte so dringend benötigen«.

Einem normalen Menschen bei normalem Geisteszustand fällt es schwer zu glauben, Menschen könnten nur deshalb getötet werden, weil sie eine andere Haar- und Augenfarbe haben und anderer Herkunft sind.

Unmittelbar nach diesen Nachrichten folgt jedoch wie eine krasse Ankündigung dessen, was passieren wird, die tragische blutige Nacht vom 17. auf den 18. April 1942. Die deutschen Offiziere holen mehr als fünfzig gesellschaftliche Aktivisten aus ihren Wohnungen ab und erschießen sie auf den Straßen des Ghettos. Von unseren Genossen fielen damals Goldberg (der Friseur) mit seiner Frau, Naftali Leruch mit seinem Vater, Szklar und andere. Gesucht wurden Sonia Nowogródzka, Luzer Klog und Barenbaum. Am nächsten Tag verlieren sich die Menschen im verschreckten, bestürzten und aufgeregten Ghetto in Spekulationen über den Grund dieser Hinrichtungen. Die Mehrheit ist der Meinung, es seien die Redakteure der illegalen Blätter, die hingerichtet worden sind, diese ganze Aktion sei gegen die politisch Aktiven gerichtet, und deshalb solle man solche Tätigkeiten einstellen, um die Zahl der Opfer, die schon groß genug sei, nicht noch unnötigerweise zu vergrößern.

Am 19. April erscheint die Sonderausgabe unseres Wochenblatts *Der veker*, in der darauf hingewiesen wird, dass die Hinrichtungen ein weiteres Kettenglied in der Aktion der Judenvernichtung darstellen, dass die Deutschen alle aktiveren Juden ausrotten wollen, damit später die ganze Masse passiv in den Tod geht, wie es in Wilna, Białystok, Lublin und anderen Städten der Fall war. Mit unserer Ansicht bleiben wir völlig isoliert, nur einige Jugendgruppen von »Hashomer« und »Hechalutz« teilen unsere Einschätzung.

Von diesem Augenblick an organisieren wir unsere Arbeit um. Die ganze illegale Tätigkeit wird ausschließlich auf die Vorbereitung des Widerstands konzentriert. Aus technischen

Gründen wird das Präsidium des ZK der Partei (Abrasza, Berek, Marek) umgebildet. Alle jugendlichen Fünfergruppen bekommen eine militärische Grundausbildung. Es werden besondere Anweisungen erteilt. Für den Fall, dass die Deutschen ins Ghetto einmarschieren, wird ein Aktionsplan ausgearbeitet. Wir erwarten eine Waffenlieferung (hundert Revolver, zahlreiche Gewehre und Granaten), die uns von den Polnischen Sozialisten angekündigt wurde.

Unterdessen lichten sich infolge weiterer Hinrichtungen unsere Reihen immer mehr. In der Zeit vom 18. April bis zum 22. Juli 1942 ermorden die Deutschen Nacht für Nacht etwa zehn bis fünfzehn Personen. Niemand von unseren Genossen übernachtet noch zu Hause. Es ist jedoch ganz schwer einzuschätzen, wen die Deutschen in einer bestimmten Nacht suchen werden, denn sie wählen ihre Opfer nach einer speziellen Methode aus. Die Opfer kommen nämlich aus allen sozialen Schichten: Es sind Schmuggler, Kaufleute, Arbeiter, Intellektuelle, usw. Dies geschieht mit voller Absicht, um die gesamte Bevölkerung einzuschüchtern, damit sie zu keiner selbständigen Abwehr fähig ist, damit die Angst, von den Deutschen getötet zu werden, auch die kleinsten Auflehnungsversuche unterbindet und die Bevölkerung zum bedingungslosen passiven Gehorsam zwingt. Aber das begreifen nur wenige. Die Mehrheit zerbricht sich vergeblich den Kopf darüber, warum es gerade diese Opfer getroffen hat und was für einen Zweck die Aktion hatte.

Heute fällt es schwer, darüber zu berichten, was sich damals, in der Zeit vor der ersten Vernichtungsaktion, im Ghetto ereignete. Der Sadismus und die Bestialität der Deutschen sind heute weltweit bekannt. Es reicht, lediglich ein paar Beispiele anzuführen.

Drei Kinder sitzen nebeneinander vor dem Bersohn-Bauman-Krankenhaus. Ein Gendarm, der vorbeigeht, erschießt alle drei mit einer einzigen Kugel.

Eine schwangere Frau stolpert und fällt beim Überqueren der Straße hin. Ein Deutscher, der dabeisteht, erlaubt ihr nicht aufzustehen und erschießt die am Boden Liegende.

Diejenigen, die über die Ghettomauern schmuggeln, kommen massenweise um. Die deutschen Gendarmen lauern, zivil gekleidet, mit jüdischen Armbinden und in Säcken versteckten Waffen auf den Moment, in dem die Schmuggler die Mauer erklimmen. Im gleichen Augenblick ziehen sie blitzschnell ihre Maschinenpistolen aus den Säcken, und das Schicksal der ganzen Gruppe ist besiegelt.

Auf der Orla-Straße fährt Tag für Tag ein kleiner Opel vor, aus dem die Deutschen einen gefesselten Menschen hinauswerfen und ihn im ersten Eingangstor erschießen. Es ist jemand, der auf der »arischen Seite« ohne Papiere geschnappt wurde – ein Jude.

Mitte Mai 1942 werden hundertzehn Gefangene aus dem sogenannten Zentralgefängnis (Gęsiówka) hingerichtet, die wegen illegalen Übertritts auf die »arische Seite« festgenommen worden waren. Einer unserer Genossen (Grylak) hatte zufällig beobachten können, wie die Verurteilten aus dem Gefängnis in die bereitgestellten Wagen hineingeführt wurden. Fast alle gingen völlig widerstandslos, bis sich plötzlich eine Frau zu einem Protest aufraffte und den Deutschen, auf der Fahrzeugtreppe stehend, zuschrie: »Ich komme um, aber euch erwartet ein noch schlimmerer Tod!«. Und schon wieder verkündeten die Sonderbekanntmachungen, unterschrieben von Dr. Auerswald, dem Ghetto, dass hundertzehn Verbrecher »beispielhaft« bestraft wurden.

Zu dieser Zeit kommt es bei uns zu einer der größten »Pannen«. Es geht die Wohnung hoch, in der sich unsere Druckerei befindet. Den Deutschen gelingt es aber nicht, jemanden dabei zu fassen, denn unser Nachrichtendienst weiß 24 Stunden vorher Bescheid und schafft es rechtzeitig, den gesamten Papiervorrat, das Vervielfältigungsgerät und andere Maschinen an einen anderen, sicheren Ort zu bringen.

Von einem Tag auf den anderen schlägt jetzt die Stimmung im Ghetto um. Der 18. April war für das Ghetto ein Wendepunkt. Bis dahin hatten die Ghettobewohner, egal wie schlecht es ihnen ging, das Gefühl gehabt, ihr Dasein und ihr Alltag hätten auf einer einigermaßen stabilen und beständigen Grundlage beruht, man habe ein Monatsbudget planen und Vorräte für den Winter anlegen können. An diesem Tag spüren sie plötzlich, dass der Boden unter ihren Füßen wankt. Jede folgende Nacht voller gellender Schüsse hält ihnen deutlich vor Augen: Das Ghetto hat keine Grundlage, lebt nur von der Gnade der Deutschen und ist zerbrechlich und schwach wie ein Kartenhaus. Alle begreifen, dass das Ghetto aufgelöst werden wird, aber niemand ist sich darüber im Klaren, dass das Ghetto in den Tod geschickt wird.

Mitte Juli 1942 verdichtet sich die schwarze Wolke über dem Ghetto. Scheinbar sieht alles normal aus, es gehen nur »unglaubwürdige« Gerüchte um, ein Umsiedlungsstab sei eingetroffen, zwanzig-, vierzig- oder sechzigtausend Bewohner sollten umgesiedelt werden, und nur diejenigen, die arbeiten, sollten in Warschau bleiben. Obgleich jene Gerüchte immer noch als »unglaubwürdig« gelten, rufen sie doch Unruhe, ja sogar Panik hervor. Die Menschen beginnen massenhaft, irgendeine Arbeit zu suchen: in Fabriken, bei sozialen Einrichtungen, in Ämtern. Die Damen, die bis dahin die meiste Zeit in Cafés verbracht haben, verwandeln sich von einem Tag auf den anderen in abgearbeitete Schneiderinnen, Flickerinnen, Beamtinnen. Einige Betriebe nehmen nur diejenigen auf, die eine eigene Nähmaschine besitzen. Die Preise für Nähmaschinen schnellen sogleich in die Höhe. Um einen Arbeitsplatz zu erhalten, zahlen die Menschen immer eifriger, mit immer größerer Nervosität und immer größere Summen. Man spricht über nichts anderes, und man denkt an nichts anderes mehr. Alle müssen arbeiten! Die schon »Etablierten« sind glücklich und atmen auf, die nicht »Etablierten« sind unruhig und nervös und klammern sich krampfhaft an die geringsten Arbeitsmöglichkeiten.

Am 20. Juli setzen Verhaftungen ein. Fast alle Ärzte aus dem Czyste-Krankenhaus, ein Teil des Vorstandes der Jüdischen Sozialen Selbsthilfe und einige Gemeinderäte (u. a. J. Jaszuński) werden in das Pawiak-Gefängnis gebracht.

Wir begreifen, dass dies der Vortag der Ghettoliquidierung ist.

Am 22. Juli 1942 fahren um zehn Uhr morgens deutsche Wagen vor dem Gebäude des Judenrates vor. Der Umsiedlungsstab. Es folgt eine kurze Sitzung, und die Vertreter des Judenrates wissen, was die Deutschen von ihnen verlangen. Die Sache ist einfach. Alle »nicht produktiven« Juden werden nach dem Osten umgesiedelt. Nachdem die Deutschen weggehen, folgt die zweite, interne, geheime Sitzung. Keines der Ratsmitglieder macht sich Gedanken darüber, ob der Judenrat diese Anordnung ausführen soll. Keiner von ihnen weiß eine Antwort auf die Bemerkung, die der auf der Sitzung anwesende Sekretär macht: »Meine Herren, bevor Sie zur technischen Ausführung dieser Anordnung übergehen, überlegen Sie sich, ob sie überhaupt ausgeführt werden soll.« Ob man dies tun soll, steht nicht mehr zur Debatte. Die technische Seite wird besprochen und ein Arbeitsplan ausgearbeitet.

Am nächsten Tag verkünden große weiße, vom Judenrat unterzeichnete Bekanntmachungen (diktiert von Oberscharführer Höfle), dass alle, ausgenommen diejenigen, die bei den Deutschen (die Betriebe sind genau aufgelistet), beim Judenrat und bei der ŻSS[9] angestellt sind, Warschau verlassen müssen. Die

Aussiedlung werde von der jüdischen Polizei in Zusammenarbeit mit dem Umsiedlungsstab durchgeführt. Auf diese Weise brachten die Deutschen den Judenrat dazu, selbst das Todesurteil über 300 000 Ghettobewohner zu verhängen.

Am ersten Tag der Aktion werden über 2000 Gefangene aus dem Zentralgefängnis sowie ein paar tausend Bettler und Elende, die auf den Straßen aufgegriffen werden, abtransportiert.

Am frühen Abend findet eine Sitzung unserer Fünfergruppe von Ausbildern statt, auf der wir beschließen, angesichts der fehlenden Waffen und Widerstandsmöglichkeiten unsere Tätigkeit teilweise auch darauf zu richten, möglichst viele Menschen vor der Aussiedlung zu retten. Es scheint uns, dass die Kontakte, die einige unserer Organisationen zur Polizei haben, uns das ermöglichen würden, da eben diese mit der ganzen technischen Seite der Aussiedlung befasst ist. Bevor die Sitzung jedoch zu Ende geht und die Arbeit verteilt wird, trifft die Nachricht ein, die Deutschen selbst umstellen, zusammen mit den Ukrainern, den Häuserblock auf der Muranowska- und Niska-Straße. Die Deutschen führen die Aktion selber durch und holen von dort über 2000 Menschen ab, die zum Tageskontingent noch fehlen; in der ersten Phase der Aktion beträgt das tägliche Kontingent 6000 Menschen. Alle werden abgeholt, sogar diejenigen, die die Arbeitsausweise der deutschen Betriebe haben (von unseren Genossen kam damals L. Rozensztajn um). Unter diesen Umständen erweist sich unser gerade erst gefasster Plan als nicht realistisch.

Am zweiten Tag der Aktion, dem 23. Juli, findet eine Sitzung des sogenannten Arbeiterkomitees mit Vertretern aller politischen Parteien statt, auf der wir, lediglich von den »Chaluzim« und den »Shomern« unterstützt, für den aktiven Widerstand plädieren. Leider ist die gesamte öffentliche Meinung gegen uns. Die Mehrheit vertritt die Ansicht, ein solches Vorgehen wäre eine Provokation. Sie argumentiert: Wenn die Juden protestlos das Kontingent aufbringen, bleibt der Rest des Ghettos unbehelligt. Der Selbsterhaltungstrieb fängt langsam an, die menschliche Psyche zu beeinflussen, jeder will sich selbst retten, auch wenn der Preis dafür das Leben anderer sein sollte. Noch glaubt zwar keiner von ihnen, dass die Umsiedlung den Tod bedeutet, aber es ist den Deutschen schon gelungen, die jüdische Bevölkerung zu spalten. Die einen sind zum Tode verurteilt, die anderen hoffen, überleben zu können. Und mit der Zeit werden die Deutschen allmählich die beiden Gruppen derart gegeneinander ausspielen können, dass die einen Juden die anderen in den Tod führen werden, und das aus dem einzigen Grund, das eigene Leben retten zu wollen.

Während der ersten Tage der Aktion tagt der Parteirat ununterbrochen (Orzech, Abrasza, Berek, Sonia, Bernard, Klog, Paw, Grylak, Mermelsztajn, Kersz, Wojland, Russ, Marek und ein Genosse von den PS). Stündlich erwarten wir das Eintreffen des Waffentransports. Die ganze Jugend ist mobilisiert worden. Drei Tage lang, bis die letzte Hoffnung, die Waffen noch zu bekommen, aufgegeben werden muss, dauert der Zustand der erhöhten Bereitschaft an. Alle mit uns verbündeten Mitglieder der Tsukunft und des SKIF sind mobilisiert und warten an verschiedenen Stellen auf ihre Befehle. Die Stimmung ist so gereizt, dass es zu mehreren Straßenschlägereien mit der jüdischen Polizei kommt, die an der Umsiedlungsaktion teilnimmt.

Am zweiten Tag der Aktion begeht der Vorsitzende des Judenrates, der Ingenieur Adam Czerniaków, Selbstmord. Er wusste genau, dass die vermeintliche Umsiedlung nach dem Osten den Tod von Tausenden in den Gaskammern bedeutet, und wollte dafür nicht die Verantwortung tragen. Da er keine Möglichkeit hatte, das Geschehen zu verhindern, wollte er lieber aus dem Leben scheiden. Damals waren wir der Meinung, er hätte nicht auf diese Weise handeln dürfen, es wäre seine Pflicht, die Pflicht des einzigen Menschen, der im Ghetto über eine Autorität verfügte, gewesen, die jüdische Bevölkerung über den tatsächlichen Stand der Dinge aufzuklären und alle Institutionen, vor allem aber die jüdische Polizei, die offiziell dem Judenrat unterstellt und von ihm geschaffen worden war, aufzulösen.

Am selben Tag erscheint die erste Nummer unseres Blattes *Oyf der vakh* [›Auf Wachposten‹], in der die Bevölkerung davor gewarnt wird, sich freiwillig zum Abtransport zu melden, und zum Widerstand aufgerufen wird. »Lasst euch, trotz unserer großen Wehrlosigkeit, nicht fassen«, schreibt Genosse Orzech im Leitartikel, »wehrt euch mit Händen und Füßen.« Diese Ausgabe, gedruckt in dreifacher Auflage, wird am vierten und fünften Tag der Aktion von Zośka Goldblat, Marynka Segalewicz und Cłuwa Kryształ-Nisenbaum ausgetragen.

Um endgültig und genau festzustellen, was mit den Menschentransporten, die das Ghetto verlassen, geschieht, wird Załmen Frydrych (Zygmunt) beauftragt, auf der »arischen Seite« einem Transport zu folgen. Seine Reise nach dem »Osten« dauert nicht lange, lediglich drei Tage. Gleich nachdem er die Ghettomauern hinter sich lässt, knüpft er Kontakt zu einem Eisenbahner vom Bahnhof Warszawa Gdańska, der auf der Strecke Warszawa–Małkinia arbeitet, und folgt zusammen mit ihm den Spuren des Transports. Er gelangt nach Sokołów, wo ihn die dortigen Eisenbahner darüber informieren, dass von der Eisenbahnstrecke ein Nebengleis in Richtung Treblinka abzweige. Auf dieser Strecke fahre täglich aus Warschau ein Güterzug voller Menschen und kehre dann leer zurück. Lebensmittel würden keine dorthin gebracht. Der Zutritt zum Bahnhof Treblinka sei der Zivilbevölkerung verboten. Das war ein unwiderlegbarer Beweis dafür, dass die abtransportierten Menschen dort umgebracht werden. Am nächsten Tag begegnet Zygmunt in Sokołów zwei nackten Juden, Flüchtlingen aus Treblinka. Diese beschreiben nun genau die Art der Hinrichtung. Jetzt sind es also keine Vermutungen mehr, sondern von Augenzeugen bestätigte Tatsachen (einer der Flüchtlinge war unser Genosse Wałach).

Nach Zygmunts Rückkehr erscheint die zweite Ausgabe von *Oyf der vakh*, die eine genaue Schilderung der Vorgänge in Treblinka enthält. Doch auch jetzt noch weigern sich die Juden beharrlich, es zu glauben. Angesichts der harten Wahrheit schließen sie Augen und Ohren, »sie wehren sich mit Händen und Füßen«.

Und die Deutschen greifen ohne Hemmungen zu einem neuen Propagandatrick. Sie versprechen und geben jedem Juden, der sich freiwillig zur Umsiedlung meldet, drei Kilo Brot und ein Kilo Marmelade. Das reicht. Die Propaganda und der Hunger tun das Übrige. Erstere liefert ein unwiderlegbares Argument gegen all diese »Märchen« über die Gaskammern (»Warum sollten sie Brot verteilen, wenn sie alle umbringen wollen?«), der Hunger, der noch stärker ist, überschattet alles andere durch das Bild von drei braunen, gut durchgebackenen Brotlaiben. Ihr beinahe spürbarer Geschmack – dich trennt von ihnen nur der kurze Weg von Zuhause bis zum Umschlagplatz, von dem aus die Waggons abfahren – bewirkt, dass die Augen aufhören zu sehen, was am Ende des Weges wartet; der vertraute, gute Geruch berauscht, verwirrt die Gedanken, und man begreift nicht, was scheinbar so selbstverständlich ist. Es gibt Tage, an denen Hunderte von Menschen vom Umschlagplatz zurückkehren, um mehrere Tage lang auf die Abfahrt zu warten, bis sie an der Reihe sind. Es gibt so viele Freiwillige, die drei Kilo Brot bekommen wollen, dass die Transporte, die mit je 12 000 Menschen jetzt schon zweimal täglich abfahren, nicht mehr ausreichen.

Die Schlinge um das Ghetto zieht sich zu. In kurzer Zeit wird das sogenannte kleine Ghetto[10] gesäubert und von Menschen entvölkert. Innerhalb von zehn Tagen werden alle »Freiwilligen« abtransportiert, die Heime (Korczaks Kinder) und Flüchtlingspunkte geräumt, und jetzt beginnen die systematischen Razzien, sogenannte »Blockaden« der Häuser und Straßen. Menschen mit Rucksäcken flüchten von einer Straße zur anderen und versuchen, das Gebiet, in dem vermutlich die Blockade stattfindet, zu umgehen.

Bei der Blockade arbeiten die Gendarmen, die Ukrainer und die jüdische Polizei Hand in Hand. Die Rollen sind gut und sorgfältig verteilt. Die Gendarmen riegeln die Straße ab, vor ihnen umstellen die Ukrainer dicht die Häuser, und die jüdische Polizei geht auf die Höfe und ruft alle Einwohner zusammen. »Alle Juden herunterkommen. Fünfzehn Kilo Gepäck. Wer nicht herunterkommt, wird erschossen.« Es wird noch einmal wiederholt. Einer nach dem anderen hasten die Menschen aus allen Treppenhäusern herunter. Nervös werfen sie sich im Laufen Kleidungsstücke über. Einige gehen so, wie sie gerade sind, manche kommen direkt aus dem Bett, andere sind mit allem Möglichen bepackt, mit Rucksäcken, Bündeln, Töpfen. Sie blicken ängstlich um sich. Es ist geschehen. Zitternd stellen sie sich in Gruppen vor dem Haus auf. Sie bemühen sich, die Polizisten gnädig zu stimmen. Sprechen ist verboten. Aus den benachbarten Häusern kommen ähnliche Gruppen zitternder, verzweifelter Menschen und schließen sich der ersten Gruppe an. Ein Gendarm winkt mit dem Gewehr einen zufälligen Passanten herüber, der, zu spät gewarnt, es nicht mehr schaffte, aus der unseligen Straße zu entkommen. Der jüdische Polizist packt ihn am Ärmel oder Nacken und zerrt ihn zu der vor dem Haus stehenden Gruppe. Ist der Polizist anständig, so nimmt er mit der zweiten Hand einen Zettel mit der hektisch gekritzelten Anschrift seiner Familie: Benachrichtigen … Die verlassenen Häuser mit den vorschriftsgemäß offengelassenen Wohnungstüren werden schnell von den Ukrainern durchsucht. Geschlossene Türen treten sie mit ihren schweren Stiefeln ein oder brechen sie mit einem Stoß des Gewehrkolbens auf. Zwei, drei Schüsse – das ist das Ende derer, die der Aufforderung, herunterzukommen, nicht Folge leisteten und in ihren Wohnungen blieben. Die Blockade ist beendet. Der nicht ausgetrunkene Tee auf einem Tisch wird langsam kalt, auf einem angebissenen Stück Brot sammeln sich die Fliegen.

Die Menschen, die von der Blockade verschont blieben, suchen verzweifelt ihre Angehörigen unter denen, die von Ukrainern und jüdischen Polizisten umstellt, in Viererreihen langsam die Straße entlang gehen. Die Alten und Kinder werden hinter ihnen auf den eingesetzten Fahrradrikschas gefahren.

Denn der Weg zum Umschlagplatz ist weit. Der Umschlagplatz, von dem die Waggons abfahren, befindet sich am äußersten Ende des Ghettos, in der Stawki-Straße. Er ist von einer hohen Mauer umgeben, die von der Gendarmerie streng bewacht wird. Nur an einer Stelle gibt es eine schmale Lücke in der Mauer. Durch diesen Eingang werden die Gruppen verzweifelter und hilfloser Menschen hindurchgeführt. Alle haben irgendwelche Papiere, Arbeitskarten, Ausweise in den Händen. Der am Eingang stehende Gendarm wirft einen Blick darauf. »Rechts« bedeutet Leben. »Links« bedeutet den Tod. Und obwohl alle schon im Voraus wissen, dass hier kein Zureden hilft, versucht doch jeder, seine Unentbehrlichkeit für die deutsche Produktion, für den deutschen Vorgesetzten, zu beweisen und das Wörtchen »rechts« zu erbetteln. Aber der Gendarm hört gar nicht zu. Manchmal fordert er dazu auf, die Hände vorzuzeigen. Er sucht alle aus, die kleine Hände haben: »Rechts.« Manchmal sondert er die blonden Frauen aus: »Links.« Morgens bevorzugt er die Kleinwüchsigen, abends favorisiert er die Großen. »Links, links, links …«

Die Menschenwelle schwillt an, wächst und überschwemmt den ganzen Platz und die drei großen dreistöckigen Gebäude der ehemaligen Schule. Es sind mehr Menschen vorhanden, als für das Tageskontingent benötigt werden, sie reichen sogar für drei Tage, es gibt einen »Menschenvorrat«. Vier bis fünf Tage warten sie darauf, in die Waggons verladen zu werden. Die Menschen füllen den ganzen freien Raum aus, sie drängen sich in die Gebäude, lagern in leeren Sälen, Fluren, auf den Treppen. Dreckiger, klebriger Kot überschwemmt den Fußboden. Es gibt kein Wasser in der Leitung, die Toiletten sind verstopft. Bei jedem Schritt bleiben die Füße in Exkrementen stecken. Der Geruch von Schweiß und Urin würgt in der Kehle. Die Nächte sind kalt, und in den Fenstern fehlen die Scheiben. Manche Menschen haben nur Nachthemden oder Morgenmäntel an.

Am zweiten Tag verkrampft sich der Magen vor Hunger. Die ausgetrockneten, aufgesprungenen Lippen schmerzen, und es gibt keinen Tropfen Wasser. Die Zeiten von drei Brotlaiben sind schon längst vorüber. Fiebrige, verschwitzte Kinder liegen kraftlos in den Armen ihrer Mütter. Erwachsene fallen in sich zusammen, werden klein und grau.

In allen Augen ist nur ein einziger Ausdruck. Eine wilde, wahnsinnige Angst, tiefste, hilfloseste Verzweiflung, plötzliche Erkenntnis, dass nun bald, unabwendbar das Schlimmste, das Unglaublichste geschieht, das, woran man bis zum letzten Moment nicht glauben wollte. Erst hier, auf diesem überfüllten Platz, verschwinden die Illusionen und die bis dahin gehegten Hoffnungen, dass gerade ich mich aus der allumfassenden Vernichtung retten, meine Lieben davor bewahren werde. Ein düsterer Alb lastet erdrückend auf der Brust, schnürt die Kehle zu und lässt die Augen hervortreten. Der Mund öffnet sich zu einem lautlosen Schrei. Ein Alter klammert sich fieberhaft, flehend an die Fremden, die in seiner Nähe sind. Eine Mutter presst in hilfloser Qual drei Kinder an sich. Man möchte schreien, aber es gibt niemanden, der einen hören könnte, man möchte jemanden überzeugen, aber es gibt niemanden, man ist allein, völlig allein in dieser tausendköpfigen Menschenmenge, und zehn, nein, hundert, tausend Gewehre zielen auf die Brust, und die Gestalten der Ukrainer wachsen vor den Augen zu Riesen an, und man weiß schon nichts mehr, man kann an nichts mehr denken und setzt sich stumpf in eine Ecke, in Kot und Dreck, auf den nassen Fußboden. Und immer stickiger, immer enger wird es um einen herum, nicht wegen der zusammengedrängten Körper, nicht wegen des Gestanks und Miefs im Raum, sondern wegen des plötzlichen Gefühls, dass alles verloren ist, dass man nichts mehr tun kann und sterben muss.

Es gibt Möglichkeiten, vom Umschlagplatz wegzukommen, aber angesichts der nach Tausenden zählenden Menge, die auf Rettung hofft, ist das nur ein Tropfen auf dem heißen Stein. Die Deutschen selbst haben diese Möglichkeit geschaffen, indem sie das kleine Kinderkrankenhaus aus dem »kleinen Ghetto« in eines der Gebäude auf dem Umschlagplatz verlagerten, wo sie in ihrem Hohn gegenüber den zum Tode Verurteilten eine kleine Ambulanz für Notfälle einrichteten. Jeden Tag, morgens und abends beim Schichtwechsel, löst sich das Personal in weißen Kitteln und mit Arbeitsbescheinigungen in den Händen ab. Es reicht also aus, jemanden einen weißen Kittel anziehen zu lassen, und schon ist es möglich, ihn zusammen mit einer Gruppe von Krankenschwestern und Ärzten hinauszubringen. Die Schwestern nehmen Kinder auf die Arme und geben an, es seien ihre eigenen. Mit den Alten ist es schwieriger. Man kann sie entweder auf den Friedhof oder in das Krankenhaus für Erwachsene bringen, was die Deutschen unverständlicherweise erlauben. In Krankenwagen oder Särgen werden also lebende, gesunde Menschen aus dem Umschlagplatz herausgeschmuggelt. Die Deutschen beginnen jedoch, die Krankenwagen und den Gesundheitszustand der »Kranken« zu kontrollieren. Den auserwählten alten Frauen und Männern, denen dank dieser oder jener Bitte oder Protektion eine zeitweilige Aufschiebung des Todes gewährt wird, bricht man also im kleinen Zimmer hinter der Ambulanz die Beine – ohne Betäubung und bei vollem Bewusstsein. So werden greifbare Beweise geschaffen.

Darüber hinaus »hilft« den Menschen auf eigene Rechnung auch die jüdische Polizei, die für das Hinausbringen ungeheure Kopfprämien in Geld, Gold oder Schmuck verlangt. Die Geretteten, von denen es nicht sehr viele gibt, kehren meist ein zweites und drittes Mal hierher zurück, um schließlich doch im gnadenlosen Schlund der Waggons zu verschwinden.

Trotzdem versuchen die Menschen verzweifelt, sich zu retten. Sie klammern sich an die vorbeigehenden Krankenschwestern, betteln um einen weißen Kittel, sie klopfen an die Tür des Krankenhauses, die von einem jüdischen Polizisten bewacht wird.

Ein Vater fleht darum, dass wenigstens sein Kind gerettet wird. Die Chefärztin des Bersohn-Bauman-Krankenhauses, Dr. Anna Braude-Heller, nimmt es ihm aus den Händen und drängt sich, gegen den Widerstand des Wachpostens, mit ihm in das Krankenhaus hinein.

Auch die blasse und besinnungslose Helena Szafer, die nach der letzten Blockade hierhergebracht wurde, wird von unseren Genossen in das Krankenhaus gezerrt und dann, bei der erstmöglichen Gelegenheit, mit einem Ärzteausweis aus dem Umschlagplatz herausgeholt.

Janek Stróż, den wir gerade hinausführen, wird von einem jüdischen Polizisten angehalten. Es sieht so aus, als wäre er verloren. Obwohl Gendarmen in der Nähe sind, bedrohen wir den Polizisten. Er lässt ihn durch.

Es geschieht oft, dass einem der Helfer nicht nur sein Vorhaben misslingt, sondern dass er selbst erwischt und zusammen mit der Menge in die Waggons getrieben wird. Auf diese Weise kommt einer unserer mutigsten Männer, Samek Kostryński, ums Leben, der zum Umschlagplatz geschickt worden war, um unsere Genossen herauszuholen.

Das Wichtigste und Schwierigste ist, auf dem Umschlagplatz den Moment zu überstehen, in dem verladen wird. Die Transporte fahren morgens und abends ab – zweimal täglich wird verladen. Die Ukrainer umstellen in einer dichten Kette den Platz und treiben die Menschenmenge zusammen. Schüsse fallen. Jeder von ihnen trifft. Es ist nicht schwer zu treffen, wenn man eine zusammengeballte dichte Masse vor sich hat, deren jedes Teilchen – ein lebendiger Mensch – ein Ziel bietet. Immer näher und näher treiben diese Schüsse die Menschen an die bereitgestellten Viehwaggons heran. Zu wenig! Wie wahnsinnige Bestien laufen die Ukrainer über den leeren Platz zu den Gebäuden zurück. Und hier beginnt eine wilde Verfolgung. Die besinnungslose Menschenmenge rast zu den oberen Stockwerken hinauf, drängt zur Tür des Krankenhauses, versteckt sich in den dunklen Ecken des Dachbodens, nur immer höher und immer weiter weg von den Verfolgern, vielleicht gelingt es ja noch, diesem Transport zu entkommen, noch einen Tag des Lebens zu retten. Genosse Mendelson (Mendełe) saß drei Tage lang auf dem Dachboden. Einige Mädchen vom SKIF verstecken sich dort fünf Tage lang, dann gelingt es uns, sie mit einer Gruppe von Krankenschwestern herauszuholen.

Die Ukrainer geben sich keine besondere Mühe mehr. Diejenigen, die es nicht geschafft haben zu entkommen, reichen völlig aus, um die Waggons zu füllen. Der letzte Moment: Die restlichen Lücken werden gefüllt, in einen immer noch nicht ausreichend vollgestopften Waggon wird eine Mutter hineingezwängt, ihr Kind passt nicht mehr hinein, so wird es der qualvoll aufschreienden Mutter entrissen und in einen anderen Waggon gepackt. Wehrst du dich? Ein kurzer Schuss. Langsam, mühsam, werden die Waggontüren zugeschoben. Mit Gewehrkolben wird die dichte Masse zusammengestampft – so voll ist es darin. Endlich. Der Zug fährt ab. Die Gaskammern in Treblinka erhalten neuen Fraß.

In dieser Zeit haben wir fast alle unserer Genossen verloren. Von über fünfhundert unserer Mitglieder blieben lediglich ein paar Dutzend übrig. Die schon damals existierende Kampforganisation der »Chaluzim« hat mehr Glück, durch Zufall bleiben fast alle ihrer Mitglieder verschont. Sie verüben ein paar Brandanschläge und führen einen Anschlag auf den jüdischen Polizeikommandanten, J. Szeryński, durch.

So werden Anfang 1942 unsere Besten abtransportiert: S. Kostryński, I. Szpilberg, Pola Lipszyc, Cywia Waks, Mania Elenbogen, Kuba Zylberberg. Hanusia Waser und Halinka Brandes sterben mit ihren Müttern. Genosse Orzech, mehrmals von der Gestapo gesucht, muss auf die »arische Seite« fliehen.

Am 13. August wird Sonia Nowogródzka aus der Fabrik von W. C. Toebbens abgeholt. Es war eine ziemlich seltsame Fügung. Zwei Tage zuvor schaute Sonia durch das Fenster auf die Menschen, die von der Arbeit nach Hause gingen, und sagte: »Mein Platz ist nicht mehr hier. Schaut mal, wer im Ghetto bleibt – lauter Spießer. Das ganze Proletariat geht in Viererreihen zum Umschlagplatz. Ich muss mit ihnen gehen. Wenn ich mit ihnen zusammen bin, werden sie sich auch in den letzten Augenblicken, in den Waggons und auch später, als Menschen fühlen.«

Von uns bleiben nur wenige übrig. Wir tun, was in unserer Macht steht, aber man kann nur sehr wenig tun. Um jeden Preis wollen wir alles retten, was sich noch retten lässt. Wir bringen unsere Leute in den, wie es damals aussah, besten deutschen Betrieben unter. Langsam verlieren wir zu fast allen den Kontakt. Nur noch eine größere Gruppe unserer Genossen (20 bis 25 Personen) bleibt bei den »Bürstenmachern« in der Franciszkańska-Straße übrig.

Es ist für uns eine Zeitspanne von größter Tragik. Wir sehen, dass unsere Organisation zerstört wird, dass alles, was wir während der langen schwierigen Kriegsjahre aufgebaut haben, in der allumfassenden Katastrophe verlorengeht. Dass unsere ganze Mühe und Anstrengung zunichtegemacht werden. Der einzige Mensch, der sich damals zusammenreißen konnte, war Abrasza Blum. Ihm verdanken wir, jene schreckliche Zeit überstanden zu haben. Seiner Ruhe und seiner Selbstbeherrschung.

Mitte August, als nur noch 120 000 Menschen im Ghetto übriggeblieben sind, hat man den Eindruck, die erste Etappe der Aktion sei beendet. Der Umsiedlungsstab verlässt Warschau, ohne irgendwelche Anweisungen zu hinterlassen. Aber auch dieses Mal täuschen die Hoffnungen. Bald stellt sich heraus, dass die Deutschen nur eine kurze Pause machen, und währenddessen liquidieren sie die Ghettos in Otwock und Falenica. Das ganze Medem-Sanatorium in Miedzeszyn wird abtransportiert. Roza Eichner stirbt den Märtyrertod.

Nach dieser Unterbrechung läuft die Aktion mit noch stärkerer Wucht wieder an. Die Blockaden werden für uns immer gefährlicher, denn es gibt immer weniger Menschen, und das verbliebene Gebiet ist kleiner geworden. Aber auch für die Deutschen wird es immer schwieriger, denn die Menschen haben inzwischen gelernt, sich zu verstecken. Also wird jeder jüdische Polizist dazu verpflichtet, täglich sieben »Köpfe« zum Umschlagplatz zu bringen. Und damit spielen die Deutschen ihre beste Karte aus. Niemand führt die Aktion so eifrig durch wie ein jüdischer Polizist. Niemand ist gegenüber dem gefassten Opfer so unnachgiebig wie ein Jude gegenüber einem anderen Juden. Um auf ihre sieben »Köpfe« zu kommen, greifen sich die jüdischen Polizisten einen Arzt im weißen Kittel (der Kittel wird später auf dem Umschlagplatz für teures Geld verkauft), eine Mutter mit ihrem Kind auf dem Arm oder ein einsames Kind, das sich verlaufen hat.

Die jüdische Polizei schreibt ihre Geschichte selbst.

Am 6. September 1942 werden alle noch übriggebliebenen Ghettobewohner aufgefordert, sich im Karree von Gęsia-, Zamenhof-, Lubecki- und Stawki-Straße einzustellen. Hier soll die endgültige Registrierung vorgenommen werden.

Von allen Seiten ziehen Menschenmengen in Viererreihen dorthin. Zusammen mit den anderen gehen auch alle Unsrigen. Wir hören, wie Ruta Perenson ihren kleinen Niko beruhigt: »Hab keine Angst. Gleich wird etwas Furchtbares passieren. Die hier wollen uns alle umbringen. Aber wir geben nicht auf. Wir werden zurückschlagen – genauso hart wie sie.«

Doch das geschieht nicht. In dem kleinen Straßenkarree kommt die gesamte Ghettobevölkerung zusammen: Fabrikarbeiter, Beamte des Judenrates, des Gesundheitswesens, Krankenhausangestellte (die Kranken werden gleich zum Umschlagplatz transportiert). Allen deutschen Firmen und dem Judenrat weisen die Deutschen eine bestimmte Zahl von Angestellten zu, die bleiben dürfen. Jene Auserwählten bekommen die Nummern. Die Nummern bedeuten das Leben. Die Chance, eine Nummer zu bekommen, ist gering, aber bereits schon die Tatsache, dass es sie gibt, reicht aus, um die Gedanken völlig zu verwirren, um die ganze Aufmerksamkeit ausschließlich auf das eine zu konzentrieren und um alles, was mit der Nummer nichts zu tun hat, als unwichtig zu betrachten. Die einen kämpfen lauthals um sie, sie wollen durch Schreie ihr Recht auf Leben geltend machen, die anderen warten weinend und resigniert auf das Urteil. In höchster Spannung verläuft die endgültige Selektion.

Nach zwei Tagen, von denen jede Stunde so lange zu dauern scheint wie ein Jahr, werden die Auserwählten unter Bewachung an ihre Arbeitsplätze abgeführt, wo sie in Sammelunterkünften untergebracht werden sollen. Den Rest treiben die Deutschen zum Umschlagplatz. Ganz zum Schluss kommen die Familien der Polizisten dorthin.

Was jetzt, wo es keine Rettung mehr gibt, von nirgendwoher, auf dem Umschlagplatz geschieht, lässt sich auch mit den stärksten menschlichen Worten nicht ausdrücken. Die Kranken – Erwachsene und Kinder – die aus dem kleinen Krankenhaus schon früher hierhergebracht wurden, liegen verlassen in kalten Sälen. Sie machen unter sich und bleiben so, in einer stinkenden, breiigen Masse aus Urin und Kot, liegen. Die Krankenschwestern suchen in dieser Menge nach ihren Vätern und Müttern, und mit einem irren Blick spritzen sie ihnen das gute, todspendende Morphium. Die erbarmungsvolle Hand einer Ärztin flößt den fiebrigen Mündern fremder, kranker Kinder, einem nach dem anderen, Wasser mit aufgelöstem Zyankali ein. Gerühmt sei sie – sie verschenkt ihr eigenes Zyankali. Denn das Zyankali ist jetzt der kostbarste, unverkäuflichste Schatz. Zyankali bedeutet einen ruhigen Tod, es rettet vor den Waggons.

Auf diese Weise transportieren die Deutschen innerhalb von zwei Tagen 60 000 Menschen ab.

In einem »Kessel« ergreifen sie unsere Genossen Natan Liebeskind, Dora Kociołek, J. Gruszka, Anka Wołkowicz, Michelsen, Cłuwa Kryształ-Nisenbaum und viele andere. Genosse Bernard wird gesucht und ist gezwungen, sich auf der »arischen Seite« zu verstecken.

Am 12. September ist die Aktion offiziell abgeschlossen. Vorgeblich verbleiben in Warschau 33 400 Juden, die in den Fabriken und deutschen Werkstätten arbeiten, darunter sind auch 3000 Beamte des Judenrates. In Wirklichkeit aber gibt es rund

60 000 Menschen im Ghetto, einschließlich derjenigen, denen es gelang, sich in Kellern zu verstecken. Alle sind gemeinsam an ihren Arbeitsplätzen untergebracht. Neue Mauern teilen das Ghetto; zwischen einzelnen Häuserblocks erstrecken sich weite, verlassene, menschenleere Gebiete, in denen die tote Stille auf den Straßen, die leeren, im Wind klappernden Fensterrahmen und der stickige Geruch der unbestatteten Leichen einen gespenstischen Eindruck machen.

Das Ghetto umfasst jetzt: 1. das Gebiet der Fabriken (*shops*) von Toebbens, Schultz und Röhrich: Leszno-, Karmelicka-, Nowolipki-, Smocza-, Nowolipie-, Żelazna- bis zur Leszno-Straße; 2. das Gebiet der Bürstenmacher: Świętojerska-, Wałowa-, Franciszkańska-, Bonifraterska- bis Świętojerska-Straße; 3. das Gebiet des Zentralghettos: Gęsia-, Franciszkańska-, Bonifraterska-, Muranowska-, Pokorna-, Stawki-Straße, Parysowski-Platz, Smocza- bis zur Gęsia-Straße.

Kontakte zwischen den Arbeitern einzelner Fabriken und Werkstätten sind verboten. Die Deutschen beuten das von ihnen geschenkte Leben bis aufs Äußerste aus. Die Juden arbeiten ohne Pause zwölf (und manchmal noch mehr) Stunden täglich. Die Arbeits- und Ernährungsbedingungen sind katastrophal. Wenn während der ersten Periode das Ghetto vom Fleckfieber befallen war, so herrscht jetzt überall die Tuberkulose.

Reich werden nur diejenigen, die bei der Müllabfuhr arbeiten, sowie die Totengräber (die »Pinkiertschen«[11]), die in Särgen und unter Müllbergen Schmuck und verschiedene Dinge, die das Ghetto nicht mehr braucht, auf die »arische Seite« schmuggeln. Dorthin, wo die Bewohner des geplagten jüdischen Viertels mit allen Mitteln zu gelangen und sich dort einzurichten versuchen.

Anfang Oktober 1942 finden Gespräche zwischen dem ZK-Präsidium und der Führung der Kampforganisation vom Hechaluz über die Gründung einer gemeinsamen Kampforganisation statt. Diese Angelegenheit, die unter unseren Genossen ziemlich lange diskutiert worden war, wurde auf der Sitzung der Warschauer Parteikader am 15. Oktober entschieden. Wir beschließen, eine gemeinsame Kampforganisation zu gründen, um im Falle der Fortsetzung der Vernichtungsaktion bewaffneten Widerstand zu leisten. Wir sind uns darüber im Klaren, dass nur koordinierte Arbeit und größte gemeinsame Anstrengungen klare Ergebnisse hervorbringen können.

Um den 20. November wird die sogenannte Koordinierungskommission (KK) gebildet, in der alle existierenden jüdischen politischen Parteien vertreten sind: Unsere Vertreter sind Abrasza Blum und »Berek«. Anfang Dezember konstituiert sich das Kommando der Jüdischen Kampforganisation (ŻOB). Ihr Kommandant wird Mordechaj Anielewicz (von »Hashomer Hatzair«). Von uns tritt Marek ins Kommando ein. Auf der »arischen Seite« übernimmt in unserem Namen Dr. L. Fajner (Mikołaj) die Vertretung der Koordinierungskommission. Es werden auch das Präsidium der KK und die Propagandakommission berufen, wo uns Abrasza vertritt.

Da das Ghetto in viele Häuserblocks geteilt ist, zwischen denen überhaupt kein Kontakt besteht, muss die ŻOB gezwungenermaßen ihre Arbeit auf die einzelnen Gebiete verteilen. Wir übernehmen die Leitung auf dem Gebiet der Bürstenmacher (Grylak), von W. C. Toebbens (Paw), von Prost (Kersz). Es gelingt uns, einige Kampfgruppen zu bilden. Ihre Mitglieder sind meistens SKIF-Jugendliche oder SKIF-Aktivisten. So werden im Zentralghetto zwei Fünfergruppen von B. Pelc und Goldsztajn, auf dem Gelände der Bürstenmacher von Jurek Błones und Janek Bilak, bei Schultz von A. Fajner und N. Chmielnicki, bei Röhrich von W. Rozowski befehligt.

Schon wieder haben wir, dieses Mal nicht allein, sondern kraft gemeinsamer Anstrengung, eine große Organisation aufgebaut, und wieder stehen wir vor dem Problem der Bewaffnung. Im Ghetto gibt es kaum Waffen. Man muss bedenken: Es ist das Jahr 1942, und die Widerstandsbewegung innerhalb der polnischen Gesellschaft steckt noch in den Kinderschuhen; über Partisanen hört man nur Gerüchte, und zur ersten polnischen bewaffneten Widerstandsaktion kommt es erst im März 1943. Es ist also kein Wunder, dass unsere Bemühungen, Waffen von der Regierungsvertretung und anderen Organisationen aufzutreiben, auf riesige Schwierigkeiten stoßen und meist erfolglos bleiben. Es gelingt uns jedoch, ein paar Revolver von der Volksgarde (GL) zu erhalten. In dieser Zeit werden, im Abstand von einem Monat, zwei Anschläge verübt: am 29. Oktober auf Lejkin (Kommandant der jüdischen Polizei) und am 29. November auf J. First (Vertreter des Judenrates beim Umsiedlungsstab).

Die ŻOB gewinnt erste Sympathie. In der folgenden Zeit führt sie einige Terroraktionen gegen jüdische Meister durch, die den Arbeitern am härtesten zusetzen. Während einer solchen Strafaktion bei Hallman (Tischlereiwerkstatt) nehmen die deutschen Werkschutzpolizisten drei Kämpfer fest und sperren sie in der dortigen Arreststube ein. In der Nacht entwaffnet eine Gruppe aus dem Röhrich-Gebiet unter dem Kommando des Genossen G. Fryszdorf die deutsche Wache und befreit die Gefangenen.

Um die Umstände, unter denen wir arbeiten, genauer zu charakterisieren, möchte ich hinzufügen, dass etwa Mitte November (während der »Ruhezeit«) einige Hundert Juden aus verschiedenen Werkstätten abtransportiert wurden: angeblich zur Arbeit im Konzentrationslager Lublin. Eben damals brach Genosse W. Rozowski das vergitterte Fenster eines Güterwaggons auf, warf während der Fahrt des Zuges sieben Mädchen (u. a. Guta Błones, Chajka Bełchatowska, Wiernik, M. Kojfman) hinaus, und sprang als Letzter selbst ab. Solche Taten wären in der

Zeit der ersten Aktion undenkbar gewesen. Hätte sich überhaupt ein Wagemutiger, der fliehen wollte, im Waggon befunden, so hätten die Mitmenschen, aus Angst vor den eventuellen Folgen für die Übrigen, seine Flucht verhindert. Aber jetzt beginnen die Juden, endlich zu begreifen, dass die Aussiedlung den Tod bedeutet. Dass uns nichts anderes übrigbleibt, als ehrenvoll zu sterben. Aber den Moment des Sterbens und der Ehre möchten sie immer noch (was eben in der menschlichen Natur liegt) so weit wie möglich hinauszögern.

Ende Dezember 1942 erhalten wir von der Führung der Heimatarmee die erste Waffenlieferung. Sie ist sehr klein. Sie besteht lediglich aus zehn Pistolen, aber sie ermöglicht uns, endlich die erste größere Aktion vorzubereiten. Wir planen sie für den 22. Januar – es soll eine Vergeltungsaktion gegen die jüdische Polizei werden.

Aber schon am 18. Januar 1943 wird das Ghetto abgeriegelt, und die zweite Liquidierungsaktion beginnt. Dieses Mal gelingt es den Deutschen jedoch nicht, ihre Pläne ungehindert durchzuführen. Vier verbarrikadierte Kampfgruppen leisten zum ersten Mal im Ghetto bewaffneten Widerstand.

Die ŻOB besteht ihre Feuertaufe in dem ersten größeren Straßenkampf an der Kreuzung Miła- und Zamenhof-Straße. Dort verlieren wir die Besten aus unserer Organisation. Wie durch ein Wunder und dank seiner heldenhaften Haltung rettete sich der ŻOB-Kommandant Mordechaj Anielewicz. Es stellt sich heraus, dass wir den Straßenkampf zu teuer bezahlen müssen. Wir sind darauf nicht vorbereitet. Uns fehlen dafür die richtigen Waffen. Wir gehen zum Partisanenkampf über. Es kommt zu vier größeren Gefechten in den Häusern: Zamenhof-Straße 40, Muranowska-Straße 44, Miła-Straße 34, Franciszkańska-Straße 22. Auf dem Gelände der Schultz-Werkstätten organisieren die Kämpfer einen Anschlag auf die SS-Männer, die an der Liquidierungsaktion teilnehmen. An diesem Anschlag nimmt aktiv Genosse A. Fajner teil und kommt dabei ums Leben.

Eine unserer Kampfgruppen, die noch keine Waffen erhalten hat, wird von den Deutschen gefasst und zusammen mit der ganzen Betriebsbelegschaft zum Umschlagplatz abgeführt. Vor den Waggons hält B. Pelc eine kurze Rede. Er sagt nicht viel. Aber seine Worte haben eine solche Wirkung, dass niemand von den über sechzig Personen in den Waggon steigt. Van Oeppen (der Chef von Treblinka) erschießt auf der Stelle eigenhändig alle sechzig. Diese Gruppe zeigt den Juden, dass man den Deutschen immer und überall und unter allen Umständen widerstehen kann und soll.

Von fünfzig vorbereiteten Gruppen nehmen an der Aktion im Januar nur fünf teil. Der Rest, der nicht kaserniert war, wurde von der Aktion überrascht und konnte seine Waffenlager nicht erreichen.

Und wieder, wie bei der letzten Aktion, kamen auch jetzt vier Fünftel der Kampforganisation ums Leben.

Das Geschehen findet jedoch ein gewaltiges Echo sowohl unter der polnischen als auch unter der jüdischen Bevölkerung. Denn zum ersten Mal werden die deutschen Pläne durchkreuzt. Zum ersten Mal bricht der Nimbus des unantastbaren, allmächtigen Deutschen zusammen. Zum ersten Mal gewinnt die jüdische Bevölkerung die Überzeugung, es sei möglich, trotz der deutschen Stärke, etwas gegen die Absichten der Deutschen zu unternehmen. Es ist nicht wichtig, wie viele Deutsche durch die Schüsse der ŻOB gefallen sind. Wichtig ist der Moment des psychischen Durchbruchs. Wichtig ist, dass die Deutschen angesichts eines zwar schwachen, aber für sie überraschenden Widerstandes gezwungen waren, ihre Aktion abzubrechen.

In ganz Warschau verbreiten sich Legenden von Hunderten getöteter Deutscher, von der großen Stärke der ŻOB. Der ganze polnische Untergrund ist voller Anerkennung für uns. Ende Januar bekommen wir von der Führung der Heimatarmee fünfzig großkalibrige Pistolen und fünfzig Granaten. Es folgt eine Umgruppierung der ŻOB. Alle Kampfgruppen werden auf vier Gebiete verteilt. Wir leiten das Gebiet der Bürstenmacher (der Kommandant ist Marek), wo wir u. a. unsere Kampfgruppe unter dem Kommando von Jurek Błones haben. Die Kampfgruppen wohnen unmittelbar in der Nähe ihrer Operationsstellen. Diese Kasernierung soll erreichen, dass die Kampfgruppen sich nicht noch einmal von der deutschen Aktion überraschen lassen, dass die Leute sich an militärischen Geist, an militärische Ordnung und an ständigen Kontakt mit der Waffe gewöhnen.

In der Nähe der Ghettomauern stehen Tag und Nacht unsere Posten, die uns rechtzeitig vor der sich nähernden Gefahr warnen sollen. Unterdessen arbeitet die deutsche Propaganda; sie versucht wieder, die Juden zu verwirren, indem sie eine Legende von den jüdischen Schutzgebieten in Trawniki und Poniatowa[12] verbreitet, wohin die Fabriken von Toebbens und Schultz angeblich verlagert werden sollen und wo »die produktiven Juden, die mit Hingabe für die Deutschen arbeiten, den Krieg ruhig werden überleben können«. Anfang Februar bringen die Deutschen zwölf Vorarbeiter aus dem KZ Lublin ins Ghetto. Es sind Juden, die der jüdischen Bevölkerung »hervorragende« Arbeitsbedingungen versprechen und sie zur freiwilligen Umsiedlung überreden sollen. In der ersten Nacht nach ihrem Eintreffen umstellt die ŻOB das Haus, in dem sie sich aufhalten, und zwingt sie zur unverzüglichen Abreise. Aber die Deutschen geben nicht auf. Sie berufen W. C. Toebbens, den Besitzer der größten Uniformfabrik, zum Aussiedlungskommissar. Damit soll weiter der Anschein erweckt werden, dass die Umsiedlung nach Trawniki oder Poniatowa eng mit der Arbeit in den deutschen Betrieben verbunden ist.

Die ŻOB führt eine großangelegte Propagandaaktion durch. Sie gibt einige Aufrufe heraus, die an Hauswänden und Ghettomauern angeschlagen werden. Als Antwort darauf bereitet Toebbens einen Aufruf an die jüdische Bevölkerung vor, aber zwei Auflagen davon werden von der ŻOB direkt in der Druckerei beschlagnahmt.

Zu dieser Zeit übt die ŻOB im Ghetto die ungeteilte Macht aus. Sie ist die einzige Kraft und Macht, die über eine Autorität verfügt und von der Bevölkerung anerkannt wird.

Als die Deutschen Ende Februar die Hallman'schen Tischlereiwerkstätten zur Evakuierung auffordern, melden sich von über tausend Arbeitern nur fünfundzwanzig. In der Nacht stecken zwei Kampfgruppen in einer waghalsigen Aktion die Lager der Werkstätten in Brand (an der Aktion nimmt Genosse Fryszdorf teil). Der den Deutschen zugefügte Sachschaden beträgt mehr als eine Million Złoty. Die ganze gut durchdachte deutsche Aktion schlägt fehl. Am nächsten Tag geben die Deutschen eine offizielle Erklärung ab, die Störaktion sei angeblich von Fallschirmjägern durchgeführt worden. Aber die ganze jüdische Bevölkerung weiß genau, wer den Brand gelegt hat, und vor wem die Deutschen kapituliert haben.

Als die Deutschen Anfang März die Arbeiter der Bürstenwerkstätten erneut zur Evakuierung auffordern, meldet sich von dreieinhalbtausend Menschen kein einziger. Die ŻOB führt alle ihre Pläne kompromisslos durch. Der Transport mit den Maschinen aus der Bürstenmacherei, die auf dem Umschlagplatz in Waggons verladen wurden, brennt unterwegs durch die zu diesem Zweck angefertigten Brandflaschen mit Zeitzündern vollständig aus.

Die Deutschen fühlen sich im Ghetto zunehmend unbehaglicher, sie spüren immer deutlicher die feindselige Haltung nicht nur der Kampfgruppen, sondern auch der gesamten Bevölkerung, die ohne zu zögern alle Befehle des ŻOB-Kommandos ausführt.

Die ŻOB entwickelt ihre Tätigkeit in vollem Umfang. Die Organisation wird vom ganzen Ghetto unterhalten. Bäcker und Kaufleute versorgen sie mit Lebensmitteln. Reiche Einwohner werden mit besonderen Steuern belegt und die Einnahmen für den Kauf von Waffen verwendet. Die ŻOB legt den Gemeindeeinrichtungen Abgaben auf. Es geht derart rigoros zu, dass jeder zahlen muss. Wer nicht freiwillig zahlt, wird dazu gezwungen. Der Judenrat zahlt 250 000 Złoty. Die Versorgungsanstalt – 710 000. Die Einnahmen von drei Monaten betragen zehn Millionen Złoty. Diese Summe wird auf die »arische Seite« gebracht, wo unsere Leute sich bemühen, Waffen und Sprengstoff zu kaufen.

Die Waffen kommen auf dieselbe Weise ins Ghetto wie die übrige Schmuggelware. Bestochene polnische Polizisten drücken beide Augen zu, wenn schwere Pakete über die Mauer geworfen werden, die auf der anderen Seite gleich die Verbindungsleute der ŻOB aufsammeln. Die jüdische Polizei, die hier Wache steht, hat nichts zu sagen. Unsere aktivsten Verbindungsleute zur »arischen Seite« waren: Zygmunt Frydrych (Vorbereitung des ersten Waffentransports), Michał Klepfisz, Celemeński, Fajgełe Peltel (Władka) und viele andere. Michał Klepfisz organisiert im Einvernehmen mit der PPS-WRN [Polnische Sozialistische Partei – Freiheit, Gleichheit, Unabhängigkeit] einen großen Kauf von Spreng- und Brennstoff (z. B. 2000 Liter Benzin) und errichtet, nachdem sie ins Ghetto gebracht worden sind, eine Werkstatt, in der Granaten und Brandflaschen (»Molotowcocktails«) hergestellt werden. Obwohl die Produktion primitiv und einfach ist, erhöht doch die große Menge der hergestellten Waffen enorm die Feuerkraft unserer Einheiten. Auf jeden Kämpfer entfallen durchschnittlich eine Pistole (zehn bis fünfzehn Patronen), vier bis fünf Granaten und vier bis fünf Brandflaschen. Auf jedes Gebiet zwei bis drei Gewehre. Im gesamten Ghetto gibt es nur eine einzige Maschinenpistole.

Nun führt die ŻOB eine Aktion durch, um die jüdische Bevölkerung von feindlichen Elementen sowie von jenen anstößigen Individuen, die sich an die Deutschen verkauft haben, zu säubern. Es werden Todesurteile vollstreckt, die das Kommando über fast alle jüdischen Gestapo-Agenten gefällt hat. Diejenigen, die die Hand unserer Gerechtigkeit nicht erreicht, fliehen heimlich auf die »arische Seite«. Keiner von ihnen wagt, sich im Ghetto blicken zu lassen. Als vier Gestapo-Spitzel einmal für eine halbe Stunde im Ghetto erscheinen, werden drei von ihnen getötet und der vierte schwer verletzt. Auch der berüchtigte Gestapo-Agent Dr. Alfred Nossig wird umgebracht, man findet bei ihm einen Gestapo-Ausweis aus dem Jahre 1933.

Anfang April beschließen wir auf einer Sitzung des ŻOB-Kommandos, unsere Tätigkeit auf das ganze Generalgouvernement auszuweiten. Es wird eine besondere Kommission gebildet. Das ZK des Bundes ernennt ein Komitee für die »arische Seite«: M. Orzech, Dr. L. Fajner, Bernard, S. Fiszgrund, Celemeński, Samsonowicz.

Die Deutschen kommen offensichtlich zu der Überzeugung, die Juden würden das Warschauer Ghetto nicht freiwillig verlassen. Die Straßenrazzien beginnen erneut. Der deutsche Werkschutz sperrt in seiner Wachstube ein paar Dutzend Juden ein, die auf den Straßen wegen kleiner Vergehen festgenommen wurden. Am nächsten Tag sollen sie in das Lager in Poniatowa abtransportiert werden. Das ŻOB-Kommando ist jedoch anderer Meinung. Abends, um fünf Uhr dreißig, dringt eine bewaffnete ŻOB-Gruppe in die Wachstube ein, bedroht die diensthabenden Polizisten und befreit alle Verhafteten. All dies geschieht in der Nähe der deutschen Wache, die jedoch nicht wagt, einzuschreiten. Angesichts dessen greifen die Deutschen jetzt zu anderen Mitteln. Sie transportieren die festgenommenen Menschen mit Lastwagen direkt zum Umschlagplatz. Die ŻOB ist jedoch schneller. Auf dem Gebiet zwischen den einzelnen Häuserblocks (im sogenannten Zwischenghetto) werden Kampfgruppen aufgestellt, die die Festgenommenen befreien.

In der Zeit unmittelbar vor der letzten Vernichtungsaktion hat der Bund vier kasernierte Kampfgruppen: 1. auf dem Gebiet der Bürstenmacher, unter dem Kommando von Jurek Błones; 2. auf dem Gebiet der Fabriken von Schultz, unter dem Kommando von W. Rozowski; 3. zwei Gruppen auf dem Gebiet des Zentralghettos, unter dem Kommando von L. Gruzalec und Dawid Hochberg. Diese Gruppen bestehen ausschließlich aus SKIF-Mitgliedern und -Aktivisten.

Die Deutschen beschließen, das Warschauer Ghetto um jeden Preis zu liquidieren. Am 19. April 1943, um zwei Uhr nachts, treffen die ersten Meldungen unserer vorgeschobenen Posten ein, dass die deutsche Gendarmerie und die polnische »Blaue« Polizei in Abständen von 25 Metern die Ghettomauern von außen umstellen. Alle Kampfgruppen werden sogleich alarmiert, und sie nehmen um zwei Uhr fünfzehn, das heißt fünfzehn Minuten später, ihre Kampfstellungen ein. Die gesamte von uns alarmierte Zivilbevölkerung begibt sich unverzüglich in die vorbereiteten Schutzräume und Verstecke in den Kellern und auf den Dachböden. Das Ghetto ist wie ausgestorben, nirgends eine Menschenseele, nur die ŻOB wacht.

Um vier Uhr früh fangen die Deutschen an, in kleinen Gruppen, zu dritt, zu viert, zu fünft (um nicht die Aufmerksamkeit der ŻOB und der Bevölkerung auf sich zu lenken) auf das Gebiet des Zwischenghettos vorzudringen. Erst dort formieren sie sich zu Abteilungen und Kompanien.

Um sieben Uhr morgens rücken die motorisierten Truppen

mit ihren Panzern und Panzerwagen ins Ghetto ein. Außerhalb des Ghettos stellen die Deutschen die Artillerie auf. Jetzt sind die SS-Männer angriffsbereit. Mit festem, lautem Schritt marschieren sie in geschlossenen Reihen in die scheinbar ausgestorbenen Straßen des Zentralghettos ein. Es sieht so aus, als wäre ihr Triumph vollkommen, als hätte die Handvoll Wagemutiger Angst vor dieser hervorragend bewaffneten und ausgerüsteten modernen Armee bekommen. Als hätten diese Halbwüchsigen plötzlich verstanden, dass es keinen Sinn hat, mit dem Kopf durch die Wand zu wollen. Dass auf jede ihrer Pistolen mehr deutsche Maschinengewehre entfallen, als sie Patronen für eine Pistole haben.

Aber nein, wir waren weder erschrocken noch überrascht. Wir warteten nur den richtigen Zeitpunkt ab. Er kam bald. Als die Deutschen an der Kreuzung Miła- und Zamenhof-Straße haltmachten, eröffneten die an den vier Straßenecken verbarrikadierten Kampfgruppen konzentrisches Feuer, wie man in der Militärsprache sagt. Es explodierten Geschosse unbekannter Art (das waren die von uns hergestellten Granaten), einzelne Feuerstöße aus der Maschinenpistole durchschnitten die Luft (wir mussten Munition sparen), irgendwo weit entfernt dröhnten die Gewehre. So hat es begonnen.

Die Deutschen versuchen zu fliehen, aber der Rückweg ist ihnen versperrt. Die Straße ist voll von deutschen Leichen. Die Überlebenden suchen noch Deckung in den nahen Läden und Eingangstoren. Aber dieser Schutz erweist sich als ungenügend. Also bringen die »heldenhaften« SS-Männer Panzer zum Einsatz, und unter ihrem Schutz sollen die Überreste zweier Kompanien den »siegreichen« Rückzug antreten. Aber auch ihre Panzer haben nicht allzu viel Glück. Der erste geht nach der Explosion einer unserer Brandflaschen in Flammen auf, die anderen nähern sich unseren Stellungen nicht. Das Schicksal der Deutschen, die im Kessel an der Kreuzung Miła- und Zamenhof-Straße eingeschlossen sind, ist besiegelt. Kein einziger kommt lebendig heraus. Es kämpften hier die Kampfgruppen von Gruzalec (Bund), Merdek (Hashomer Hatzair), Hochberg (Bund), Berek (Dror), Paweł (PPR[13]).

Gleichzeitig findet der zweite Kampf an der Kreuzung Nalewki- und Gęsia-Straße statt. Zwei Kampfgruppen lassen hier die Deutschen nicht auf das Ghettogebiet. Der Kampf hält über sieben Stunden an. Die Deutschen errichten aus zufällig gefundenen Matratzen Barrikaden, aber unter dem dichten Beschuss unserer Kämpfer müssen sie sich einige Male zurückziehen. Die Straße ist von deutschem Blut überschwemmt. Eine deutsche Ambulanz nach der anderen fährt die Verwundeten zu einer Sammelstelle auf dem kleinen Platz vor dem Gemeindehaus. Dort liegen sie nebeneinander und warten, bis sie ins Krankenhaus abtransportiert werden. An der Ecke Gęsia-Straße gibt es einen deutschen Beobachtungsposten der Luftwaffe, der den stets über dem Ghetto kreisenden Flugzeugen signalisiert, wo sich die Kämpfer befinden und wo sie Bomben abwerfen sollen. Aber es gelingt weder auf dem Boden noch aus der Luft, die Kämpfer zu bezwingen. Das Gefecht an der Kreuzung Gęsia- und Nalewki-Straße endet mit dem vollständigen Rückzug der Deutschen.

Zur selben Zeit wird auf dem Muranowski-Platz erbittert gekämpft. Die Deutschen greifen hier von allen Seiten an. Die umzingelten Kämpfer verteidigen sich hartnäckig und wehren die Angriffe unter übermenschlichem Krafteinsatz ab. Zwei Maschinengewehre werden erbeutet. Ein deutscher Panzer brennt aus. Es ist schon der zweite an diesem Tag.

Um zwei Uhr nachmittags gibt es bereits keinen einzigen Deutschen mehr auf dem Gebiet des Ghettos. Das ist der erste, vollkommene Sieg der ŻOB über die Deutschen. Der Rest des Tages vergeht in »völliger Ruhe«, das heißt, nur der Artilleriebeschuss (die Artillerie ist auf dem Krasińskis-Platz aufgestellt) und von Zeit zu Zeit die Bombardierung aus der Luft dauern an.

Am nächsten Tag hält die Stille bis um zwei Uhr nachmittags an. Erst jetzt nähern sich die Deutschen in geschlossener Formation dem Eingangstor zum Bürstenmachergelände. Sie wissen nicht, dass zum gleichen Zeitpunkt ein Beobachtungsposten einen Stecker in die Hand nimmt. Der deutsche Werkschutz kommt ans Eingangstor, um es zu öffnen. Genau in diesem Moment wird der Kontakt geschlossen. Unter den Füßen der SS-Männer explodiert die schon lange auf sie wartende Mine. Mehr als hundert SS-Männer kommen bei der Explosion ums Leben, der Rest zieht sich, von den Schüssen unserer Kämpfer begleitet, zurück. Erst nach zwei Stunden versuchen die Deutschen erneut ihr Glück. Nun machen sie es anders. Vorsichtig versuchen sie, immer einer nach dem anderen, in lockerer Formation auf das Gebiet der Bürstenmacher vorzudringen. Aber hier werden sie von der Kampfgruppe, die auf sie wartet, zum zweiten Mal entsprechend empfangen. Von den dreißig Deutschen, die auf das Gebiet gelangen, kommen nur wenige wieder heraus. Der Rest fällt durch die Explosionen von Granaten und Brandflaschen. Und wieder ziehen sich die Deutschen aus dem Ghetto zurück. Schon wieder feiern die Kämpfer ihren zweiten vollkommenen Sieg.

Die Deutschen geben jedoch nicht auf und versuchen, auch von anderen Seiten aus auf das Gebiet zu gelangen. Überall stoßen sie auf entschlossenen Widerstand. Jedes Haus kämpft.

Auf einem Dachboden sind wir plötzlich umzingelt. Ganz nahe, auf demselben Dachboden, sind die Deutschen. Es ist jetzt unmöglich, zu den Treppen zu gelangen. In den dunklen Ecken können wir uns gegenseitig nicht sehen. Wir sehen nicht, dass Sewek Duński und Junghajzer von unten die Treppe hoch auf den Dachboden kriechen, die Deutschen von hinten überraschen und eine Granate werfen. Wir bekommen auch nicht mit, dass Michał Klepfisz sich direkt auf die Maschinenpistole wirft, die hinter dem Schornstein hervorschießt. Wir sehen nur, dass der Weg frei ist. Als wir ein paar Stunden später seine Leiche finden (die Deutschen waren schon zurückgedrängt worden), ist sie von zwei Stößen aus der Maschinenpistole durchlöchert wie ein Sieb.

Das Gebiet der Bürstenmacher ist nicht zu erobern.

Jetzt geschieht etwas, was bisher noch nie vorgekommen ist. Drei Offiziere nähern sich mit nach unten gerichteten Maschinenpistolen und weißen Binden an den Uniformaufschlägen. Es sind Parlamentäre. Sie wollen mit dem Kommando des Gebietes verhandeln und schlagen einen fünfzehnminütigen Waffenstillstand vor, um die Verwundeten und Toten abzutransportieren. Sie sind bereit, allen Einwohnern mit ihrer gesamten Habe eine sichere Umsiedlung in die Arbeitslager in Poniatowa und Trawniki zu versprechen.

Wir antworten mit Schüssen. Jedes Haus ist eine feindliche Festung, aus jedem Fenster hageln die Geschosse. Sie zielen auf die verhassten deutschen Helme, auf die verhassten deutschen Leiber.

An einem kleinen Fenster im vierten Stock steht der alte Soldat Diamand. Er hat ein langes Gewehr, das noch aus den Zeiten des russisch-japanischen Krieges stammt. Diamand ist phlegmatisch und bewegt sich langsam. Die Jungs in der Nähe sind ungeduldig, sie drängen ihn. Aber Diamand ist unerschütterlich, er zielt auf den Bauch und trifft in die Brust. Jeder Schuss – ein Deutscher.

An einem Fenster im zweiten Stock steht Dwora. Sie schießt verbissen. Die Deutschen haben sie bemerkt. »Schau, Hans, eine Frau schießt!« Sie versuchen, sie zu treffen. Aber die Kugeln fliegen an ihr vorbei. Dafür setzt sie ihnen offensichtlich reichlich zu, denn erstaunlich schnell ziehen sie sich zurück.

Im Treppenhaus des ersten Stockwerks stehen Szlamek Szuster und »Kazik« (Stellung Nr. 1). Sie werfen eine Granate nach der anderen. Nach einiger Zeit haben sie keine mehr, und auf dem Hof wüten immer noch zwei Deutsche. Szlamek greift zu einer Brandflasche und trifft einen der Deutschen genau am Helm, so dass er in Flammen aufgeht und unter schrecklichen Qualen stirbt.

Die Haltung der Kämpfer ist derart entschlossen, dass die Deutschen schließlich gezwungen sind, darauf zu verzichten, sie mit Waffen zu bezwingen, und eine neue, wie es scheint, gut bewährte Methode einzusetzen. Von außen stecken sie das ganze Gebiet der Bürstenmacher an allen Seiten in Brand. In Windeseile verbreitet sich das Feuer auf den gesamten Häuserblock; schwarzer Qualm würgt in der Kehle, brennt in den Augen. Die Kämpfer haben jedoch nicht vor, sich bei lebendigem Leibe verbrennen zu lassen. Wir setzen alles aufs Spiel und entschließen uns, um jeden Preis ins Zentralghetto vorzustoßen.

Unterwegs züngeln Flammen an den Kleidern, die zu schwelen beginnen. Unter den Füßen schmilzt Asphalt zu einem schwarzen, klebrigen Brei. Das überall herumliegende, zersplitterte Glas verwandelt sich in dicke, zähflüssige Masse, in der die Schuhe der Laufenden kleben bleiben. Durch die Hitze des glühenden Pflasters beginnen die Schuhsohlen zu brennen. Einer nach dem anderen schlagen wir uns durch die Flammen durch. Von Haus zu Haus, von Hof zu Hof. Es gibt keine Luft mehr zum Atmen, in den Köpfen dröhnen hundert Hämmer. Brennende Balken stürzen auf unsere Köpfe herab. Endlich kommen wir aus dem Flammenmeer heraus. Es ist ein Glück, an einem Platz zu stehen, wo es nicht brennt.

Jetzt bleibt noch das Schwierigste. Man kann ins Zentralghetto ausschließlich durch eine kleine Bresche in der Mauer gelangen, die von drei Seiten von der Gendarmerie, den Ukrainern und der »Blauen« Polizei umstellt ist. Dieser zwei Meter breite Durchgang wird von zwölf Personen bewacht. Und gerade hier sollen die fünf Kampfgruppen durchkommen. Die Schuhe mit Lappen umwickelt, um die Schritte zu dämpfen, springen unter dichtem Beschuss, in höchster Anspannung, die Kampfgruppen von Gutman, Berliński und Grynbaum eine nach der anderen schnell hinüber. Sie sind durch. Die Gruppe von Jurek Błones gibt von hinten Deckung. In dem Moment, in dem die Ersten aus dieser Gruppe auf der Straße auftauchen, strahlen die Deutschen diese Stelle mit einem Scheinwerfer an. Es sieht so aus, als würde hier niemand mehr durchkommen können. Mit einem Schuss bringt Romanowicz den Scheinwerfer zum Verlöschen. Bevor die Deutschen es bemerken, sind wir alle auf der anderen Seite.

Hier schließen wir uns den anderen Kampfgruppen an und kämpfen weiter. Auch auf diesem Gebiet ist es kaum möglich, sich zu bewegen. Ungestüme Brände schneiden oft ganze Straßen ab. Die Feuersbrunst wälzt sich über Häuser und Höfe. Knisternd brennen die hölzernen Dächer, die Hauswände stürzen ein. Es gibt keine Luft mehr. Es gibt nur den schwarzen, beißenden Qualm und die schwere, sengende Glut. Die Hitze strahlt ab von Hauswänden, an denen Flammen lodern, von den rotglühenden, nicht brennenden Treppen.

Was die Deutschen nicht geschafft haben, erledigt jetzt das allmächtige Feuer. Tausende Menschen sterben in den Flammen. Der Gestank der brennenden Leiber verschlägt einem den Atem. Auf den Balkons, auf Fensterbrettern, auf den nicht abgebrannten Steintreppen liegen verkohlte Leichen. Das Feuer treibt die Menschen aus den Schutzräumen heraus, zwingt sie, aus den seit langem vorbereiteten, sicheren Verstecken auf den Dachböden und in den Kellern zu fliehen. Tausende irren auf den Höfen umher, und jede Sekunde bringt sie in Gefahr, in die Hände der Deutschen zu fallen, von ihnen gefasst oder gleich getötet zu werden. Todmüde schlafen sie in den Eingangstoren stehend, liegend, sitzend ein, und so, im Schlaf, trifft sie eine zielsichere deutsche Kugel. Niemand nimmt wahr, dass der in einem Hauseingang schlafende Alte nicht mehr erwachen kann, dass die ihr Baby stillende Mutter schon seit drei Tagen eine kalte Leiche ist, und das Kind in ihren starren Armen vergeblich weint und vergeblich an der toten Brust saugt. Hunderte Menschen setzen ihrem Leben ein Ende, indem sie aus dem dritten oder vierten Stock herunterspringen. Auf diese Weise bewahren die Mütter ihre Kinder vor dem Verbrennen bei lebendigem Leibe. Die polnische Bevölkerung kann das von der Świętojerska-Straße und dem Krasińskis-Platz aus sehen.

Nach dieser beispielhaften Bestrafung des Zentralghettos und des Gebietes der Bürstenmacher denken die Deutschen, die anderen Werkstätten würden das Ghetto freiwillig verlassen. Daher setzen sie eine Frist, bis zu der man sich an den Sammelstellen zu melden hat, und drohen anderenfalls mit den eben vorgeführten Repressalien. Aber weder mit Bitten noch mit Drohungen kann man die Bevölkerung jetzt noch dazu zwingen.

Überall bleiben die Kämpfer in ihren Stellungen. Auf den Geländen von Toebbens und Schultz versuchen sie vor allem, die Deutschen daran zu hindern, ihre Truppen ins Zentralghetto zu ziehen. Von den Balkons, Fenstern und Dächern werfen sie Granaten und schießen auf die Wagen mit den SS-Männern. Einmal gelingt es sogar, einen auf der »arischen Seite« rasenden Wagen zu zerstören. Eines Tages erblicken Rozowski und Szlomo während einer Inspektion des Geländes einen sich nähernden Mannschaftswagen. Eine kurze Überlegung – und sie stürzen auf den Balkon. Gleich werfen sie eine mit Schießpulver gefüllte Zwei-

Kilo-Bombe genau in die Mitte des Wagens. Von den sechzig SS-Männern entkommen lediglich fünf lebend.

Als am fünften Tag der Aktion die Frist für die freiwillige Umsiedlung verstreicht und die Deutschen die »Befriedung« dieser Gebiete beginnen, stoßen sie auf entschlossenen Widerstand. Die angefertigten Minen können hier leider nicht mehr verwendet werden, denn im ganzen Ghetto gibt es keinen Strom mehr. Es folgen schwere Kämpfe. Die in den Häusern verbarrikadierten Kämpfer lassen die Deutschen nicht auf das Gebiet. Auch hier kämpft jedes Haus. Besonders erbittert sind die Kämpfe in den Häusern in der Nowolipki 41, der Nowolipie 64, der Nowolipie 67, der Leszno 72 und der Leszno 56.

In dem Haus in der Leszno-Straße 56 wird Jurek während seiner Wache überrascht. Eine Gruppe von SS-Männern umstellt ihn. Sie werfen eine Granate. Jurek fängt die Granate geschickt in der Luft auf und schleudert sie rechtzeitig, noch bevor sie explodiert, auf die SS-Männer zurück. Vier werden getötet.

Szlomo, der stellvertretende Kommandant des Gebietes, sichert mit verletztem Arm den Rückzug aus dem Haus in der Nowolipie-Straße 72 ab. Plötzlich scheint alles verloren, es scheint für alles zu spät zu sein. Sie sind umzingelt. Szlomo reißt schnell ein Laken vom Bett, und alle lassen sich von ihm auf den Hof abseilen. Es gibt niemanden, der das Laken für Szlomo halten kann. Also springt er schnell aus dem ersten Stock.

Auch auf diesem Gebiet »retten« die Deutschen ihre Soldatenehre, indem sie ein Haus nach dem anderen in Brand setzen.

Angesichts der so veränderten Umstände wechselt die ŻOB ihre Taktik. Sie bemüht sich, den vielen Menschen, die sich in den Bunkern verstecken, Schutz vor den Deutschen zu gewähren. Und so führen zum Beispiel zwei ŻOB-Einheiten (von Hochberg und »Berek«) am hellichten Tag ein paar Hundert Personen aus dem verschütteten Bunker in der Miła-Straße 37 in einen anderen in der Miła 7.

Dieser Bunker, in dem sich mehrere Tausend Menschen verstecken, kann über eine Woche lang gehalten werden. Unterdessen geht das Abbrennen des Ghettos dem Ende zu. Es fehlt völlig an Unterkünften und, was noch schlimmer ist, an Wasser. Die Kämpfer gehen nun gemeinsam mit der Zivilbevölkerung in die Bunker. Dort wollen sie weiterhin das verteidigen, was sich noch verteidigen lässt.

Kämpfe und Gefechte erfolgen jetzt hauptsächlich in der Nacht. Tagsüber ist das Ghetto völlig ausgestorben. Erst auf den vollkommen dunklen Straßen treffen die ŻOB-Patrouillen und die deutschen Streifen aufeinander. Wer zuerst schießt, hat gewonnen. Unsere Patrouillen durchstreifen das ganze Ghetto. Nacht für Nacht fallen viele auf beiden Seiten. Die Deutschen und die Ukrainer gehen auf Streife nur in größeren Gruppen, oft legen sie Hinterhalte.

Am 1. Mai entschließt sich das Kommando, eine besondere »Feiertags«-Aktion durchzuführen. Einige Kampfgruppen gehen hinaus, mit der Aufgabe, so viele Deutsche wie möglich zu »erlegen«. Am Abend findet der 1. Mai-Appell statt. Eine kurze Rede und die »Internationale«. In aller Welt wird der Tag heute gefeiert. In aller Welt fallen im gleichen Augenblick die kurzen bedeutenden Worte. Aber noch niemals wurde die »Internationale« unter solch veränderten, solch tragischen Umständen gesungen, an einem Ort, an dem ein Volk untergeht. Diese Worte und dieser Gesang hallen von den ausgebrannten Ruinen wider und bezeugen dieses Mal, dass im Ghetto die sozialistische Jugend kämpft, die dies nicht vergisst, nicht einmal angesichts des Todes.

Die Lage der Kämpfer wird immer schwieriger. Es fehlen nicht nur Wasser und Lebensmittel, sondern auch Munition.

Wir haben keinen Kontakt mehr zur »arischen Seite«, so sind wir nicht mehr in der Lage, von dort die Waffen abzuholen, die uns, schon während der Kämpfe, die Volksarmee zur Verfügung stellte (zwanzig Gewehre und Munition).

Die Deutschen versuchen jetzt, mit Hilfe von Horchgeräten und Polizeihunden alle Verstecke aufzuspüren, in denen sich die Juden aufhalten. Und so entdecken sie am 3. Mai den Bunker in der Franciszkańska-Straße 30. Dort gibt es einen Stützpunkt unserer Kampfgruppen, die sich vom Gelände der Bürstenmacher hierher durchgekämpft haben. Die Kämpfer schlagen eine ihrer technisch schönsten Schlachten. Die Gefechte dauern zwei Tage an, wobei fünfzig Prozent unserer Leute fallen. Bei der Explosion einer Granate wird »Berek« getötet. In den schlimmsten Augenblicken, wenn alles schon fast verloren ist, gibt uns Abrasza neuen Mut. Er selbst kämpft nicht, aber seine Anwesenheit allein bedeutet uns viel mehr und gibt uns mehr Kraft, als es das Bewusstsein getan hätte, die allerbesten Waffen zu besitzen. Es lässt sich schwer von einem Sieg reden, wenn man um sein Leben kämpft und so viele Leute verliert, allerdings können wir eines über diese Schlacht sagen: Wir vereitelten die Pläne der Deutschen. Lebendig haben sie niemanden abtransportiert.

Am 8. Mai wird das Hauptkommando der ŻOB von deutschen und ukrainischen Einheiten umzingelt. Der verbissene Kampf währt zwei Stunden. Als die Deutschen begreifen, dass es nicht möglich ist, den Bunker im Kampf zu erobern, werfen sie eine Gasgranate hinein. Wer nicht durch eine deutsche Kugel umkommt, wer nicht vom Gas vergiftet wird, nimmt sich das Leben. Es ist klar, von hier gibt es kein Entkommen, aber niemand denkt auch nur daran, sich den Deutschen lebend zu ergeben. Jurek Wilner ruft alle zu einem gemeinsamen Selbstmord auf. Lutek Rotblat erschießt seine Mutter und seine Schwester, dann tötet er sich selbst. Ruth schießt siebenmal auf sich selbst.

So sterben wieder achtzig Prozent der verbliebenen Kämpfer, unter ihnen der ŻOB-Kommandant, Mordechaj Anielewicz.

Die durch ein Wunder geretteten Überlebenden schließen sich in der Nacht den Resten aus den Einheiten der Bürstenmacher an, die sich jetzt in der Franciszkańska-Straße 22 aufhalten.

In derselben Nacht kehren unsere beiden Verbindungsleute (S. Ratajzer – »Kazik«[14] und Franek) von der »arischen Seite« zurück.

Zehn Tage früher hatte das ŻOB-Kommando »Kazik« und Zygmunt Frydrych zu Icchak Cukierman, »Antek«, unserem damaligen Vertreter auf der »arischen Seite«, geschickt, um den Rückzug durch die Abwasserkanäle zu organisieren.

Leider ist es schon zu spät. Die ŻOB existiert kaum noch, und man kann nicht auch die restlichen Überlebenden in einem Zug aus dem Ghetto hinausführen. Der Weg durch die Kanäle dauert die ganze Nacht. In den Schächten stoßen wir stets auf die Drahtverhaue, die die vorsorglichen Deutschen hier errichtet haben. Die Einstiegsschächte sind verschüttet. In den Durchgängen hängen Granaten, die bei Berührung explodieren. Von Zeit zu Zeit lassen die Deutschen Giftgas hineinströmen. Unter solchen Bedingungen waten wir 48 Stunden lang in einem 70 Zentimeter hohen Schacht, wo das Wasser bis an den Mund reicht, um heraussteigen zu können. Alle Augenblicke wird jemand ohnmächtig. Am meisten quält uns der Durst. Manche trinken das dicke, schlammige Kanalwasser. Sekunden ziehen sich hin wie Monate.

Am 10. Mai um zehn Uhr morgens fahren zwei Lastwagen am Kanaleinstieg an der Ecke Prosta und Twarda vor. Am helllichten Tag und fast ohne Geleitschutz (der vereinbarte Geleitschutz von der Heimatarmee traf nicht ein, und die Straße wird von unseren drei Verbindungsleuten und dem speziell zu dieser Aktion delegierten Vertreter der Volksarmee, Genossen »Krzaczek«, gesichert) geht der Einstiegsdeckel hoch, und vor den Augen einer verwunderten Menschenmenge kommt aus der dunklen Höhle ein bewaffneter Jude nach dem anderen heraus (zu dieser Zeit ist selbst der Anblick eines Juden eine Sensation). Nicht alle schaffen es, herauszukommen. Der Deckel fällt prompt und schwer zu. Mit Vollgas fahren die Lastwagen ab.

Zwei Kampfgruppen blieben im Ghetto. Bis Mitte Juni halten wir Kontakt zu ihnen. Dann verliert sich jede Spur.

Diejenigen, die auf die »arische Seite« übergingen, setzen in den polnischen Wäldern den Partisanenkampf fort. Die Mehrheit kommt ums Leben. Eine Handvoll Überlebender nimmt als eine ŻOB-Gruppe am Warschauer Aufstand 1944 teil. Bis heute sind von unseren Genossen Chajka Bełchatowska, B. Szpigel, Chana Kryształ, Masza Glejtman und Marek Edelman am Leben geblieben.

* * *

In der Zeit vor der letzten Vernichtungsaktion ist die Tätigkeit des Bundes eng mit der Geschichte der ŻOB verbunden. Noch nie, so scheint es, gab es eine derartig einstimmige und so gut koordinierte Zusammenarbeit zwischen verschiedenen Parteien und politischen Gruppierungen, wie es damals der Fall war. Wir alle waren Kämpfer für eine gerechte Sache – der Geschichte und dem Tod gegenüber waren wir alle gleich. Jeder vergossene Tropfen Blut hatte den gleichen Wert.

Ich möchte dennoch einige unserer Genossen nennen, auch wenn es viele solche gab wie sie, und das tue ich deswegen, weil ich mit ihnen tagtäglich bei der Arbeit in Berührung kam.

Abrasza Blum. In unserer Partei war er der geistige Vater des bewaffneten Widerstandes. Körperlich sehr schwach, aber von großem innerem Eifer und starker Geisteskraft. Immer entscheidet er über unsere wichtigsten Aktionen. Immer ist er auf der Seite der Jugend. Er lässt nicht zu, dass die Begeisterung und die Arbeit vergeudet werden. Ruhig und gefasst in den schwierigsten Augenblicken, denkt er an alle und sorgt für alle. Diese Pflicht hat er sich selbst auferlegt, so wie er immer die schwersten Pflichten auf sich nahm. Alles, was er tat, war einfach und selbstverständlich. Einige Male versuchen die Genossen, ihn aus dem Ghetto auf die »arische Seite« hinüberzubringen und ihn so zu retten. Das lehnt er ab. Er will dem Ghetto bis zum Ende beistehen. Trotz seiner Kampfunfähigkeit will er auf seinem Posten ausharren. Ohne Waffe in der Hand ist er vom Geist her ein Kämpfer. Als am 3. Mai während des Gefechts um einen Stützpunkt der Bürstenmacher der Befehl erteilt wird: »Alle zum Angriff!«, fragt Abrasza den Kommandanten: »Ich auch?« Aufgeregt und ohne Zeit zum Überlegen antwortet dieser: »Ja!«, und Abrasza geht unbewaffnet mit den anderen zum Angriff über.

Jurek Błones. Der Kommandant der Kampfgruppe auf dem Gelände der Bürstenmacher. Junger Enthusiast. Während der schwersten Kämpfe, als alles schon verloren schien, als alle schon aufgegeben haben, bleibt er zweimal allein auf seinem Posten und wehrt den deutschen Angriff ab, wodurch er nicht nur den Kämpfern, sondern auch Hunderten von Zivilisten das Leben rettet. Am nächsten Tag dachte er nicht einmal mehr daran.

Perelman Mejłach. Der Kommandant der Stoßtruppgruppen im Zentralghetto. Er beteiligt sich selbst an einigen Vorstößen bis zur Mauer. Beim letzten Mal wird er von drei Schüssen getroffen. Mit seiner schweren Bauchverletzung kann er kaum gehen. Er gibt jedoch das Kommando nicht ab. Den ganzen Weg lang sichert er den Rückzug der Patrouille ab. Als sie den Stützpunkt erreichen, kann er sich nicht mehr durch den für ihn zu engen Eingang hindurchzwängen. Er muss draußen bleiben. Seine Kameraden betten ihn in ein verlassenes Zimmer und lassen eine Wache bei ihm. Als die Deutschen um elf Uhr kommen, schickt er seinen Bewacher in den Schutzkeller, übergibt ihm seine Waffe und bleibt ganz allein oben, wo er auch stirbt. Sein Schreien war noch lange durch die Flammen zu hören.

Dawid Hochberg. Der Kommandant der Kampfgruppe im Zentralghetto. Fast noch ein Kind – seine ihn liebende Mutter erlaubte ihm nicht, der ŻOB beizutreten, so sehr wollte sie ihn schützen. Als die Deutschen sich dem Bunker nähern, in dem sich fünf Kampfgruppen und mehrere Hundert Zivilisten aufhalten, deren Tod unvermeidbar zu sein scheint, gibt Dawid seine Waffe ab und versperrt mit seinem Körper den schmalen Durchgang. In dieser Lage töten ihn die Deutschen. Und es fällt ihnen nicht leicht, seinen Leichnam aus der schmalen Lücke zu entfernen. Bis das geschieht, können die Zivilisten und die Kämpfer den Bunker verlassen.

Tobcia Dawidowicz. Während der Aktion Meldegängerin zwischen den Gebieten von Schultz und Toebbens. Sie geht etliche Male diesen furchtbaren Weg. Als sie zum letzten Mal ihre Gruppe zum Kanaleinstieg führt, verstaucht sie sich den Fuß und kann nicht allein weitergehen. Die Kameraden stützen sie. Als sie als Letzte in den Kanal heruntersteigen soll, erklärt sie: »Ich gehe nicht mit, ich will auf dem ohnehin schweren Weg keine Belastung für euch sein.« Und sie bleibt allein im Ghetto zurück.

* * *

Am 10. Mai 1943 ist das erste Kapitel der blutigen Geschichte der Warschauer Juden, das erste Kapitel unserer blutigen Geschichte abgeschlossen. Das Gebiet, auf dem sich früher das Ghetto befand, wird zu einem Trümmerberg, der zwei Stockwerke hoch ist.

Diejenigen, die gefallen sind, haben ihre Aufgabe bis zum Ende, bis zum letzten Tropfen Blut erfüllt, das im Pflaster des Warschauer Ghettos versickert ist.

Wir, die wir überlebt haben, überlassen es Euch, dass die Erinnerung an sie nicht verlorengeht.

ANHANG

ZU DIESER AUSGABE

Marek Edelmans *Erinnerungen an das Warschauer Ghetto* wurden ursprünglich auf Polnisch verfasst und für die im Verlag Odile Jacob erschienene Edition ins Französische übersetzt, der auch die Einleitung und der Anhang mit Anmerkungen, Zeittafel, Biographien, Kurzbezeichnungen, Literaturverzeichnis und Dank entstammen. Es handelt sich um folgende Ausgabe:

> Marek Edelman: Ghetto de Varsovie. Carnets retrouvés. Édition établie par Constance Pâris de Bollardière. Paris 2022.

Ewa Czerwiakowski hat Edelmans polnischen Originaltext für die Reclam-Ausgabe ins Deutsche übersetzt. Das Vorwort und die Einführung der französischen Ausgabe wurden von Jens Hagestedt übersetzt.

Grundlage für den hier wiedergegebenen Text *Das Ghetto kämpft* ist die deutsche Erstübersetzung:

> Marek Edelman: Das Ghetto kämpft. Übersetzt von Ewa und Jerzy Czerwiakowski. Berlin 1993.

Der Text wurde für den Wiederabdruck von der Übersetzerin durchgesehen, Orthographie und Interpunktion wurden behutsam modernisiert.

ANMERKUNGEN

ANMERKUNGEN ZU DEN *ERINNERUNGEN ANS WARSCHAUER GHETTO* VON CONSTANCE PÂRIS DE BOLLARDIÈRE

Hinweis der Herausgeberin: Bei der Übersetzung der Notizbücher und des gesamten kritischen Apparats wurden die jiddischen Wörter gemäß dem Standard des YIVO (Yidisher visnshaftlekher institut) transkribiert. Dagegen folgte die Schreibung der Personennamen dem von Marek Edelman in polnischer Sprache verfassten Originaltext.

VORWORT

1 Poln.: ›Chłodna-Straße‹ (Anm. d. Übers.).

EINLEITUNG: MAREK EDELMAN. DIE WIEDERGEFUNDENEN NOTIZBÜCHER ÜBER DAS WARSCHAUER GHETTO

1 Dank an Tal Bruttmann, Malena Chinski, Audrey Kichelewski, Johanna Linsler, Simon Perego und Renée Poznanski, deren aufmerksames Korrekturlesen und deren Anmerkungen zur Verbesserung und Bereicherung der französischen Edition beigetragen haben.

2 Marek Edelman, *Das Ghetto kämpft: Warschau 1941–43*, Berlin: Harald Kater Verlag, 1993. Diese erste deutsche Übersetzung ist in dieser Ausgabe enthalten, s. S. 107. (Anm. d. Übers.)

3 So die polnische Romanautorin und Dramatikerin Zofia Nałkowska in ihrem Vorwort vom November 1945; zitiert in Witold Bereś und Krzysztof Burnetko, *Marek Edelman erzählt*, Berlin: Parthas, 2009, S. 331.

4 *Getto walczy* wurde auch ins Jiddische übersetzt und erschien unter dem Titel »Di geto kemft« in zwei Teilen in Sammelbänden des Verlags der amerikanischen Vertretung des Bund: *In di yorn fun yidishn khurbn. Di shtim fun untererdishn Bund*, New York: Undzer tsayt, 1948, S. 153–210, und *In heldishn gerangl (der onteyl fun*

»Bund« in di geto-kamfn): zamlbukh tsum 6-tn yortog fun heldishn vidershtand in Varshever geto, New York: Undzer tsayt, 1949, S. 7–64.

5 Dt.: Hanna Krall, *Schneller als der liebe Gott*, mit einem Vorw. von Willy Brandt, Frankfurt a. M.: Suhrkamp, 1980. (Anm. d. Übers.)

6 Außer dem Buch von Hanna Krall erschien von diesen Veröffentlichungen nur eine auf Französisch, und zwar unter dem Titel *La Vie malgré le ghetto* (mit Paula Sawicka als Ko-Autorin Edelmans und im Verlag von Liana Levi, 2010; dt.: Marek Edelman und Paula Sawicka, *Die Liebe im Ghetto*, Frankfurt a. M.: Schöffling & Co., 2013). Drei weitere Interviews wurden von den Journalisten Witold Bereś und Krzysztof Burnetko für eine polnische Publikation mit dem Titel *Marek Edelman. Życie. Po prostu* (Świat Książki, 2008) zusammengestellt (dt.: Witold Bereś und Krzysztof Burnetko, *Marek Edelman erzählt*, a. a. O.). Die vollständigen bibliographischen Angaben zu allen erwähnten Werken finden sich im Literaturverzeichnis am Ende des Bandes.

7 Dass die Texte der *Erinnerungen* in diesen Jahren entstanden sind, dafür gibt es mehrere Indizien: die Erinnerungen von Mareks Sohn Aleksander Edelman, die Datierung am Ende der Notizbücher (»1960er Jahre«) und der Kontext der Jahre 1967/68, in denen Edelman, wie wir noch sehen werden, seine Stelle als Arzt verlor. Nach den Erinnerungen einer Freundin Edelmans, der Schriftstellerin und Journalistin Joanna Szczęsna, hat Edelman auf die Situation von 1967/68 mit mehreren Texten geantwortet. Die Texte über das Warschauer Ghetto erwähnt sie allerdings nicht, und wir wissen nicht, ob sie Kenntnis von deren Existenz hatte (siehe »Portret Marka Edelmana i Antka Cukiermana«, veröffentlicht am 27. Juni 2003 in der Zeitung *Gazeta Wyborcza*). Ich danke Zofia Lipecka-Edelman und Aleksander Edelman für ihre Übersetzungen aus dem Polnischen.

8 Die anderen von Joanna Szczęsna (siehe vorige Anmerkung) erwähnten Texte Marek Edelmans wurden ebenfalls spät, aber vor den Notizbüchern gefunden. Sie wurden nie veröffentlicht. Einer von ihnen bezieht sich auf die Kriegszeit, genauer: auf den Aufstand im Warschauer Ghetto und auf den späteren bundistischen Widerstand in den Wäldern Polens.

9 Die Notizbücher wurden 2017 auf Polnisch unter dem Titel *Nieznane zapiski o getcie warszawskim* mit einem Vorwort und Anmerkungen von Martyna Rusiniak-Karwat vom Instytut Studiów Politycznych Polskiej Akademii Nauk, Fundacja Zeszytów Literackich, Warschau, veröffentlicht.

10 Edelman hat seine Erinnerungen zwar in drei verschiedenen Notizbüchern niedergelegt, doch fließen die Notizen von einem ins nächste, wobei jedes bis zur letzten Seite beschrieben ist. Edelmans handschriftliche Paginierung ist in gleicher Weise fortlaufend.

11 Außerdem wurden während der »Großen Aktion« ungefähr 11 000 Juden aus dem Ghetto in Zwangsarbeitslager verbracht und ca. 10 000 an Ort und Stelle ermordet: siehe Yisrael Gutman, *The Jews of Warsaw 1939–1943: Ghetto, Underground, Revolt*, Indianapolis: Indiana University Press, 1982, S. 213.

12 Von den zahlreichen seit Ende der 1940er Jahre erschienenen Arbeiten zur Geschichte des Aufstands und zur Erinnerung an ihn seien genannt: Józef Kermisz, *Powstanie w getcie warszawskim (19 kwietnia – 16 maja 1943)*, Łódź: Centralna Żydowska Komisja Historyczna, 1946; Bernard Mark, *Powstanie w getcie warszawskim na tle ruchu oporu w Polsce: Geneza i przebieg*, Warschau: Żydowski Instytut Historyczny, 1953 (dt.: Bernard Mark, *Der Aufstand im Warschauer Ghetto: Entstehung und Verlauf*, Berlin: Dietz, [3]1959); Michel Borwicz, *L'Insurrection du ghetto de Varsovie*, Reihe »Archives«, Paris: Julliard, 1966; Y. Gutman, *The Jews of Warsaw 1939–1943*, a. a. O., Y. G., *Resistance: The Warsaw Ghetto Uprising*, Boston: Houghton Mifflin, 1994; Simon Perego, »De l'écrit à l'oral: Le recours aux œuvres littéraires dans les commémorations de la révolte du ghetto de Varsovie (Paris, 1945–1967)«, in: Judith Lindenberg (Hrsg.), *Premiers savoirs de la Shoah*, Paris: CNRS Éditions, 2017, S. 293–317; das Sonderheft 103 (2), 2019, von *American Jewish History*, das dem Gedenken an den Aufstand im Warschauer Ghetto gewidmet ist, und Avinoam J. Patt, *The Jewish Heroes of Warsaw: The Afterlife of the Revolt*, Detroit: Wayne State University Press, 2021. Außerdem wurden seit 1944 in mehreren Sprachen Sammlungen von Dokumenten und Erinnerungen veröffentlicht. Marek Edelmans Text *Das Ghetto kämpft* ist eines der frühesten Zeugnisse.

13 Einige dieser Stichpunkte kündigen jedoch Ausführungen an, die im Text nicht zu finden sind.

14 W. Bereś und K. Burnetko, *Marek Edelman erzählt*, a.a.O., S. 328 f.

15 Dies gilt vor allem für *Das Ghetto kämpft*, das dem Andenken Abrasza Blums gewidmet ist und mit den folgenden Worten schließt: »Diejenigen, die gefallen sind, haben ihre Aufgabe bis zum Ende, bis zum letzten Tropfen Blut erfüllt, das im Pflaster des Warschauer Ghettos versickert ist. Wir, die wir überlebt haben, überlassen es Euch, dass die Erinnerung an sie nicht verlorengeht.« (S. 171) Über den Begriff, die Vielfalt und die Entwicklung der Zeugnisse von der Shoah reflektiert Judith Lyon-Caen in »Raconter la Shoah: 40 ans d'écrits personnels dans *Le Monde juif*«, in: *Revue d'histoire de la Shoah* 211 (2020) H. 1, S. 13–30. Siehe auch das Standardwerk von Annette Wieviorka, *L'Ère du témoin*, Reihe »Pluriel«, Paris: Fayard, 2013 [[1]1998]. Zu Edelmans mutmaßlichem Wunsch, diese Notizbücher zu veröffentlichen, siehe Anmerkung 33 zu dieser Einleitung.

16 Ksenia Kovrigina, *Le Témoignage impossible? Écritures de la destruction des Juifs en URSS*, Dissertation in Vergleichender Literaturwissenschaft, Paris: Universität Paris, 2019, S. 435. Ksenia Kovrigina weist darauf hin, dass der Begriff »Dokumente für den Verfasser selbst« (siehe oben den nächsten Satz) von Irina Ehrenburg, der Tochter des russisch-jüdischen Schriftstellers Ilja Ehrenburg, stammt, und zwar aus *Ja videla detstwo i junost' XX weka*, Moskau: AST/Astrel'/Poligrafizdat, 2011.

17 Judith Lyon-Caen plädiert für eine Analyse der Schriften von Überlebenden als »vollwertiger Schreibakte«: siehe »›Le chant, lui, s'échappera …‹. Pour une histoire des sources littéraires de l'histoire de la Shoah«, in: *Vingtième siècle. Revue d'histoire* 139 (2018) H. 3, S. 45–57.

18 Eine allgemeine Einführung in die Geschichte des Bund gibt Henri Minczeles, *Histoire générale du Bund, un mouvement révolutionnaire juif*, Paris: Denoël, 1999 [[1]1995].

19 Zum Bund in der Zwischenkriegszeit siehe Gertrud Pickhan, *»Gegen den Strom«: Der Allgemeine Jüdische Arbeiterbund »Bund« in Polen 1918–1939*, Stuttgart/München: Deutsche Verlags-Anstalt,

2001, und Jack Jacobs, *Bundist Counterculture in Interwar Poland*, Syracuse (NY): Syracuse University Press, 2009.

20 M. Edelman, P. Sawicka, *Die Liebe im Ghetto*, a. a. O., S. 21. Edelman spricht genaugenommen von den drei Jahren Grundschule, die er absolviert habe (ab der vierten Klasse: zuvor sei er krank gewesen), und sagt: »[...] alles was ich kann, geht auf diese drei Jahre zurück.« (*Die Liebe im Ghetto*, a. a. O., S. 21)

21 Daniel Blatman, *Notre liberté et la vôtre: Le mouvement ouvrier juif BUND en Pologne 1939–1949*, Reihe »Histoires-Judaïsmes«, Paris: Les éditions du Cerf, 2002 [[1]1996].

22 Vorwort zu *La Voix du peuple massacré: Récit détaillé de l'insurrection du ghetto de Varsovie en avril 1943 complété de documents, notices biographiques des principaux héros et de messages*, Paris: Le Réveil des jeunes, April 1945.

23 Die YKO war am 28. Juli 1942 von mehreren zionistischen Bewegungen gegründet worden. Die Kommunisten, die Bundisten und der linke und rechte Flügel der Poalei Tzion traten der YKO im Oktober 1942 bei.

24 Unter den wichtigsten Anführern des Aufstands, die überlebten, war auch Icchak Cukierman (Antek), ein Mitglied der zionistischen Dror-Bewegung, der seine Erinnerungen 1990 auf Hebräisch veröffentlichte. Sie erschienen auf Englisch 1993 bei der University of California Press unter dem Titel *A Surplus of Memory: Chronicle of the Warsaw Ghetto Uprising*.

25 Die Adressen der Räumlichkeiten, in denen die bundistische Untergrundpresse gedruckt wurde, weichen jedoch von Quelle zu Quelle ab. So geben Barbara Engelking und Jacek Leociak In ihrem Buch *The Warsaw Ghetto: A Guide to a Perished City*, New Haven / London: Yale University Press, 2009 [[1]2001], S. 673, andere Adressen an als die Bundisten in ihren Memoiren.

26 Zu den Oneg-Shabbat-Archiven siehe Samuel D. Kassow, *Ringelblums Vermächtnis: Das geheime Archiv des Warschauer Ghettos*, Reinbek bei Hamburg: Rowohlt, 2010. Die Historikerin Martyna Rusiniak-Karwat war die Erste, die die geheimen Archive des Bund im Warschauer Ghetto erforschte. Zu diesem Thema siehe M. Edelman, *Nieznane Zapiski*, a. a. O., S. 127–148.

27 S. Kassow, *Ringelblums Vermächtnis*, a. a. O.; Ruta Sakowska,

»Grupa Ringelbluma a Bund«, in: Feliks Tych und Jürgen Hensel (Hrsg.), *Bund, 100 lat historii 1897–1997*, Warschau: Volumen, 2000, S. 271–282.

28 Es gibt allerdings auch Bundisten, die nur in *Das Ghetto kämpft* und nicht in den *Erinnerungen* erwähnt werden.

29 In der sogenannten »Blutnacht« vom 17. auf den 18. April 1942 nahmen die Deutschen 52 Personen in ihren Wohnungen fest und erschossen sie an Ort und Stelle oder auf den Straßen des Ghettos. Die Verhafteten standen auf einer zuvor erstellten Liste mit 60 Namen, die auch eine Reihe von Widerstandskämpfern enthielt.

30 Das gilt zum Beispiel für J. Kermisz, *Powstanie w getcie warszawskim*, a. a. O., das 1948 auch auf Jiddisch erschien, und für *Powstanie w getcie warszawskim na tle ruchu oporu w Polsce*, a. a. O., das Werk des kommunistischen Historikers und Direktors des Jüdischen Historischen Instituts in Warschau Bernard Mark, das lange Zeit als Standardwerk galt und in mehrere Sprachen übersetzt wurde (dt.: Bernard Mark, *Der Aufstand im Warschauer Ghetto: Entstehung und Verlauf*, a. a. O.). Zudem waren in den Jahren 1947, 1948 und 1963 die Erinnerungen dreier überlebender Bundisten aus dem Warschauer Ghetto, Bernard Goldsztejn, Władka Meed und Celek Celemeński, auf Jiddisch veröffentlicht worden (siehe die Nachweise im Literaturverzeichnis; dort ist auch die 1999 erschienene deutsche Übersetzung des Buches von Władka Meed aufgeführt).

31 In polnischer Sprache wurde noch ein weiterer bundistischer Zeugenbericht über das Warschauer Ghetto veröffentlicht, nämlich *Ala z elementarza* von Marek Edelmans Ehefrau Alina Margolis-Edelman, der 1994 in London bei Aneks und 1997 unter dem Titel *Je ne le répéterai pas, je ne veux pas le répéter* in Paris bei den Éditions Autrement auf Französisch erschien (dt.: *Als das Ghetto brannte: Eine Jugend in Warschau*, Berlin: Metropol, 1999). Weitere Zeugnisse von Bundisten sind im Literaturverzeichnis aufgeführt.

32 H. Krall und M. Edelman, *Schneller als der liebe Gott*, a. a. O., S. 104.

33 Die von Edelman 1967/68 verfassten Texte, die Joanna Szczęsna in ihrem in den Anmerkungen 7 und 8 genannten Artikel »Portret

Marka Edelmana i Antka Cukiermana« erwähnt, wurden ihr zufolge an mehrere Zeitungen geschickt, die sich aber alle geweigert hätten, sie abzudrucken. Władysław Machejek, der Chefredakteur der *Życie Literackie*, habe Edelman in aller Offenheit gesagt, dass er befürchte, ihre Veröffentlichung würde Wasser auf die Mühlen der »Feinde Polens« leiten. Laut einem in Edelmans Privatarchiv befindlichen Brief, den Hersz Smolar, der Redakteur der jiddischen Tageszeitung *Folksshtime*, am 13. Januar 1968 an Edelman schrieb, wollte der Journalist, der von Edelmans Gesprächen mit Machejek wusste, die diesem angebotenen Texte in seiner eigenen Zeitung oder in deren in polnischer Sprache erscheinender Jugendbeilage *Nasz Głos* veröffentlichen. Offenbar ist das jedoch nicht geschehen. Den Erinnerungen seines Sohnes Aleksander zufolge hätte Marek Edelman, verärgert darüber, dass die Zensur sogar die Veröffentlichung in der jüdischen Presse verhinderte, gern einige seiner Texte in einer der genannten Periodika veröffentlicht. Aleksander Edelman glaubt, dass es sich bei den Texten, die Władysław Machejeks Zeitung angeboten wurden, um die Erinnerungen aus den Notizbüchern gehandelt habe. Er weiß auch, dass die Zeitschriften *Kultura* und *Polityka* Texte abgelehnt haben (siehe sein Vorwort in diesem Buch), und glaubt, es habe sich ebenfalls um die Texte der Notizbücher gehandelt. Wir haben keine weiteren Quellen zu diesem Thema, die uns erlauben würden, seine Erinnerungen mit ihnen zu vergleichen. Es scheint, dass Marek Edelman später nie wieder versucht hat, die besagten Texte aus den 1960er Jahren zu veröffentlichen.

34 Siehe Audrey Kichelewski, *Les Survivants: Les Juifs de Pologne depuis la Shoah*, Reihe »Contemporaines«, Paris: Belin, 2018, S. 171–206. Agata Tuszyńska hat Aussagen polnischer Juden über diese Zeit veröffentlicht: *Affaires personnelles*, Paris: Éditions de l'Antilope, 2020 [[1]2018].

35 A. Margolis-Edelman, *Als das Ghetto brannte*, a. a. O.

36 Zum Bund nach dem Krieg siehe David Slucki, *The International Jewish Labor Bund after 1945: Toward a Global History*, New Brunswick (NJ) / London: Rutgers University Press, 2011.

37 1916 in Galizien gegründete linkszionistische Jugendorganisation, die vor allem im unabhängigen Polen großen Zulauf hatte und ihre

Mitglieder auf die Einwanderung nach Palästina und die Gründung von Kibbuzim vorbereitete. Die Mitglieder des Hashomer Hatzair (»der junge Wächter«) arbeiteten bis zur Gründung des Staates Israel auf die illegale Einwanderung nach Palästina hin.

38 Die Vorbemerkung zur jiddischen Fassung von *Das Ghetto kämpft*, deren erste Hälfte 1948 in dem Band *In di yorn fun yidishn khurbn* (a. a. O.) veröffentlicht wurde, erinnert beispielsweise daran, dass Edelman »eine der wichtigsten Führungsfiguren des heldenhaften Widerstands im Ghetto« war (S. 153). Den Historikern Avinoam Patt, David Slucki und Simon Perego zufolge wurde in bundistischen Kreisen der Vereinigten Staaten und Frankreichs jedoch vor allem der verstorbenen Bundisten Michał Klepfisz, Abrasza Blum und Szmul Zygielbojm gedacht: vgl. die Sonderausgabe von *American Jewish History*, a. a. O., und Simon Perego, *Pleurons-les: Les Juifs de Paris et la commémoration de la Shoah (1944–1967)*, Reihe »Epoques«, Ceyzérieu: Champ Vallon, 2020, S. 189. Andererseits erwähnt *La Voix du peuple massacré*, a. a. O., die Publikation der Jugendorganisation des Bund in Frankreich über den Aufstand im Warschauer Ghetto, auf ihren 80 Seiten Marek Edelman nicht ein einziges Mal, sondern ehrt die mit der Waffe in der Hand gestorbenen Bundisten. Das Bild Marek Edelmans in der jüdischen Welt muss jedoch noch erforscht werden. Die Historikerin Gali Drucker-Bar Am berichtet nämlich, dass die israelische jiddische Tageszeitung *Letste nayes*, die keine bundistische Zeitung war, 1954 einen Bericht Edelmans über den Aufstand im Warschauer Ghetto veröffentlicht habe: siehe »›May the Makom Comfort You‹: Place, Holocaust Remembrance, and the Creation of National Identity in the Israeli Yiddish Press 1948–1961«, in: *Yad Vashem Studies* 42 (2014) H. 2, S. 163.

39 1946 und 1947 hatte der ehemalige Aufständische am 19. April das schlichte erste, von Leon Marek Suzin geschaffene Ehrenmal zum Gedenken an den Ghettoaufstand vom April und Mai 1943 besucht. Siehe hierzu Elżbieta Janicka, »The Square of Polish Innocence: POLIN Museum of the History of Polish Jews in Warsaw and its Symbolic Topography«, in: *East European Jewish Affairs* 45 (2015) H. 2/3, S. 200–214. Ab 1948 gedachte er des Aufstands stets vor dem Denkmal von Nathan Rapoport. Nur in einem einzigen

Jahr war es ihm nicht möglich, dort am 19. April zu erscheinen: 1983, während der Proteste, zu denen die Gewerkschaft Solidarność aufgerufen hatte, boykottierte er, darin von vielen Regimegegnern unterstützt, die offizielle Zeremonie. In Łódź unter Hausarrest stehend, konnte er auch nicht an der von ihm selbst organisierten Gedenkfeier zum 17. April teilnehmen, die am Rande der offiziellen Zeremonie stattfand. Zum Denkmal siehe A. Kichelewski, *Les Survivants*, a. a. O., S. 239–241.

40 Dies war schon bei dem Interview der Fall gewesen, das der Journalist Émile Guikovaty mit Edelman geführt hatte (www.cairn.info/revue-le-monde-juif-1975-3-page-21.htm) und das am 5. Mai 1975 im französischen Nachrichtenmagazin *L'Express* erschienen war.

41 The Marek Edelman Dialogue Center / Centrum Dialogu im. Marka Edelmana.

42 Jan Tomasz Gross, *Sąsiedzi: Historia zagłady żydowskiego miasteczka*, Sejny: Fundacja Pogranicze, 2000. Dt.: *Nachbarn: Der Mord an den Juden von Jedwabne*, München: C.H. Beck, 2001. (Anm. d. Übers.)

43 Audrey Kichelewski, »Une figure transactionnelle: Jonny Daniels. La reconstruction de la ›question juive‹ par le PiS depuis 2015«, in: *Revue d'études comparatives Est-Ouest* 1 (2020) S. 135–158; Valentin Behr, »Les discussions sur la Shoah en Pologne, miroir grossissant des polarisations du champ historien«, in: Audrey Kichelewski, Judith Lyon-Caen, Jean-Charles Szurek und Annette Wieviorka (Hrsg.), *Les Polonais et la Shoah: Une nouvelle école historique*, Paris: CNRS Éditions, 2019, S. 275–290; Jolanta Kurska, »Pologne: Une ›contre-révolution culturelle‹?«, in: *Commentaire* 2 (2019) S. 303–308. Zu den neueren Forschungen über Polen und die Shoah siehe A. Kichelewski, J. Lyon-Caen [u. a.] (Hrsg.), *Les Polonais et la Shoah*, a. a. O. Dieses Buch ist übrigens aus dem Kolloquium »Die neue polnische Schule der Geschichtsschreibung über die Shoah« hervorgegangen, das im Februar 2019 an der Pariser École des hautes études en sciences sociales stattfand: einer Veranstaltung, die in Polen sehr negative Medienberichte erhielt und von anwesenden polnischen Nationalisten empfindlich gestört wurde. Zu diesem Kolloquium siehe Judith Lyon-Caen, »Les historiens

face au révisionnisme polonais«, in: *La Vie des idées*, 5.4.2019 (www.laviedesidees.fr/Les-historiens-face au-revisionnisme-polonais.html).

44 M. Edelman, *Nieznane zapiski*, a. a. O.

ERSTES NOTIZBUCH

1 Diese Szene trug sich zwischen November 1940 und Januar 1942 im Warschauer Ghetto zu. Das Ghetto bestand aus zwei Komplexen, die durch die Chłodna-Straße voneinander getrennt waren: Das »Große Ghetto« lag nördlich, das »Kleine Ghetto« südlich dieser Straße. An der Kreuzung Chłodna-/Żelazna-Straße befand sich ein Fußgängerüberweg, auf dem die Menschen die Chłodna Straße überqueren konnten. Dieser Übergang wurde jedoch nur von Zeit zu Zeit geöffnet, was zu langen Wartezeiten auf engem Raum führte. Die jüdischen Ghettobewohner fürchteten diesen Bereich, weil sie dort immer wieder Gewalttaten der Deutschen erlebten. Im Januar 1942 wurde der Übergang durch eine Brücke überbaut und ersetzt, die die beiden Teile des Ghettos miteinander verband. Obwohl sie nur einige Monate lang in Gebrauch war – bis zu den Deportationen vom Sommer 1942 –, wurde sie nach dem Krieg zum Symbol für das Warschauer Ghetto.

2 Hier kursiv gesetzte Begriffe sind auch im Original deutsch. (Anm. d. Übers.)

3 Helena (Hela) Keilson war Ärztin im Kinderkrankenhaus Bersohn-Bauman, für das Marek Edelman als Kurier arbeitete (siehe ihren Eintrag im Kapitel »Biographien«).

4 Der Nazi-Arzt Dr. Kurt Schrempf war bis Anfang 1941 Leiter des Gesundheitsamts der deutschen Stadtverwaltung in Warschau.

5 Marek Edelman arbeitete seit Kriegsbeginn als Kurier für das berühmte Kinderkrankenhaus Bersohn-Bauman in Warschau, das 1876/78 von zwei Familien jüdischer Philanthropen gegründet worden war. Dank dieser Tätigkeit erhielt er einen Passierschein für den Aufenthalt auf der »arischen Seite«, in der er Gesundheitsberichte und Blutproben abgab. Edelman nutzte seine Gelegenheiten, das Ghetto zu verlassen, um die Untergrundpresse des

Bund in Umlauf zu bringen und mit den Polnischen Sozialisten zu kommunizieren.

6 Polska Partia Socjalistyczna: Polnische Sozialistische Partei.

7 Diese Szene trug sich vor der Einrichtung des Warschauer Ghettos im Oktober 1940 zu.

8 Anfang Oktober 1939, in den ersten Wochen nach der Besetzung Warschaus, führten deutsche Soldaten in den Straßen der Stadt Razzien zur Festnahme von Menschen für die Zwangsarbeit durch. Am 26. Oktober 1939 wurde Zwangsarbeit für die Warschauer Juden offiziell eingeführt. Der Judenrat hatte den Auftrag, den Deutschen ein bestimmtes Kontingent an Arbeitskräften zur Verfügung zu stellen.

9 Marschall Józef Piłsudski (1867–1935) kämpfte während des Ersten Weltkriegs in den Reihen der von ihm gegründeten Polnischen Militärorganisation (Polska Organizacja Wojskowa, POW) für die Unabhängigkeit seines Landes und stand von 1918 bis 1922 an der Spitze des polnischen Staates. Nach einem 1926 unter seiner Führung verübten Staatsstreich wurde er Verteidigungsminister einer von den Konservativen unterstützten autoritären Regierung; er hatte dieses Amt bis zu seinem Tod inne.

10 Ignacy Mościcki (1867–1946), Mitglied der Polnischen Sozialistischen Partei, kämpfte leidenschaftlich für die Unabhängigkeit Polens. Nach Piłsudskis Staatsstreich von 1926 wurde er zum Präsidenten der Polnischen Republik gewählt. Er übte dieses Amt bis zum deutschen Überfall auf Polen im September 1939 aus. Die Kriegsjahre und den Rest seines Lebens verbrachte er in der Schweiz.

11 Edward Rydz-Śmigły (1886–1941) war Marschall der polnischen Armee und Unterstützer Józef Piłsudskis.

12 Gemeint ist wohl eher: »Die Polen brauchen keine Fensterscheiben.«

13 Der am 19. und 23. August 1939 unterzeichnete Deutsch-Sowjetische Nichtangriffspakt, nach dem deutschen und dem sowjetischen Außenminister auch Ribbentrop-Molotow Pakt genannt, enthielt außer dem (zehnjährigen) Nichtangriffspakt, dem er seinen Namen verdankt, und einem Wirtschaftsabkommen auch eine geheime Vereinbarung, die die Aufteilung Polens und ande-

rer Gebiete Osteuropas in sowjetische und deutsche Einflussbereiche vorsah. Daher konnte die Wehrmacht am 1. September 1939 in Polen einmarschieren, ohne dass das Deutsche Reich eine sowjetische Intervention befürchten musste. Die Sowjets drangen ab 17. September in Ostpolen ein. Die Teilung Polens in zwei von diesen beiden Mächten beherrschte Zonen wurde im Herbst 1939 abgeschlossen. Dieser Status quo endete im Juni 1941 mit dem Einmarsch der Deutschen in die sowjetische Zone.

14 Die Typhusepidemie im Warschauer Ghetto erreichte im Frühjahr 1941 ihren Höhepunkt.

15 Mit dem Weil-Felix-Test kann Typhus nachgewiesen werden. Als Kurier des Bersohn-Bauman-Krankenhauses überbrachte Marek Edelman die im Ghetto abgenommenen Blutproben. Das städtische Hygienezentrum in der Nowogrodzka-Straße befand sich südlich des Ghettos.

16 Diese Kreuzung lag außerhalb des Ghettos, vor seinem Südwesttor.

17 Gemeint ist wahrscheinlich Avigdor Mendelsohn, der ältere Bruder des berühmten Bundistenführers Szlojme Mendelsohn (1896–1948). Avigdor Mendelsohn und seine Frau Fejge (Fanny) starben unter unbekannten Umständen im Warschauer Ghetto.

18 Akute Entzündung des Gehirns.

19 Der Warschauer Bundist Welwel Rozowski (1915–1943) arbeitete mit Marek Edelman beim Drucken von Untergrundzeitungen zusammen (siehe seinen Eintrag im Kapitel »Biographien«).

20 Name einer Firma, die Maschinen zur Vervielfältigung von Dokumenten herstellte.

21 Wir haben keine Informationen über die Identität dieser Person. Gemeint sein könnte Zalmen (Zygmunt) Frydrych oder Baruch Zyferman (siehe die Einträge dieser beiden Männer im Kapitel »Biographien«). Der Historikerin Martyna Rusiniak-Karwat zufolge soll es sich um einen gewissen Baruch Zalcman handeln, über den wir aber nichts weiter wissen.

22 Die bundistische Widerstandskämpferin Rywka (Stasia) Rozensztajn war damals die Lebensgefährtin von Marek Edelman (siehe ihren Eintrag im Kapitel »Biographien«).

23 Das *Byuletin* war die erste und wichtigste bundistische Publika-

tion im Warschauer Ghetto mit Beiträgen in jiddischer Sprache. Sie erschien zeitweilig mehrmals im Monat. Laut den Recherchen von Martyna Rusiniak Karwat erschien die erste Ausgabe im Mai 1940, während die letzte bekannte Ausgabe auf den 20. Dezember 1941 datiert ist. Marek Edelman arbeitete am Druck und an der Verbreitung mehrerer Untergrundzeitungen, unter anderem des *Byuletin*, mit. In seinem Bericht *Getto walczy* (dt. *Das Ghetto kämpft*) aus dem Jahr 1945 schrieb er, dass das *Byuletin* in einer Auflage von 300 bis 500 Exemplaren gedruckt worden sei. *In heldishn gerangl*, S. 272, bestätigt diese Auflagenspanne für jede Untergrundpublikation des Bund im Warschauer Ghetto.

24 Diese im Ghetto gelegene Adresse ist wichtig für die bundistische Geschichte Warschaus. Das Haus in der Nowolipie-Straße 7 beherbergte vor dem Krieg die Büros der Bund-Tageszeitung *Folkstsaytung* und den Sitz der Buchbinder-Genossenschaft. Laut den in *Die Liebe im Ghetto* veröffentlichten Erinnerungen Marek Edelmans befand sich die Redaktion der *Folkstsaytung* damals im ersten Stock, die Druckerei im Erdgeschoss (a. a. O., S. 22). Von Frühjahr 1940 bis Anfang 1941 druckten Edelman und andere Bundisten nachts im Keller des Hauses Untergrundzeitungen. Dem Bundisten Celek (Jakub, Jacob) Celemenski zufolge wurden in dem Haus, in dem im fünften Stock die Parteiaktivistin und Ehefrau des Bundistenführers Emanuel Nowogródzky, Sonia Nowogródzka, wohnte (siehe ihren Eintrag im Kapitel »Biographien«), auch Sitzungen des illegalen Zentralkomitees des Bund abgehalten. In dem jiddischsprachigen Buch *Novolipye 7*, das 1955 in Buenos Aires erschien, erinnert sich der Bundist Boruch Szefner an die politischen Aktivitäten, die vor dem Krieg in diesem Haus stattfanden, an die Aktivisten, die dort in der Redaktion der *Folkstsaytung* arbeiteten, und an die Leser der Zeitung. Laut dem Buch *In heldishn gerangl* war das Haus in der Nowolipie-Straße 7, genauer die Wohnung von Berek Sznajdmil, während des Krieges der Hauptversammlungsort der bundistischen Kämpfer.

25 Maurycy Orzech war ein bundistischer Funktionär, der sowohl im polnischen politischen Leben der Zwischenkriegszeit als auch im Warschauer Widerstand sehr aktiv war (siehe seinen Eintrag im Kapitel »Biographien«).

26 Orzech wurde Ende 1940 oder Anfang 1941 von den Deutschen verhaftet. Die Gründe dafür konnten weder von Historikern noch von Zeitzeugen geklärt werden.

27 Abrasza Blum war eine der jungen Säulen des bundistischen Widerstands im Warschauer Ghetto und ein Freund Marek Edelmans (siehe seinen Eintrag im Kapitel »Biographien«).

28 Abraham Szmuel Sznajdmil (Pseudonym Berek, auch Adam genannt) war ein junges Mitglied des bundistischen Widerstands, das unter anderem in der Redaktion der Untergrundpresse arbeitete (siehe seinen Eintrag im Kapitel »Biographien«).

29 Bernard Goldsztejn war in der Zwischenkriegszeit ein führender Funktionär des Bund gewesen. Im Ghetto war er der Älteste unter denen, die den Widerstand der Bundisten leiteten (siehe seinen Eintrag im Kapitel »Biographien«).

30 Marek Edelman wendet sich hier an seine Frau Alina Margolis-Edelman, der sein Text gewidmet ist (siehe seine Notiz am Ende).

31 Marek Edelman spielt hiermit wahrscheinlich auf eine Untergrundzelle von fünf jungen Bundisten an, der er angehört haben muss. Der Bund und seine Jugendorganisation Tsukunft pflegten ihre Widerstandsarbeit um Gruppen von fünf Mitgliedern herum zu organisieren. Im weiteren Verlauf des Textes wird mehrfach auf solche Besprechungen Bezug genommen.

32 Das seit dem 19. Jahrhundert bestehende Warschauer Gefängnis Pawiak befand sich innerhalb des Ghettos zwischen der Dzielna- und der Pawia-Straße. Während der Besatzung stellten Polen aus Warschau, sowjetische Kriegsgefangene und Juden (hauptsächlich gefasste Ghettoflüchtlinge) die Mehrheit der Insassen. Die Häftlinge wurden in dem Gefängnis erschossen oder in verschiedene Lager verlegt. Die Deutschen zerstörten das Pawiak im August 1944.

33 Gemeint ist wahrscheinlich die Frau von Maurycy Orzech, die 1944 auf der »arischen Seite« Warschaus unter unbekannten Umständen starb.

34 Laut Aussage des Bundistenführers Bernard Goldsztejn hatte der Bund unter anderem folgende Kommissionen gegründet: medizinische Hilfe, Wirtschaft, Finanzen, Archive und Selbstverteidigung.

35 Der Drucker Lozer Klog (1887–1943), eines der ältesten Mitglieder des Bund im Ghetto, beteiligte sich am Widerstand der Partei (siehe seinen Eintrag im Kapitel »Biographien«).

36 Die erste Ausgabe der *Yugnt-shtime*, der wichtigsten Untergrundzeitung der Tsukunft im Warschauer Ghetto, erschien im Oktober 1940. Laut Bernard Goldsztejns Erinnerungen erschien die Zeitung ein- oder zweimal im Monat, und Verbindungsleute verbreiteten sie in ganz Polen. In seinem Buch *Notre liberté et la vôtre: Le mouvement ouvrier juif BUND en Pologne 1939–1949* zitiert der Historiker Daniel Blatman eine Quelle, nach der die Zeitung von Januar bis März 1941 von schätzungsweise 3000 Personen gelesen wurde. Blatman schreibt außerdem, dass *Yugnt-shtime* mit der Verwendung von Slogans, die denen der Publikationen der anderen politischen Parteien ähnelten, das Ziel verfolgte, »der Jugend wieder Korpsgeist, Grund zur Hoffnung und die Energie zu vermitteln, die nötig war, um die Situation zu ertragen«. Von den anderen Zeitungen habe die *Yugnt-shtime* sich allerdings dadurch unterschieden, dass ihre Macher geglaubt hätten, die Verbindungen zu den polnischen sozialistischen Genossen seien durch die Ghettomauern nicht unterbrochen. Im Dezember 1940 etwa habe die Zeitung dies so zum Ausdruck gebracht: »Wir leben nicht mehr in jenen fernen Tagen, in denen Juden in Ghettos eingesperrt wurden. […] Wir wissen heute, dass uns, selbst wenn man uns isolieren will, Tausende von Fasern mit allen Arbeitern, allen Proletariern auf der anderen Seite verbinden. Unsere Gedanken sind bei ihnen, und wir sind überzeugt, dass sie auch von ganzem Herzen bei uns sind.« (S. 76). Die *Yugnt-shtime* hielt zwar an ihrer ideologischen Linie fest, versuchte aber, so nah wie möglich an den Interessen der Jugend zu bleiben: So veröffentlichte die Zeitung – im Unterschied zur strikt politischen Linie der anderen Untergrundpublikationen des Bund – Berichte über das Leben der Jugend im Ghetto.

Da die Auflage sehr klein war, gaben die Leute die Zeitung nach dem Lesen zurück, um eine größere Verbreitung zu ermöglichen.

37 1941.

38 Alter Bas war ein junger bundistischer Widerstandskämpfer, der

insbesondere für die Verbreitung von Untergrundpublikationen zuständig war (siehe seinen Eintrag im Kapitel »Biographien«).

39 Der Historiker Daniel Blatman schreibt in *Notre liberté et la vôtre*, dass die Verhaftung von Alter Bas die illegale Arbeit des Bund für einige Zeit gelähmt habe. Da sie befürchteten, dass Bas unter der Folter die Namen von Genossen preisgeben würde, hätten die Bundisten, die mit ihm in Verbindung gestanden hatten, Warschau verlassen müssen. Als sicher war, dass der junge Bas den Deutschen keine Informationen geliefert hatte, habe die Partei ihre Aktivitäten wiederaufgenommen.

40 Die 1911 gegründete und 1916 dem Bund angegliederte Tsukunft war die Jugendorganisation der Partei. Daniel Blatman zitiert in *Notre liberté et la vôtre* einen Bericht, in dem die Zahl der von Juli 1941 bis März 1942 im Warschauer Ghetto lebenden Tsukunftisten auf 400 geschätzt wird. Seiner Meinung nach »beschränkte sich die Arbeit des Bund im Ghetto in Wirklichkeit auf die Arbeit der Tsukunft« (S. 83), die sich intensiv den Kindern und Jugendlichen gewidmet und weit mehr Aktivisten gehabt habe als die Partei, der sie untergeordnet war.

41 Henech Russ war ein junger bundistischer Widerstandskämpfer, der unter anderem in der Redaktion der Untergrundpresse arbeitete (siehe seinen Eintrag im Kapitel »Biographien«).

42 I. Warszawski war Buchbinder von Beruf. Unseren Quellen ist mehr über ihn nicht zu entnehmen.

43 Baruch Zyferman beteiligte sich am bundistischen Widerstand im Warschauer Ghetto. Als gelernter Drucker arbeitete er mit Marek Edelman und Blumka Klog bei der Herstellung bundistischer Untergrundzeitungen zusammen. In Bezug auf die Umstände seines Todes weichen die Quellen voneinander ab.

44 Kazimierz war der Name eines jüdischen Viertels in Krakau. Auf welche Lokalität genau sich Marek Edelman hier bezieht, geht aus unseren Quellen nicht hervor.

45 *Di parizer komune*, 1941 im Warschauer Ghetto veröffentlicht, wurde 1948 neu aufgelegt. In dieser zweiten Auflage enthält Marek Edelmans Vorwort Informationen über den Kontext, in dem das Buch im Ghetto erschienen war: In einem kleinen, dunklen Zimmer in der Pawia-Straße 68 hatten Welwel Rozowski, Blumka

Klog, Baruch Zyferman und Marek Edelman, unterstützt von Rywka Rozensztajn, Hersz Cyna als Illustrator und einigen anderen Genossinnen und Genossen vier Tage und vier Nächte lang an dieser Publikation gearbeitet. Trotz der verzweifelten Lage, in der sich das Ghetto im März 1941 befand, »fiel Tsukunft nicht auseinander, sondern leistete breitgefächerte politische und Bildungsarbeit: Um in diesen so dunklen Tagen Mut zu machen und Trost zu spenden, wurde die Textsammlung ›Parizer komune‹ konzipiert und veröffentlicht. Die Broschüre stellte eines der heroischsten Kapitel des proletarischen Kampfes dar und zeigte den Juden im Ghetto den Weg zur Befreiung – den siegreichen Kampf des Sozialismus gegen den Faschismus.«

46 1941.

47 Blume (Blumka) Klog, Mitglied der Tsukunft, war eine der beiden Töchter des Bundisten und Druckers Lozer Klog. Sie wurde 1944 ermordet, als sie zusammen mit Henech Russ und seiner Frau versuchte, aus dem Lager Skarżysko-Kamienna zu fliehen.

48 Anka Wołkowicz verbreitete im Warschauer Ghetto Untergrundzeitungen des Bund. Sie wurde im September 1942 in Treblinka ermordet.

49 Dieses Wort ist unleserlich. Gemeint ist wahrscheinlich »eineinhalb *Monate*«.

50 Der Bund betrieb bis zu zehn Volkskantinen im Warschauer Ghetto (die auch für Versammlungen und kulturelle Aktivitäten genutzt wurden). Die Bundisten Celek Celemeński und Bernard Goldsztejn haben in ihren Erinnerungen geschrieben, dass eine Volksküche des Bund von einer Genossin namens Basia Buksowa (Buks) betrieben worden sei. Vielleicht ist mit »Berksowa« diese Basia Buksowa gemeint. Laut Bernard Goldsztejns und Marek Edelmans Erinnerungen (für Letztere siehe *Die Liebe im Ghetto*) befand sich die Kantine von Basia Buksowa in der Dzielna-Straße 31. Andere Quellen geben jedoch andere Adressen an.

51 Bernard Goldsztejn bestätigt in seinem Buch, dass sich eine Druckerei bei einem gewissen Berenbaum (von Marek Edelman auch »Barenbaum« geschrieben) befand. Der Historikerin Martyna Rusiniak-Karwat zufolge handelte es sich um Eliasz Barenbaum, der Gewerkschafter in Warschau war. In *Das Ghetto kämpft*

schreibt Marek Edelman, dass die Deutschen in der »Blutnacht« vom 17. auf den 18. April 1942 nach einem gewissen Barenbaum gefahndet hätten. Zu den Ereignissen dieser Nacht siehe Anmerkung 77.

52 Martyna Rusiniak-Karwat hat zwölf vom Bund oder von der Tsukunft im Warschauer Ghetto herausgegebene Untergrundzeitungen ermittelt – neun in jiddischer, drei in polnischer Sprache. Von einigen Publikationen ist nur eine einzige Ausgabe nachgewiesen, bei anderen sind es mehr als zehn: *Byuletin* (zwanzig Ausgaben im Zeitraum vom Mai 1940 bis zum 20. Dezember 1941); *Der veker. Informatsye byuletin* (dreizehn Ausgaben im Zeitraum vom 18. Januar bis zum 30. April 1942); *Dos fraye vort* (eine Ausgabe nachgewiesen, erschienen am 23. Mai 1942); *Za Naszą i Waszą Wolność* (zwölf Ausgaben nachgewiesen, die erste erschienen vor März 1941, die letzte im Mai 1942); *Der glok* (eine Ausgabe nachgewiesen, erschienen am 29. Juni 1942); *Der shturem* (eine Ausgabe nachgewiesen, erschienen am 5. Juli 1942); *Oyf der vakh* (drei Ausgaben nachgewiesen, die erste erschienen am 20. September, die letzte am 26. Dezember 1942); *Yugnt-shtime* (sechzehn Ausgaben im Zeitraum vom Oktober 1940 bis zum März 1942); *Yunge gvardye* (eine Ausgabe nachgewiesen, erschienen im Juli 1941); *Tsayt-fragn* (zwei Ausgaben nachgewiesen, erschienen im November und Dezember 1941); *Trybuna Młodych* (eine Ausgabe nachgewiesen, erschienen im März 1941); *Nowa Młodzież* (zwei Ausgaben nachgewiesen, erschienen im Februar und im April 1942).

53 Bundistische Untergrundzeitung, siehe die vorige Anmerkung.

54 Gemeint ist der 15. April 1942.

55 Das Wohnungsamt war das für Wohnungsfragen im Ghetto zuständige Ressort des Judenrats.

56 Fred Orlean war ein jüdischer Kollaborateur der Gestapo im Warschauer Ghetto; er wurde während des Ghettoaufstands von einem Mitglied der Jüdischen Kampforganisation umgebracht.

57 Richtig ist wahrscheinlich der 16., nicht der 18. April 1942.

58 Der 1926 in Polen gegründete Sotsyalistishe kinder-farband war die für Kinder bestimmte Organisation des Bund.

59 Pola Lipszyc beteiligte sich zusammen mit anderen jungen Bun-

distinnen an nachrichtendienstlichen Operationen für den bundistischen Widerstand (siehe ihren Eintrag im Kapitel »Biographien«).

60 Die Karmelicka-Straße verläuft senkrecht zur Nowolipie-Straße.

61 Zośka Goldblat beteiligte sich zusammen mit anderen jungen Bundistinnen an nachrichtendienstlichen Operationen für den bundistischen Widerstand (siehe ihren Eintrag im Kapitel »Biographien«).

62 Nach Marek Edelmans Erinnerungen in *Das Ghetto kämpft* gehörte Łajcia Blank zur selben Gruppe, die nachrichtendienstliche Operationen durchführte, wie Pola Lipszyc. Unsere Quellen enthalten keine weiteren Informationen über sie.

63 Wie Pola Lipszyc und Zośka Goldblat beteiligte sich auch Cywia Waks an nachrichtendienstlichen Operationen für den bundistischen Widerstand (siehe ihren Eintrag im Kapitel »Biographien«).

64 Unsere Quellen enthalten keine Informationen über sie.

65 Tobcia Dawidowicz war eine junge bundistische Widerstandskämpferin (siehe ihren Eintrag im Kapitel »Biographien«).

66 Miriam Szyfman-Fajner war eine junge bundistische Widerstandskämpferin (siehe ihren Eintrag im Kapitel »Biographien«).

67 Stefa Moryc, Mitglied der Tsukunft, war im bundistischen Widerstand aktiv. Sie verbreitete illegale Publikationen des Bund im Warschauer Ghetto und beteiligte sich während des Aufstands im April und Mai 1943 an den Kämpfen.

68 Jurek Błones war ein junger bundistischer Widerstandskämpfer, der unter anderem am Druck von Untergrundzeitungen mitarbeitete (siehe seinen Eintrag im Kapitel »Biographien«).

69 Janek Bilak beteiligte sich am bundistischen Widerstand. Er fuhr eine Rikscha, die Marek Edelman mehrmals benutzte (siehe Bilaks Eintrag im Kapitel »Biographien«).

70 Abram Fajner war ein junger bundistischer Widerstandskämpfer (siehe seinen Eintrag im Kapitel »Biographien«).

71 Gemeint ist wahrscheinlich Guta Błones, die Schwester von Jurek und Lusiek Błones. Sie und ihre Brüder waren nach dem Aufstand im Warschauer Ghetto in dem östlich der Hauptstadt gelegenen Dorf Płudy untergetaucht, wurden dort aber von den Deutschen aufgespürt und ermordet.

72 1942.

73 Die auf deutsche Initiative hin gegründete polnische Polizei, die wegen der Farbe ihrer Uniformen »Blaue Polizei« genannt wurde, bestand aus ehemaligen Mitgliedern der Vorkriegspolizei und einer Reihe deutschstämmiger Polen ohne einschlägige Ausbildung. Viele ihrer Mitglieder profitierten persönlich von der Verfolgung der Juden. Im Sommer 1942 wirkte die polnische Polizei an den Deportationen aus dem Warschauer Ghetto mit.

74 Der sogenannte »Ordnungsdienst« war die jüdische Polizei, die die Deutschen im Oktober/November 1940 im Zuge der Einrichtung des Ghettos aufgestellt hatten. Die rund 2000 Mitglieder waren zum großen Teil Männer aus der Mittel- und Oberschicht. Eine ihrer Hauptaufgaben war zunächst die Bekämpfung des Schmuggels, an dem sich allerdings viele Polizisten selbst beteiligten. Die Beziehungen zwischen der jüdischen Polizei und der Ghettobevölkerung verschlechterten sich, als Erstere im Frühjahr 1941 den Befehl befolgte, Menschen für die Zwangsarbeit zusammenzutreiben. Die Beteiligung jüdischer Polizisten an den Razzien vom Juli und August 1942 zum Zweck der Festnahme von Juden zur Deportation ins Vernichtungslager Treblinka führte zum endgültigen Bruch zwischen der Ghettobevölkerung und der jüdischen Polizei.

75 Diese im Frühjahr 1940 aufgestellten Hilfstruppen der Nazis bestanden hauptsächlich aus »ethnisch« deutschen Polen. Sie erfüllten Verwaltungs-, Sicherheits- und Polizeiaufgaben im Generalgouvernement und waren an der Verfolgung und Vernichtung von Juden beteiligt.

76 Sonia Nowogródzka war in der Zwischenkriegszeit bundistische Funktionärin gewesen. Sie beteiligte sich am Widerstand im Ghetto (siehe ihren Eintrag im Kapitel »Biographien«).

77 In der sogenannten »Blutnacht« vom 17. auf den 18. April 1942 verhafteten die Deutschen 52 Personen in ihren Wohnungen und erschossen sie an Ort und Stelle oder auf den Straßen des Ghettos. Die Verhafteten standen auf einer Liste mit 60 Namen, die auch eine Reihe von Widerstandskämpfern enthielt. Dem Historiker Daniel Blatman zufolge wurden in dieser Nacht mehrere Mitglieder der illegalen Tsukunft ermordet, darunter Yosl Laroch (Józef

Leruch), Mosze Goldberg, das Ehepaar Mosze und Ester Szklar sowie Pesach Cukerman, und nach Sonia Nowogródzka und Lozer Klog wurde gefahndet. Einige Aktivisten, die auf der Liste standen, überlebten in Verstecken. Die Morde der »Blutnacht« schwächten die Arbeit des Bund und der Tsukunft im Untergrund erheblich.

78 Die Rikscha im Warschauer Ghetto bestand aus einem Fahrradgestell, an dem vorne zwei Räder und eine Bank für Fahrgäste angebaut waren; der Rikschafahrer saß hinten auf dem Fahrradsattel und setzte das Gefährt mit den Fahrradpedalen in Bewegung.

79 Die Gestapo hatte dem Judenrat erklärt, die Hinrichtungen seien als Strafe für die Verbreitung illegaler Publikationen im Ghetto erfolgt. Viele Juden machten daher die Widerstandskämpfer für die Morde der »Blutnacht« verantwortlich, und der Judenrat forderte den Bund auf, seine illegalen Publikationen einzustellen, um weitere Morde zu verhindern. Da der Bund jedoch wusste, dass die Nazis weiter morden würden, unabhängig vom Verhalten der Widerstandskämpfer, unternahm er nichts, sondern verurteilte in seinen Zeitungen die von den Deutschen begangenen Gräueltaten. Der Historiker Daniel Blatman zitiert als Beispiel einen Artikel aus *Za Naszą i Waszą Wolność* vom Mai 1942, in dem es heißt: »Diese Nacht des Blutvergießens im Ghetto ist nur ein Glied in einer langen Kette von Morden an Juden, die die Hitleristen begangen haben. Diese Verbrecher haben die Juden zwar enteignet durch ihre Plünderungen, sie werden uns aber unser Streben nach Freiheit, unseren Kampfeswillen nicht nehmen können. Schließen wir die Reihen, um den Kampf fortzusetzen.« (*Notre liberté et la vôtre*, S. 138)

80 Luba Bielicka-Blum, Mitglied der Tsukunft und Ehefrau von Abrasza Blum, leitete eine jüdische Schule für Krankenschwestern in Warschau (siehe ihren Eintrag im Kapitel »Biographien«).

81 Die illegale Druckerei des Bund befand sich damals bei Jurek Błones, in der Nowolipie-Straße.

82 Gabryś (Gabriel) Fryszdorf war ein junger bundistischer Widerstandskämpfer (siehe seinen Eintrag im Kapitel »Biographien«).

83 Ein gegorenes Getränk.

84 Der Historikerin Martyna Rusiniak-Karwat zufolge meint Edel-

man hier wahrscheinlich Orzechs Artikel »Blutike nakht«, der am 30. April 1942 in der letzten Ausgabe von *Der veker* veröffentlicht worden war.

85 Edelman bezieht sich hier auf die Nacht vom 17. auf den 18. April 1942. Siehe dazu Anmerkung 77.

86 Bubi Nebel und Fred Orlean waren jüdische Gestapo-Kollaborateure. Laut der Historikerin Martyna Rusiniak-Karwat wurden sie im Frühjahr 1943 von der Jüdischen Kampforganisation umgebracht.

87 Der gelernte Friseur Leon Diamant arbeitete in einem Salon in der Leszno-Straße. Er und vier Berufskollegen bildeten eine bundistische Untergrundzelle.

88 PS = Polscy Socjaliści [Polnische Sozialisten] war eine konspirative Organisation des linken Flügels der Polnischen Sozialistischen Partei (PPS); Merenholc war Mitglied dieser Organisation. Er hatte sich in die jüdische Polizei des Warschauer Ghettos einschleusen lassen, um dem Widerstand Informationen zu liefern. Während der »Großen Aktion« der Deportationen vom Sommer 1942 half er Bundisten bei der Flucht vom »Umschlagplatz« (zu diesen Deportationen siehe Anmerkung 92). Später gab er seinen Posten bei der Polizei auf und versteckte sich auf der »arischen Seite« der Hauptstadt, wo er Verbindungen zu mehreren jüdischen Bundisten und Sozialisten unterhielt. Er wurde 1944 während des Warschauer Aufstands getötet.

89 Zygmunt (Zalmen) Frydrych war ein junger bundistischer Widerstandskämpfer (siehe seinen Eintrag im Kapitel »Biographien«).

90 Dem Historiker Daniel Blatman und den Erinnerungen des Bundisten Dawid Klin zufolge untersuchten die Aktivisten der Tsukunft im Juni 1942 die Morde der Nacht vom 17. auf den 18. April 1942 und kamen zu dem Schluss, dass Leon Diamant der Gestapo nahestehe und mehrere Parteifreunde denunziert habe. Unter den Opfern dieser »Blutnacht« waren der Zeitungsausträger und Vorsitzende der Friseurgewerkschaft Mosze Goldberg sowie zwei weitere Mitglieder seiner – Diamants – eigenen Untergrundzelle gewesen.

91 Laut der Historikerin Martyna Rusiniak-Karwat war dies ein Restaurant in der Nowolipki-Straße.

92 Die erste von den Nazis so genannte »Große Aktion« der Deportationen von Juden aus dem Warschauer Ghetto ins Vernichtungslager Treblinka dauerte vom 22. Juli bis zum 21. September 1942. Der Historiker Israel Gutman schätzt, dass in diesem Zeitraum etwa 265 000 Juden aus dem Warschauer Ghetto in Treblinka ermordet wurden. Etwa 10 380 seien schon bei den Razzien ums Leben gekommen und 11 580 in Zwangsarbeitslager deportiert worden.

93 Die Deportationen im Sommer 1942 erfolgten in mehreren Phasen. In der vierten, die vom 6. bis zum 12. September 1942 dauerte, ordneten die Deutschen die Durchführung einer »Selektion« unter den noch im Ghetto lebenden Juden an: Den Leitern von Produktions- und anderen Arbeitsstätten wurde aufgetragen, eine bestimmte Anzahl von Arbeitskräften auszuwählen. So entgingen etwa 35 000 Personen vorläufig dem Tod. Diejenigen, die nicht ausgewählt worden waren, wurden ins Vernichtungslager Treblinka deportiert. In Verstecken lebend, blieben etwa 20 000 weitere Personen im Ghetto.

94 Die Mehrheit der jüdischen Polizisten im Ghetto wurden am 21. September 1942, Jom Kippur, mitsamt ihren Familien deportiert.

95 Das im Herbst (oder früher) 1940 von Abraham Gancwajch im Auftrag der Deutschen gegründete Netzwerk »Dreizehn« umfasste 300 bis 400 Juden aus dem Ghetto, die mit verschiedenen administrativen und sozialen Aufgaben betraut waren, darunter dem Kampf gegen »Wucher und Profitmacherei«. Der Einfluss der Dreizehn ging ab Juli 1941 zurück. Der Name des Netzwerks leitete sich von der Adresse seines Hauptbüros, Leszno-Straße 13, ab. Gancwajch, der den Deutschen nahestand und ehrgeizig war, nutzte die Dreizehn für seine persönlichen Zwecke der Machtausübung und Bereicherung; mit dem Judenrat und der jüdischen Polizei lieferte er sich einen Kampf um Einfluss. In der »Blutnacht« vom 17. auf den 18. April 1942 wurde nach Gancwajch gefahndet, der sich daraufhin aus den Geschäften im Ghetto zurückzog. In Bezug auf die Umstände seines Todes weichen die Quellen voneinander ab.

96 Richtig ist der 18. April 1942, siehe Anmerkung 77.

97 Laut den Erinnerungen des Bundisten Dawid Klin standen Sonia Nowogródzka und Lozer Klog auf der Liste der Personen, die die Gestapo in der Nacht vom 17. auf den 18. April 1942 verhaften wollte. Dies würde erklären, warum sie in den Untergrund gingen.

98 Zdzisław Muszkat war seit der Zwischenkriegszeit bundistischer Funktionär (siehe seinen Eintrag im Kapitel »Biographien«).

99 Izrael Grylak beteiligte sich am bundistischen Widerstand (siehe seinen Eintrag im Kapitel »Biographien«).

100 Meir Mermelsztajn beteiligte sich ebenfalls am bundistischen Widerstand (siehe seinen Eintrag im Kapitel »Biographien«).

101 Diese Person konnte anhand unserer Quellen nicht eindeutig identifiziert werden. Gemeint ist wahrscheinlich Ruta Perenson, deren Wohnung in der Leszno-Straße 24 laut dem 1949 erschienenen Sammelband *In heldishn gerangl* einer der Treffpunkte der bundistischen Widerstandskämpfer war.

102 Mitglieder der sozialistischen zionistischen Partei Poalei Tzion. Die politischen Überzeugungen der Mitglieder von Poalei Tzion einerseits und dem Bund andererseits wichen in mehreren Punkten, darunter Zionismus und internationaler Sozialismus, voneinander ab.

103 Gemeint ist wahrscheinlich der Angestellte der Abteilung für Vermögensbeschlagnahme, den auch der Bundist Bernard Goldsztejn in seinen Erinnerungen erwähnt. Bartmans Frau Ewa arbeitete in einem Büro des Judenrates.

104 Wie der Historiker Daniel Blatman in *Notre liberté et la vôtre* schreibt, versuchten die jungen Leute der Tsukunft ab Januar 1942, das Selbstverteidigungssystem, das sie vor dem Krieg zur Abwehr antisemitischer Angriffe entwickelt hatten, zu reaktivieren. Bereits im April 1942 diskutierten sie über die Option bewaffneter Widerstand, trafen aber noch keine Entscheidung. Blatman zufolge »schienen die Mitglieder der Tsukunft« Mitte April 1942, inzwischen über die Massenmorde an Juden außerhalb der Hauptstadt informiert, »zu begreifen, dass bewaffnete Selbstverteidigung eine der möglichen Reaktionen auf den Völkermord« sei, und es als ihre Aufgabe anzusehen, »die Jugend, die sich in Lebensgefahr bef[inde], und die jungen jüdischen

Massen zu ermahnen, keine falschen Hoffnungen zu hegen, sondern in Würde zu sterben, wie es sich für Menschen gehör[e]«. Sie seien jedoch der Meinung gewesen, dass es noch zu früh sei, »zum aktiven Kampf aufzurufen« (S. 128 f.). Da sie sich auf ihre Verbindungen zum polnischen sozialistischen Widerstand außerhalb des Ghettos konzentrierten, lehnten die Bundisten (und unter diesen insbesondere die älteren Aktivisten) jeden gemeinsamen jüdischen Kampf im Übrigen noch ab. Die Jüdische Kampforganisation wurde am 28. Juli 1942 von mehreren zionistischen Organisationen gegründet. Der Bund trat ihr im November 1942 bei, wobei er, die jüdische sozialistische Partei, nunmehr von den Mitgliedern seiner Jugendorganisation, der Tsukunft, angeführt wurde.

105 Laut der Historikerin Martyna Zusiniak-Karwat stellte die Tsukunft ihre Zeitungen im April 1942 ein. Die Publikationen des Bund erschienen jedoch weiterhin.

106 Die »Große Aktion« der Deportationen begann am 22. Juli 1942, gut drei Monate nach den Morden der »Blutnacht« vom 17. auf den 18. April 1942.

107 Das Krankenhaus Bersohn-Bauman, für das Edelman arbeitete, befand sich im »Kleinen Ghetto«. Im April 1942 waren das »Kleine« und das »Große« Ghetto durch eine Brücke über die Chłodna-Straße hinweg miteinander verbunden worden; siehe Anmerkung 1. Marek Edelman meint hier das Einfahrtstor unter der Brücke.

108 Diese Person konnte anhand unserer Quellen nicht identifiziert werden. Gemeint ist wahrscheinlich eine Kollegin Marek Edelmans im Krankenhaus Bersohn-Bauman.

109 Henryk Kroszczor (1885–1979) arbeitete seit den 1910er Jahren im Kinderkrankenhaus Bersohn-Bauman. Der Judenrat ernannte ihn 1942 zu dessen Verwaltungsdirektor. Kroszczor blieb nach dem Krieg in Polen.

110 Israel Romanowicz beteiligte sich am bundistischen Widerstand (siehe seinen Eintrag im Kapitel »Biographien«).

111 »Richtig«, hier im Sinne von »gehörig«.

112 Laut einem Tagebucheintrag des Vorsitzenden des Judenrates Adam Czerniaków vom 23. Juni 1942 wurde Maurycy Orzech

verhaftet und in das Gefängnis in der Gęsia-Straße gebracht, weil er auf der Straße einen Streit provoziert und Polizisten beleidigt hatte. Ebenfalls laut Czerniaków bot Orzech am nächsten Tag an, sich bei den Polizisten zu entschuldigen.

113 Gemeint ist wahrscheinlich Marian Hendel. Er war Mitglied des Judenrates und zunächst für die Verbindungen zu den Deutschen zuständig; später bekleidete er einen Posten bei der jüdischen Polizei. Hendel überlebte den Krieg und wanderte nach Venezuela aus.

114 Jakub Lejkin, von Beruf Rechtsanwalt, befehligte ab Mai 1942 die jüdische Polizei im Warschauer Ghetto. Er half eifrig bei den Deportationen vom Sommer des Jahres und wurde am 29. Oktober 1942 von der Jüdischen Kampforganisation umgebracht.

115 Gemeint ist wahrscheinlich Kuba Zylberberg, die sich am Widerstand der Tsukunft beteiligte und im August 1942 in Treblinka ermordet wurde.

116 Abkürzung für das »Durchgangslager« zwischen dem Ghetto und den Zwangsarbeitslagern.

117 Hier sind die Zwangsarbeitslager gemeint.

118 Das Arbeitsamt war für die Verwaltung der Zwangsarbeit zuständig.

119 Diese Person konnte anhand unserer Quellen nicht identifiziert werden.

120 Laut der Historikerin Martyna Rusiniak-Karwat ist Witalis (Witold) Aronson gemeint, der stellvertretende Leiter des Arbeitsamtes. Er wurde in Treblinka ermordet.

121 Laut Martyna Rusiniak-Karwat ist wahrscheinlich das Café L'Ours in der Leszno-Straße gemeint, in dem sich Menschen trafen, die sich während des Krieges bereichert hatten.

122 Die Bundistin Alina Margolis-Edelman hat den Ausgang durch das Gerichtsgebäude in ihrem Buch *Als das Ghetto brannte: Eine Jugend in Warschau* beschrieben: »Das sechsstöckige Gebäude führte von der einen Seite auf die Chłodna-Straße, die außerhalb des Ghettos lag, von der anderen Seite auf die Leszno-Straße, die sich im Ghetto befand. Im Gericht herrschte stets reges Treiben, in den verschiedenen Sälen wurden unterschiedliche Angelegenheiten verhandelt, Menschen strömten durch die breiten

Flure, sie kamen und gingen über die Treppen, bogen um die Ecken, verschwanden in den Stockwerken. Man brauchte sich nur unter die Menge zu mischen, schnell die Armbinde abzustreifen und das Gebäude in Richtung Chłodna-Straße zu verlassen. Das klingt einfach und verhältnismäßig ungefährlich, aber die Schwierigkeiten und Gefahren lauerten draußen, gleich neben dem Ausgang.« (S. 41)

123 Das Arbeitsamt befand sich in der Leszno-Straße, die an einer der Ghettomauern entlangführte.

124 Laut den Erinnerungen des Bundisten Dawid Klin war Herman Katz Leutnant bei der jüdischen Polizei und für die Leitung einer Abteilung verantwortlich, die Juden an die Gestapo ausliefern sollte. Klin schreibt, Katz habe einige Wochen nach der »Blutnacht« vom 17. auf den 18. April 1942 versucht, ihn in seiner Wohnung zu verhaften. Die Jüdische Kampforganisation habe Katz zum Tode verurteilt. Wie Katz zu Tode kam, geht aus Klins Buch aber nicht eindeutig hervor.

125 Naftali Leruch war Mitglied der Tsukunft. Er selbst oder sein Vater Józef Leruch war Hausmeister des Hauses Wołyńska-Straße 2. Beide wurden in der »Blutnacht« vom 17. auf den 18. April 1942 ermordet. Sie waren 23 bzw. 60 Jahre alt.

126 Jankl Gruszka war ein junger bundistischer Widerstandskämpfer, der sich vor allem an der Verbreitung der Untergrundpresse beteiligte (siehe seinen Eintrag im Kapitel »Biographien«).

127 Władka (Pseudonym von Fejgele Peltel) war eine junge bundistische Widerstandskämpferin (siehe ihren Eintrag im Kapitel »Biographien«).

128 Der auf den Namen Władysława Kowalska lautete; von ihm war das Pseudonym Władka abgeleitet.

129 Laut der Historikerin Martyna Rusiniak-Karwat könnte Janina Szczęsna gemeint sein, eine Widerstandskämpferin, die für die Verbreitung von Untergrundzeitungen des Bund und der Tsukunft in der Provinz und in Warschau zuständig war.

130 Der Bundist Bernard Goldsztejn erwähnt in seinen Erinnerungen die vom Bund im Warschauer Ghetto zusammengestellte Archivkommission, die Informationen über die täglichen Ereignisse in Warschau und der Provinz gesammelt habe. In ihr hätten

sich fünfzehn Personen betätigt, darunter Abrasza Blum, ein gewisser Libeskind und Szie Rabinowicz (1888–1943), ein ehemaliges Mitglied der historischen Abteilung des YIVO, der auch für das unter dem Namen Oneg Shabbat bekannte und von dem Historiker Emanuel Ringelblum geleitete Untergrundarchiv des Warschauer Ghettos gearbeitet habe. Dem Historiker Samuel Kassow zufolge schlossen sich nur einzelne Bundisten, wie der genannte Szie Rabinowicz sowie David Cholodenko, Lejb Goldin und Yehezkiel Wilczyński, dem Team von Oneg Shabbat an, während der Bund als nichtzionistische Partei es abgelehnt habe, sich an diesem von zionistischen Führern geleiteten Unternehmen zu beteiligen. Höchstwahrscheinlich arbeiteten der Bund und das Oneg-Shabbat-Archiv jedoch zusammen, als es darum ging, Informationen über die Vernichtung der Juden in Polen zu sammeln und zu verbreiten.

131 Jankl Mendelsohn (Mendele oder Jankele) war ein junger bundistischer Widerstandskämpfer, der unter anderem als Verbindungsmann des Bund zwischen verschiedenen Städten in Polen agierte. Er wurde bei einem seiner Einsätze von den Deutschen verwundet (siehe seinen Eintrag im Kapitel »Biographien«).

132 Die 1908 gegründete jüdische Vereinigung für den Kampf gegen die Tuberkulose Brijus (hebräisch für ›Gesundheit‹) besaß seit 1916 ein Sanatorium in der Stadt Otwock. Jankl Mendelsohn war dorthin zur Genesung geschickt worden, nachdem er im Dienste des bundistischen Widerstands bei einem Einsatz in der Provinz von Deutschen an der Lunge verletzt worden war.

133 Laut der Historikerin Martyna Rusiniak-Karwat ist wahrscheinlich Roza Gilerowicz-Odesowa gemeint, eine im Krankenhaus Bersohn-Bauman angestellte Krankenschwester. Sie überlebte den Krieg, arbeitete danach eine Zeit lang in einem Kinderheim in Otwock und wanderte schließlich 1947 in die Vereinigten Staaten aus.

134 Diese Personen waren anhand unserer Quellen nicht identifizierbar.

135 Hiermit könnte Marek Edelmans Wohnung in der Dzielna-Straße gemeint sein, oder eine der Volkskantinen des Bund, in der häufig Versammlungen von Parteimitgliedern stattfanden. Laut

den Erinnerungen des Bundisten Bernard Goldsztejn befand sich eine bundistische Kantine im Haus Dzielna Straße 31.

136 Szmul Kostryński (Spitzname Kleiner Kostek) war ein junger Widerstandskämpfer des Bund; er agierte vor allem als Verbindungsmann (siehe seinen Eintrag im Kapitel »Biographien«).

137 In der polnischen Version der Notizbücher, *Nieznane zapiski o getcie warszawskim*, S. 127–148, hat Martyna Rusiniak-Karwat die Ergebnisse ihrer Recherchen über den Verbleib des Bund-Archivs dargestellt. Danach wurde diese Dokumentation, die an verschiedenen Orten – zum größten Teil auf der »arischen Seite« Warschaus – versteckt worden war, 1946 aus ihren Verstecken geholt, und zwar wahrscheinlich vor September 1946, als Teile der Dokumentation der Organisation Oneg Shabbat gefunden wurden. Was an Bund-Archivmaterial innerhalb des Ghettos versteckt worden war, wurde angeblich im Oktober 1946 ausgegraben. Ein Teil des Archivs blieb jedoch trotz Nachforschungen in den 2000er Jahren unauffindbar.

138 Laut Martyna Rusiniak-Karwat arbeitete Jacek Kulik im Zentralgefängnis des Ghettos, wo er aufgrund seiner Position mehrmals jungen bundistischen Gefangenen helfen konnte.

139 Korrekt dürfte dieser Appell gelautet haben: »Auf Reichenau, für ein neues und besseres Deutschland.«

140 Feldmarschall Walter von Reichenau (1884–1942) hatte die 10. Armee der Wehrmacht beim Überfall auf Polen im September 1939 und anschließend die 11. Armee beim Sieg über Frankreich im Juni 1940 befehligt. 1941 hatte er Einheiten der Wehrmacht in der Ukraine geführt und war mit ihnen an Massakern an Juden beteiligt gewesen. Im Januar 1942 war er an den Folgen eines Schlaganfalls gestorben.

141 Durchgangsstraße außerhalb des Ghettos, im Zentrum von Warschau.

142 Deutschsprachige Untergrundzeitung mit gegen die Nazis gerichteter sozialdemokratischer Tendenz.

143 Jerzy Neuding, von Beruf Ingenieur, war Sekretär und Schatzmeister der Polnischen Sozialisten im Warschauer Ghetto. Die Deutschen ermordeten ihn in der »Blutnacht« vom 17. auf den 18. April 1942.

144 Mietek (Mieczysław) Dąb war eines der Mitglieder der Polnischen Sozialistischen Partei, die die jüdische Polizei im Warschauer Ghetto unterwandert hatten, um dem Widerstand Informationen zu liefern.

145 Adina Blady-Szwajgier (Inka), Ärztin im Krankenhaus Bersohn-Bauman, unterstützte ab Januar 1943 die Jüdische Kampforganisation als Kurierin auf der »arischen Seite« Warschaus. Nach dem Krieg blieb sie in Polen. Ihr Buch *I więcej nic nie pamiętam* erschien 1990 auf Englisch, 1993 auf Deutsch (Adina Blady Szwajgier, *Die Erinnerung verlässt mich nie: Das Kinderkrankenhaus im Warschauer Ghetto und der jüdische Widerstand*, München/Leipzig: List, 1993) und 1994 auf Französisch.

146 Gemeint ist laut der Historikerin Martyna Rusiniak-Karwat der Artikel »Łaska cichej śmierci« [Die Gnade eines stillen Todes], der am 20. Dezember 1941 im *Byuletin* erschienen war.

147 Gemeint sind die Bundisten Meir (1900–1943) und Chaje (geborene Pażenczewski) Etkin (siehe ihre Einträge im Kapitel »Biographien«).

148 Die Bundistin Mania Wasser (geb. Glazer), seit 1924 mit dem Bundistenführer Meir (Chaim) Wasser verheiratet, war im säkularen jüdischen Erziehungswesen tätig. Sie und ihre Tochter Hinde (Hania, Hanusia) wurden im August 1942 in Treblinka ermordet.

149 Gemeint ist wahrscheinlich Hania (Hanusia) Wasser, die einzige Tochter von Chaim und Mania Wasser.

ZWEITES NOTIZBUCH

1 Diese Person konnte anhand unserer Quellen nicht identifiziert werden.

2 »Adam« war neben »Berek« eines der Pseudonyme von Abraham Szmuel Sznajdmil (siehe seinen Eintrag im Kapitel »Biographien«).

3 Gebirge in den Karpaten.

4 Im September 1939 wurde eine polnische Division der französischen Armee aufgestellt. Sie beteiligte sich an den Kämpfen des Jahres 1940.

5 Diese Person konnte anhand unserer Quellen nicht identifiziert werden.

6 Laut dem Historiker Daniel Blatman erfolgte Szmuel Zygielbojms Rücktritt (von dem im Folgenden die Rede ist) aus dem Judenrat am 4. November 1939. Marek Edelman meint hier zweifellos einen Tag *vor* dem besagten Ereignis.

7 Seit dem 21. September 1939 wurden auf deutschen Befehl in allen jüdischen Gemeinden des Generalgouvernements sogenannte Judenräte eingesetzt. Deren Aufgabe war die Organisation des kollektiven jüdischen Lebens (Wohnraum, Versorgung mit und Rationierung von Lebensmitteln, Polizei u. a.), wobei sie natürlich an Weisungen der Deutschen gebunden waren. Politik und Arbeitsweise der Judenräte unterschieden sich von Stadt zu Stadt. Als Vermittler zwischen den deutschen Behörden und der jüdischen Bevölkerung gezwungen, die Verfolgungspolitik der Nazis ins Werk zu setzen, waren die Judenräte sowohl während des Krieges als auch danach häufig Gegenstand harscher Kritik.

8 Artur war das Pseudonym von Szmul Mordechaj Zygielbojm. Der Bundist, Funktionär seiner Partei seit der Zwischenkriegszeit, war kurzzeitig Mitglied des Warschauer Judenrats. Da er eine Zusammenarbeit mit den Deutschen bei der Einrichtung eines Ghettos für die Juden in der Hauptstadt kategorisch ablehnte, trat er jedoch zurück und verließ Polen Ende 1939. Nach seiner Ausreise hatte der Bund keinen Delegierten mehr im Warschauer Judenrat. Zygielbojm versuchte von London aus, die freie Welt zur Intervention zu bewegen, um die Juden in Polen vor der Vernichtung zu bewahren. Als seine Bemühungen erfolglos blieben, nahm er sich am 12. Mai 1943 das Leben (siehe seinen Eintrag im Kapitel »Biographien«).

9 Diese Armbinde musste seit dem 1. Dezember 1939 im Generalgouvernement von allen Juden, die älter als zehn Jahre waren, am rechten Arm getragen werden. In Warschau wurde sie von Juden getragen, die älter als zwölf Jahre waren.

10 Das Haus des Judenrats befand sich in der Grzybowska-Straße.

11 Chaim Szoszkies (1891–1964) war vor dem Krieg Journalist und Funktionär der Genossenschaftsbewegung in Polen gewesen.

Nach der Ende 1939 von den Deutschen angeordneten Einsetzung des Warschauer Judenrats wurde der zionistische Aktivist Mitglied in diesem Gremium, floh aber 1940 in die Vereinigten Staaten, wo er in New York seine journalistische Tätigkeit fortsetzte. Das Tagebuch, das er im Warschauer Ghetto geführt hatte, wurde 1944 veröffentlicht.

12 Die Einrichtung des Warschauer Ghettos war erstmals Anfang November 1939 angeordnet worden. Die Nachricht hatte unter den Warschauer Juden Panik ausgelöst, und viele von ihnen hatten sich, um Neuigkeiten zu erfahren, vor dem Haus versammelt, in dem sich die Räumlichkeiten des Judenrats befanden. Später wurde die Einrichtung des Ghettos verschoben, aber die Vorbereitungen liefen weiter. Am 12. Oktober 1940 erhielten die Juden den Befehl, ins Ghetto zu ziehen, und am 16. November 1940 wurden die Tore des etwa 300 Hektar großen, durch drei Meter hohe Mauern umgebenen Areals endgültig geschlossen. Seine größte Bewohnerzahl erreichte das Ghetto im März 1941 mit der Ankunft von Juden, die aus der Provinz zwangsumgesiedelt wurden; sie belief sich jetzt auf 445 000 Personen.

13 Auch die Bundisten Bernard Goldsztejn, Celek Celemeński und Dawid Klin erwähnen diese Rede Artur Zygielbojms in ihren Erinnerungen. Goldsztejn spricht von einer »historischen Rede«, die Zygielbojm im November 1939 in der Grzybowska-Straße gehalten habe, nachdem er mit der Begründung, mit den Deutschen bei der angeordneten Einrichtung des Ghettos nicht zusammenarbeiten zu wollen, den Judenrat verlassen hatte. Zygielbojm habe das Wort ergriffen und die Juden aufgefordert, nicht den Mut zu verlieren; sie sollten sich nicht freiwillig in das Ghetto begeben. Das *Zigyelboym-bukh*, das die New Yorker Bundisten 1947 zu Ehren von Szmuel Zygielbojm veröffentlichten, zitiert einen Teil von dessen Rede vom 4. November 1939. Die letzten Worte, an die sich Edelman in den Notizbüchern erinnert: »Es kommt noch der Tag, an dem die Sonne auch für uns scheinen wird«, werden jedoch nicht erwähnt. Das Buch *Notre liberté et la vôtre* des Historikers Daniel Blatman enthält eine Übersetzung von Worten Zygielbojms, die im *Zigyelboym-bukh* zitiert sind: »Mein Herz sagt mir, dass ich nicht mehr verdiene zu leben, wenn ich trotz der Einrich-

tung des Ghettos im Amt bleibe; daher gebe ich mein Mandat zurück.« (S. 64)

14 Gemeint ist wahrscheinlich die erste Hinrichtung von Juden, die bei einem Fluchtversuch gefasst worden waren. Laut Adam Czerniaków's Tagebuch fand diese Exekution am Morgen des 17. November 1941 statt.

15 Wahrscheinlich wollte Edelman »Schande über die Mörder« schreiben.

16 Im Sommer 1941 war Jadwiga Wyszyńska, eine der polnischen Verbindungsfrauen des Bund, im Besitz von geheimen Dokumenten festgenommen worden, was in mehreren polnischen Städten zur Verhaftung weiterer Bund-Mitglieder geführt hatte.

17 Der Krakauer Bundist Szyja Fensterblum (Fensterbloj) (1881–1942), von Beruf Rechtsanwalt, engagierte sich während des Krieges in der Sozialfürsorge und später im Widerstand. Von der Gestapo gesucht, floh er und tauchte in mehreren polnischen Städten, unter anderem in Warschau, unter. Er wurde im Sommer 1942 in Treblinka ermordet.

18 Ignacy (Icchak) Samsonowicz war ein bundistischer Widerstandskämpfer aus Piotrków Trybunalski (siehe seinen Eintrag im Kapitel »Biographien«).

19 Diese Person, die im weiteren Verlauf von Marek Edelmans Text auch ›Kenner‹ genannt wird, war anhand unserer Quellen nicht identifizierbar.

20 Straße im Nordwesten des Warschauer Ghettos.

21 Das Ghetto war in sechs Sektoren unterteilt. Der fünfte befand sich im nördlichen Zentrum. Das Hauptquartier der jüdischen Polizei lag in diesem Sektor, im Haus Zamenhof-Straße 19.

22 Gemeint ist Józef Jerzy Hertz, eines der Mitglieder der Polnischen Sozialistischen Partei, die die jüdische Polizei im Ghetto unterwandert hatten, um den Widerstand mit Informationen zu unterstützen.

23 Laut der Historikerin Martyna Rusiniak-Karwat sind zwei Mitglieder der Polnischen Sozialistischen Partei gemeint. Ihre Nachnamen waren unseren Quellen leider nicht zu entnehmen.

24 Treblinka I, ein im November 1941 gegründetes Zwangsarbeitslager für Juden, lag 80 Kilometer nordöstlich von Warschau, in der

Nähe der Dörfer Treblinka und Małkinia. In einer abgetrennten Anlage waren dort auch nichtjüdische Polen interniert. Das etwa 1,5 Kilometer von Treblinka I entfernte Vernichtungslager Treblinka II wurde im Juli 1942 in Betrieb genommen.

25 Heinz Auerswald (1908–1970) war Mitglied der NSDAP und von Mai 1941 bis Ende 1942 Kommissar des Warschauer Ghettos. Anschließend diente er in der Wehrmacht. Nach dem Krieg lebte er in der Bundesrepublik Deutschland.

26 Stadt im heutigen Belarus, 100 Kilometer südlich von Vilnius gelegen.

27 Gemeint ist der Bundist Leon Fajner (siehe seinen Eintrag im Kapitel »Biographien«).

28 Gemeint ist der Bundist Salo Fiszgrund (siehe seinen Eintrag im Kapitel »Biographien«).

29 Das nach dem bundistischen Ideologen Włodzimierz Medem (1879–1923) benannte Sanatorium für Kinder wurde seit 1926 vom Bund verwaltet. Es befand sich im Warschauer Vorort Miedzeszyn. Die über bundistische Kreise hinaus bekannte medizinische, soziale und pädagogische Einrichtung praktizierte eine neue Pädagogik, die die Autonomie des Kindes förderte. Die Kinder und das Personal des Sanatoriums wurden am 22. August 1942 im Vernichtungslager Treblinka ermordet.

30 Gemeint ist wahrscheinlich der Bundist und Buchdrucker Mosze Szklar, der in der »Blutnacht« vom 17. auf den 18. April 1942 ermordet wurde.

31 Der 1891 geborene Maurycy Orzech feierte 1941 seinen 50. Geburtstag.

DRITTES NOTIZBUCH

1 Von Juli 1941 bis Frühjahr 1942 waren die meisten in Wilna (heute Vilnius) lebenden Juden im Wald von Ponar (heute Paneriai) erschossen worden, und im März und April 1942 war ein Großteil der in Lublin lebenden Juden im Vernichtungslager Belzec ermordet worden. Laut dem Historiker Daniel Blatman hatten die Warschauer Bundisten ab Oktober 1941 Informationen über die seit

dem deutschen Überfall auf die Sowjetunion im Juni 1941 an den Juden verübten Massaker erhalten und in ihrer Untergrundpresse verbreitet.

2 Vom 20. und 21. Juli 1942.

3 Debora (Dola) Keilson war die Schwester von Helena (Hela) Keilson, die als Ärztin im Kinderkrankenhaus Bersohn-Bauman arbeitete. Dola Keilson war Oberschwester in dieser Einrichtung. Sie wurde 1943 in Otwock erschossen, wo sie mit ihrem Mann untergetaucht war.

4 Gemeint ist Sonia Nowogródzka (siehe ihren Eintrag im Kapitel »Biographien«).

5 Gemeint ist Helena Keilson, Dolas Schwester (siehe ihren Eintrag im Kapitel »Biographien«).

6 Die Deportationen nach Treblinka begannen am 22. Juli 1942. Laut dem Historiker Israel Gutman wurden die Mauern und Tore des Ghettos zu diesem Zeitpunkt von polnischen Polizisten sowie ukrainischen, litauischen und lettischen Soldaten bewacht. Letztere hatten ihre Posten am frühen Morgen des 22. Juli angetreten. Die ersten Plakate der Deutschen, die den Befehl zur »Evakuierung« der Ghettobevölkerung publik machten, wurden am Mittag angebracht.

7 Der Umsiedlungsstab war eine deutsche Behörde, die für den Transfer von Menschen ins Ghetto und aus dem Ghetto (insbesondere für Deportationen) zuständig war.

8 Unvollständiges, nicht entzifferbares Wort.

9 Kurz für »Umschlagplatz«. An diesem Platz, der sich an einer Bahnlinie am Nordrand des Warschauer Ghettos befand, waren vor dem Sommer 1942 Waren umgeschlagen worden, die ins Ghetto geliefert oder aus ihm herausgeschafft werden sollten. Ab Juli 1942 wurden die Juden, die ins Vernichtungslager Treblinka deportiert werden sollten und zu diesem Zweck im Ghetto zusammengetrieben worden waren, zu Tausenden bis zur Abfahrt des Zuges auf diesem Platz oder in einem leerstehenden Gebäude daneben eingepfercht. Einige Züge hatten auch Zwangsarbeitslager zum Ziel.

10 Jiddisch für ›Brot‹. Das Wort ist im Originaltext unterstrichen.

11 Die deutschen Plakate vom 22. Juli 1942 machten deutlich, dass

nicht alle Juden deportiert würden: Nicht deportiert würden diejenigen, die in den Ghettobehörden oder im Gesundheitswesen beschäftigt waren, diejenigen, die in Unternehmen arbeiteten, die den Deutschen dienten, und diejenigen, die arbeitsfähig waren. Ein Arbeitsplatz schützte diese Arbeiter aber nicht lange; auch sie wurden früher oder später nach Treblinka deportiert. Nachdem die »Große Aktion« am 21. September 1942, dem Tag der Razzia auf jüdische Polizisten und ihre Familien, beendet worden war, durften nur 35 000 Juden im Ghetto bleiben. Etwa 20 000 weitere Personen blieben illegal dort. Schätzungen zufolge hatten im Frühjahr 1942 noch etwa 350 000 Juden im Warschauer Ghetto gelebt. Laut Israel Gutman wurden etwa 265 000 von ihnen im Sommer 1942 in Treblinka ermordet, und 10 380 kamen bei den Razzien ums Leben; 11 580 wurden in Zwangsarbeitslager verbracht, und um die 8000 lebten in Verstecken auf der »arischen Seite« Warschaus. Daniel Blatman zufolge verlor der Bund während der »Großen Aktion« fast sämtliche Aktivisten. Von seinen 500 Aktivisten und Sympathisanten waren Ende September 1942 kaum mehr als 20 bis 25 junge Leute übriggeblieben.

12 Natan Liebeskind stammte aus Łódź. Im Warschauer Ghetto gehörte er zur selben Untergrundzelle wie Marek Edelman. In Bezug auf die Umstände seines Todes 1942 weichen die Quellen voneinander ab.

13 Während der ersten Phase (22. bis 30. Juli) der »Großen Aktion« vom Sommer 1942 wurden die Razzien für die Deportationen aus dem Warschauer Ghetto hauptsächlich von der jüdischen Polizei durchgeführt. An den Razzien der späteren Phasen war sie weniger beteiligt, und am 21. September 1942 wurden ihre Mitglieder selbst deportiert.

14 Gemeint ist wahrscheinlich Miriam Szyfman-Fajner (siehe ihren Eintrag im Kapitel »Biographien«).

15 Gemeint ist wahrscheinlich die Volkskantine des Bund in der Dzielna-Straße 31.

16 Gemeint ist die Bundistin Rywka (Stasia) Rozensztajn (siehe ihren Eintrag im Kapitel »Biographie«).

17 Diese Person konnte anhand unserer Quellen nicht identifiziert werden.

18 Gemeint ist wahrscheinlich Hania Wasser; vgl. Anmerkung 149 zum ersten Notizbuch.

19 Diese Person konnte anhand unserer Quellen nicht identifiziert werden.

20 Die ŻTOS (Żydowskie Towarzystwo Opieki Spolecznej [›Jüdische Gesellschaft für Soziale Fürsorge‹]) war im Oktober 1940 als Nachfolgeorganisation der im Januar 1940 auf Anordnung der Deutschen gegründeten ŻSS (Żydowska Samopomoc Społeczna [›Jüdische Soziale Selbsthilfe‹]) ins Leben gerufen worden. Vom Judenrat, der eine eigene Abteilung für Sozialhilfe besaß, war sie unabhängig. Die halblegale Organisation unterstützte die Juden im Ghetto, kümmerte sich aber auch um Flüchtlinge aus anderen polnischen Städten und um Kinder.

21 Gemeint ist wahrscheinlich das Treffen von Vertretern des zionistischen, kommunistischen und bundistischen Widerstands am 23. Juli 1942, dem Tag nach dem Beginn der Deportationen. Den Bund vertrat Maurycy Orzech. Man diskutierte über Widerstandsaktionen, traf aber aufgrund von Meinungsverschiedenheiten an diesem Tag keine Entscheidung. Jede Partei konzentrierte sich weiter auf ihre eigenen Aktionen.

22 Die letzte Ausgabe von *Der veker*, von der wir wissen, erschien am 30. April 1942. Es wurde keine Ausgabe einer bundistischen Zeitung gefunden, die von Ende Juli oder von August 1942 datiert. Edelman meint hier möglicherweise eine Ausgabe, die unbekannt geblieben ist. In *Das Ghetto kämpft* erwähnt er an der entsprechenden Stelle keine Ausgabe von *Der veker*, sondern den Leitartikel der ersten Ausgabe von *Oyf der vakh*, die angeblich am 23. Juli 1942 erschienen sei. In diesem Artikel sollen Orzechs Worte Edelman zufolge so gelautet haben: »Lasst euch, trotz unserer großen Wehrlosigkeit, nicht fassen, wehrt euch mit Händen und Füßen.« Nach den Recherchen von Martyna Rusiniak-Karwat datiert die erste Ausgabe von *Oyf der vakh* jedoch vom 20. September 1942.

23 Gemeint ist die Bundistin Zośka Goldblat (siehe ihren Eintrag im Kapitel »Biographien«).

24 Diese Person konnte anhand unserer Quellen nicht identifiziert werden.

25 Diese Person konnte anhand unserer Quellen nicht identifiziert werden.

26 Über diese Person waren in unseren Quellen keine Informationen zu finden. Laut der Historikerin Martyna Rusiniak-Karwat könnte Chana Cygielman gemeint sein, die 1918 geborene Tochter von Majer Cygielman, die den Krieg überlebte.

27 Adam Czerniaków (1880–1942), von Beruf Ingenieur, stammte aus der jüdischen Warschauer Bourgeoisie mit polnischem kulturellem Hintergrund. Nachdem er sich in seiner Jugend der Welt des Judentums angenähert hatte, kämpfte er in der Zwischenkriegszeit für die Rechte und die Ausbildung jüdischer Handwerker. In den 1930er Jahren wurde er nicht nur zu einer der wichtigsten Figuren des jüdischen Handwerkermilieus, sondern engagierte sich allgemein im politischen, sozialen und wirtschaftlichen Leben der Warschauer Juden. Von 1927 bis 1934 saß er im Stadtrat der Hauptstadt. Am 23. September 1939 zum Vorsitzenden der jüdischen Gemeinde in Warschau und am 7. Oktober 1939 zum Vorsitzenden des Judenrats der Stadt Warschau ernannt, musste er fast drei Jahre lang zwei unvereinbare Aufgaben erfüllen: den Befehlen der Deutschen gehorchend deren Verfolgungspolitik ins Werk setzen und gleichzeitig die Juden im Ghetto im täglichen Leben unterstützen – ständig bemüht, ihr Leid zu lindern. Nachdem er bis zum Schluss nicht geglaubt hatte, dass die Pläne der Deutschen die Vernichtung der Juden im Ghetto vorsahen, nahm er sich am 23. Juli 1942, einen Tag nach den ersten Deportationen nach Treblinka, das Leben. Sein erstmals 1968 veröffentlichtes Tagebuch, das er vom 6. September 1939 bis zu seinem Freitod an jenem 23. Juli 1942 akribisch geführt hatte, ist ein bemerkenswertes Dokument, bedeutsam für die Erforschung des Warschauer Ghettos, seiner Organisation, der Beziehungen zwischen dem Judenrat und den deutschen Behörden sowie der Schwierigkeiten des täglichen Lebens.

28 Laut Martyna Rusiniak-Karwat ist das 1912 gegründete heutige St.-Sophie-Krankenhaus gemeint. Es befand sich in der Żelazna-Straße 90 und lag damit innerhalb des Ghettos, war aber nicht Teil desselben.

29 Gemeint sind »Kontingente« von Menschen, die deportiert wer-

den sollten. Während Edelman den Freitod Czerniaków an dieser Stelle kaum kommentiert, hat er sich dazu in *Das Ghetto kämpft* wie folgt geäußert: »Er wusste genau, dass die vermeintliche Umsiedlung nach Osten den Tod von Tausenden in den Gaskammern bedeutet, und wollte dafür nicht die Verantwortung tragen. Da er keine Möglichkeit hatte, das Geschehen zu verhindern, wollte er lieber aus dem Leben scheiden. Damals waren wir der Meinung, er hätte nicht auf diese Weise handeln dürfen, es wäre seine Pflicht, die Pflicht des einzigen Menschen, der im Ghetto über eine Autorität verfügte, gewesen, die jüdische Bevölkerung über den tatsächlichen Stand der Dinge aufzuklären und alle Institutionen, vor allem aber die jüdische Polizei, die offiziell dem Judenrat unterstellt und von ihm geschaffen worden war, aufzulösen.« (S. 134 f.) Auch viele Widerstandskämpfer im Ghetto waren der Meinung, dass Czerniaków mit seinem Freitod Schwäche gezeigt habe. Seine Entscheidung wurde aber nicht von allen im Ghetto verurteilt.

30 Das hebräische Buchstabenwort *chai* steht auch für die Zahl 18. Da *chai* ›lebendig‹ bedeutet, sollte die 18 Glück bringen. Diese Entsprechung zwischen Buchstabenwort und Zahl und ihre Bedeutung war für viele ein kultureller Bezugspunkt.

31 Chaskl Filozof war ein junger bundistischer Widerstandskämpfer (siehe seinen Eintrag im Kapitel »Biographien«).

32 Dawid Klin agierte als bundistischer Widerstandskämpfer im Warschauer Ghetto und später auf der »arischen Seite« (siehe seinen Eintrag im Kapitel »Biographien«).

33 Gemeint ist das Medem-Sanatorium; siehe Anmerkung 29 zum zweiten Notizbuch.

34 Maurycy Orzech lebte damals in einem Versteck auf der »arischen Seite« Warschaus, wo er Waffen für den Widerstand im Ghetto beschaffen sollte.

35 Gemeint ist wahrscheinlich Hania (Hanusia) Wasser; siehe Anmerkung 149 zum ersten Notizbuch.

36 Gemeint ist Emanuel Nowogródzki (1891–1967), ein Bundistenführer aus Warschau, der seit 1914 Mitglied der Bewegung war. Nowogródzki war 1939 in die Vereinigten Staaten gereist, um Geld für die Aktivitäten des Bund in Polen zu sammeln, und nach Ausbruch des Krieges auf der anderen Seite des Atlantiks geblieben.

Von 1941 bis 1960 leitete Nowogródzki die in New York ansässigen bundistischen Organisationen. Er war der Ehemann von Sonia Nowogródzka, die in Treblinka ermordet wurde.

37 Edelman meint die Razzien vom 6. bis 12. September 1942; siehe Anmerkung 93 zum ersten Notizbuch.

38 Edelman meint wahrscheinlich Oschmann-Leszczyński, eine der deutschen Fabriken, die damals im Ghetto arbeiteten. Ihr Eingang befand sich im Gebäude Nowolipie-Straße 18, das aber bis zur Nowolipki-Straße reichte. In dieser Fabrik wurden Uniformen für die Wehrmacht hergestellt, ausgebessert und gewaschen.

39 Die Bundistin Anna Braude-Heller war Kinderärztin und Chefärztin des Krankenhauses Bersohn-Bauman (siehe ihren Eintrag im Kapitel »Biographien«).

40 Die jüdische Schule für Krankenschwestern war 1923 in Warschau gegründet und dem jüdischen Krankenhaus im Stadtviertel Czyste angegliedert worden. Im Januar 1941 wurde sie in die Mariańska-Straße verlegt. Die Bundistin Alina Margolis-Edelman erhielt dort ihre Ausbildung. Sie erwähnt die Mariańska-Straße in ihren 1994 erschienenen Erinnerungen *Ala z elementarza*, die 1997 auch auf Französisch und 1999 auf Deutsch veröffentlicht wurden.

41 Die Frau des Bundisten Abrasza Blum, Luba Bielicka-Blum, leitete diese Krankenpflegeschule.

42 Antiseptisches Medikament.

43 Das ist wahrscheinlich der Name des von Hertz angesprochenen Agenten.

44 Edelman meint eines der Fahrzeuge des Umsiedlungsstabs, die die Juden zum Umschlagplatz brachten.

45 Schweres Maschinengewehr.

46 Name einer Straße im westlichen Zentrum des Warschauer Ghettos.

47 Gemeint ist eine Abteilung des Judenrats, die für die Ausgabe der Lebensmittelkarten, für die Verteilung von Lebensmitteln und anderen lebensnotwendigen Gütern wie Kohle sowie für die Verwaltung der Vorräte zuständig war.

48 Gemeint ist wahrscheinlich Adolf Sztolcman. Der Bankier, einer der letzten starken Männer des Warschauer Judenrats, lag im Streit mit der Jüdischen Kampforganisation.

49 Die zwei reichen Ghetto-Unternehmer Moryc Kohn und Zelig Heller betrieben seit 1941 eine »Gesellschaft für Omnibus-Verkehr« mit Pferdeomnibussen, die nach ihren Namen benannt wurden.

50 Diese Person konnte anhand unserer Quellen nicht identifiziert werden.

ANMERKUNGEN ZU *DAS GHETTO KÄMPFT* *VON EWA CZERWIAKOWSKI*

1 Einige in der Originalausgabe *Getto walczy*, Warschau 1945, vorkommende falsche Zeitangaben wurden in Anlehnung an historische Quellen und mit Einverständnis des Autors geändert.

2 Tatsächlich galt der Zwang ab dem 1. Dezember.

3 SKIF – »Sotsyalistisher kinder-farband«, eine dem Bund angegliederte Pfadfinderorganisation.

4 Tsukunft – eine dem Bund angehörende Jugendorganisation.

5 Hauskomitees waren eine wichtige Form der Selbstverwaltung im Warschauer Ghetto.

6 In den 1930er Jahren wurde das Stück von Motł Giliński (1899–1944), der als Lehrer im Medem-Sanatorium arbeitete, in vielen polnischen Städten aufgeführt.

7 Das Stück wurde von einem jugendlichen Zögling des Medem-Sanatoriums, Josl Młotek (1918–2000), mit Unterstützung von Motł Giliński verfasst.

8 Bekannte Aufführungen des Medem-Sanatoriums in Miedzeszyn [bei Warschau].

9 Jüdische Soziale Selbsthilfe.

10 Die Umgebung der Straßen Twarda, Pańska usw.

11 Mitarbeiter des Bestattungsunternehmens von Mordechaj Pinkiert im Ghetto.

12 Trawniki und Poniatowa im Südosten Polens waren Standorte von Arbeitslagern für Juden, die hauptsächlich aus dem Warschauer Ghetto verschleppt wurden; nahezu alle von ca. 21 000 Insassen beider Lager wurden am 4. November 1943 im Rahmen der »Aktion Erntefest« ermordet

13 Polska Partia Robotnicza [Polnische Arbeiterpartei]: kommunistisch ausgerichtete Partei.

14 Szymon Ratajzer, Deckname Kazik, später Simcha Rotem (1924–2018), beteiligte sich am Ghetto-Aufstand und organisierte die Flucht von überlebenden Kämpfern, u. a. von Marek Edelman, durch die Abwasserkanäle.

ZEITTAFEL

1897 Gründung des Bund (Algemeyner yidisher arbeter-bund in Lite, Poyln un Rusland) in Wilna.

1911 Gründung der Jugendorganisation Tsukunft.

1918 Unabhängigkeit Polens.

1919 (mutmaßlich) Geburt von Marek Edelman in Gomel.

1926 Gründung des SKIF (Sotsyalistischer kinder-farband), der für Kinder bestimmten Organisation des Bund, und Eröffnung des Medem-Sanatoriums.

1934 Tod von Marek Edelmans Mutter, Cecylia Edelman, in Warschau.

1936–38 Der Bund erzielt bei den jüdischen Gemeindewahlen (Kehillah) in Warschau, Grodno, Lublin und Piotrków sowie bei den Kommunalwahlen in Warschau, Łódź, Wilna, Białystok und Lublin seine größten Wahlerfolge.

1939 *19. und 23. August* Unterzeichnung des deutsch-sowjetischen Nichtangriffspakts.

1. September Einmarsch Deutschlands in Westpolen.

17. September Einmarsch der Sowjetunion in Ostpolen.

27. September Fall von Warschau, gefolgt von der Besetzung der Stadt durch die Deutschen.

28. September Unterzeichnung des endgültigen Abkommens über die Aufteilung Polens zwischen Deutschland und der Sowjetunion.

Oktober Der Bund in Warschau geht in den Untergrund. Marek Edelman beginnt als Kurier des Bersohn-Bauman-Krankenhauses zu arbeiten.

7. Oktober Die Gestapo befiehlt Adam Czerniaków, einen Judenrat zu gründen.

4. November Der Bundist Szmuel Zygielbojm tritt aus dem Warschauer Judenrat aus und verlässt Polen.

23. November Im gesamten »Generalgouvernement für die besetzten polnischen Gebiete« wird ab dem 1. Dezember das Tragen einer Armbinde mit blauem Davidstern auf weißem Untergrund Pflicht.

1940 *Mai* Die erste Ausgabe des *Byuletin*, der Untergrundzeitung des Bund, erscheint.

Oktober Die erste Ausgabe der *Yugnt-shtime*, der Untergrundzeitung der Tsukunft, erscheint.

12. Oktober Die Deutschen kündigen die Einrichtung eines Ghettos in Warschau an.

16. November Abriegelung des Warschauer Ghettos.

1941 *Januar–März* Aus der Umgebung Warschaus werden etwa 66 000 Juden ins Ghetto gebracht. Darin leben jetzt ca. 445 000 Menschen.

22. Juni Die Wehrmacht marschiert in die Sowjetunion ein. Einige Tage später beginnen die mobilen Einsatzgruppen der SS mit Massakern an Juden in Ostpolen.

Juli Höhepunkt der Typhusepidemie im Warschauer Ghetto.

September Kürzung der Lebensmittelrationen im Ghetto.

Oktober Die Untergrundpresse des Bund in Warschau veröffentlicht erste Informationen über die Massaker an den Juden in Ostpolen.

17. November Erste Hinrichtung von Juden, die wegen unbefugten Verlassens des Warschauer Ghettos festgenommen worden waren.

1942 *20. Januar* Wannsee-Konferenz, auf der fünfzehn NS-Würdenträger über die »Endlösung der Judenfrage« diskutieren.

26. Januar Eröffnung der Brücke an der Kreuzung Chłodna-/Żelazna-Straße im Warschauer Ghetto.

März Erste Gespräche zwischen dem Bund und zionistischen Bewegungen über die Bildung einer jüdischen Kampforganisation im Warschauer Ghetto. Weigerung des Bund, sich einer gemeinsamen jüdischen Organisation anzuschließen.

15. April Treffen von Bund und Tsukunft, bei dem beschlossen wird, zur Selbstverteidigung aufzurufen, aber noch nicht zum bewaffneten Kampf.

Nacht vom 17. auf den 18. April »Blutnacht«, in der die Deutschen 52 Personen in ihren Wohnungen festnehmen und sie an Ort und Stelle oder auf den Straßen des Ghettos erschießen.

Juli Fertigstellung des Vernichtungslagers Treblinka II.

22. Juli Beginn der »Großen Aktion«, der Deportationen aus dem Warschauer Ghetto ins Vernichtungslager Treblinka II im Sommer 1942.

23. Juli Selbstmord Adam Czerniaków's, des Vorsitzenden des Judenrats im Warschauer Ghetto.

Treffen von Vertretern des zionistischen, kommunistischen und bundistischen Widerstands im Warschauer Ghetto. Sie diskutieren über Widerstandsaktionen, treffen aber an diesem Tag keine Entscheidungen.

28. Juli Gründung der Jüdischen Kampforganisation im Warschauer Ghetto.

Ende Juli – Anfang August Entsendung des Bundisten Zygmunt Frydrych nach Treblinka II; nach seiner Rückkehr berichtet er, was er über die dort begangenen Massenmorde erfahren hat.

6.–12. September Vierte Phase der »Großen Aktion«, der Deportationen aus dem Warschauer Ghetto im Sommer 1942. In diesen Tagen ordnen die Deutschen auch eine »Selektion« von Arbeitskräften unter den noch im Ghetto lebenden Juden an.

21. September Deportation der jüdischen Polizisten und ihrer Familien nach Treblinka. Letzter Akt der »Großen Aktion«, der Deportationen aus dem Warschauer Ghetto im Sommer 1942. Im Ghetto leben danach noch etwa 50 000 Juden: ausgewählte Arbeitskräfte und Bewohner, die sich versteckt haben.

November Der Bund schließt sich der Jüdischen Kampforganisation an. Marek Edelman vertritt dort schon bald seine Partei.

1943 *18.–22. Januar* Zweite »Aktion« von Deportationen aus dem Warschauer Ghetto, die jedoch bereits am 18. Januar durch den bewaffneten Widerstand der Juden unterbrochen wird. Etwa 4500 Juden werden deportiert, 1200 auf den Straßen des Ghettos getötet.

2. Februar Sieg der Sowjetunion über Nazi-Deutschland in Stalingrad.

19. April Beginn des Aufstands im Warschauer Ghetto. Marek Edelman leitet den Widerstand im Gebiet der Bürstenfabrik.

8. Mai Kämpfer des Aufstands im Warschauer Ghetto, darunter Mordechaj Anielewicz, einer der Anführer, begehen im Bunker Miła-Straße 18 Selbstmord.

10. Mai Marek Edelman und einige andere Kämpfer fliehen durch die Kanalisation aus dem Warschauer Ghetto.

12. Mai Der Bundist Szmul Zygielbojm (Artur) nimmt sich in London das Leben, nachdem seine Versuche, auf die im Gang befindliche Vernichtung der Juden in Polen aufmerksam zu machen, gescheitert sind.

16. Mai Die Deutschen zerstören die Synagoge in der Tłomackie-Straße. Ende des Aufstands im Warschauer Ghetto.

1944 *1. August* Beginn des Warschauer Aufstands, an dem sich Überlebende des Warschauer Ghettos, darunter Marek Edelman und andere Bundisten, beteiligen.

2. Oktober Ende des Warschauer Aufstands, der von den Deutschen niedergeschlagen wird.

1945 *17. Januar* Ankunft der sowjetischen Truppen in Warschau, wo noch etwa 11 500 Juden am Leben sind.

8. Mai Kapitulation der Wehrmacht.

Frühjahr – Sommer Marek Edelman verfasst in Łódź den Bericht *Getto walczy (udział Bundu w obronie getta warszawskiego)* [dt. *Das Ghetto kämpft* (›die Beteiligung des Bund an der Verteidigung des Warschauer Ghettos‹)].

Herbst Veröffentlichung von *Getto walczy* im Verlag des Bund in Warschau.

1946 Veröffentlichung von *The Ghetto Fights*, einer englischen Übersetzung von *Getto walczy*, im Verlag der amerikanischen Vertretung des Bund in New York.

19. April In Warschau wird ein erstes, von Leon Marek Suzin geschaffenes Denkmal für die Kämpfer des Aufstands im Warschauer Ghetto enthüllt.

4. Juli Pogrom von Kielce (42 Tote); danach emigrieren immer mehr Juden aus Polen.

1948 *19. April* Einweihung des von Nathan Rapoport geschaffenen Denkmals »für die Kämpfer und Märtyrer des Ghettos« in Warschau.

Oktober Der Bund tritt der kommunistischen Polnischen Arbeiterpartei (PPR) bei.

1949 *Januar:* Ende der Aktivitäten des Bund in Polen.

1952 Marek Edelman erhält eine Stelle im Sterling-Krankenhaus in Łódź.

1956 Vor dem Hintergrund einer politischen, wirtschaftlichen und sozialen Krise bricht der Antisemitismus in Polen wieder offen aus. Es folgt eine Welle der Emigration von Juden aus Polen, die bis 1959 andauert.

1967 *5.–10. Juni:* Sechstagekrieg im Nahen Osten, in dessen Folge in Polen eine antisemitische Kampagne beginnt.

Entlassung Marek Edelmans aus dem Sterling-Krankenhaus. Unterstützt von Professoren der Medizin findet er eine Anstellung im Militärkrankenhaus in Łódź. Er schließt seine medizinische Doktorarbeit ab.

1967 oder 1968 Wahrscheinlicher Zeitraum, in dem Marek Edelman in drei Notizbüchern Erinnerungen an das Warschauer Ghetto niederschreibt. Einige Texte, die er in dieser Zeit verfasst, werden von polnischen Zeitschriften abgelehnt.

1968 *März* Protestbewegung von Studenten und Intellektuellen in Warschau, Vorwand für die Verschärfung der antisemitischen Kampagne seit Juni 1967. Es folgt eine neue Welle der Emigration von Juden aus Polen, die bis 1971 andauert.

Marek Edelman verliert seine Stelle als Arzt im Militärkrankenhaus in Łódź.

Die polnischen Behörden hindern Alina Margolis-Edelman daran, sich in Kindermedizin zu habilitieren.

Einige Zeit nach seiner Entlassung aus dem Militärkrankenhaus erhält Edelman dank Unterstützern eine Stelle im Madurowicz-Krankenhaus in Łódź.

1975 *März* Die polnische Journalistin Hanna Krall veröffentlicht in der Zeitschrift *Odra* das etwa zehn Seiten lange erste Interview mit Marek Edelman über seine Erinnerungen an das Warschauer Ghetto.

1976 Marek Edelman unterzeichnet einen Protestbrief gegen eine geplante Änderung der polnischen Verfassung zur Einschränkung der Bürgerrechte.

Edelman wird zum engsten Mitarbeiter des Komitet Obrony Robotników (KOR; ›Komitee zur Verteidigung der Arbeiter‹).

Die polnische Zensur verbietet die Veröffentlichung eines längeren Interviews von Hanna Krall mit Marek Edelman über das Warschauer Ghetto. Dem Chefredakteur von *Odra* gelingt es jedoch, Auszüge daraus in seiner Zeitschrift abzudrucken.

1977 Hanna Kralls Interview mit Marek Edelman erscheint im Krakauer Verlag Wydawnictwo Literackie. Titel: *Zdążyć przed Panem Bogiem* [›Dem Herrgott zuvorkommen‹].

1980 Gründung der Gewerkschaft Solidarność. Marek Edelman schließt sich der Protestbewegung an.

1983 Marek Edelman boykottiert während der Proteste der Gewerkschaft Solidarność das offizielle Gedenken an den Aufstand im Warschauer Ghetto. Er hat für den 17. April eine eigene Zeremonie organisiert. Unter Hausarrest in Łódź stehend, kann er jedoch zum ersten Mal seit 1945 nicht nach Warschau kommen, um seine Genossen zu ehren.

1989 *Juni* Erste halbfreie Wahlen in Polen.
August Der Solidarność-Führer Tadeusz Mazowiecki wird Ministerpräsident.

1999–2013 Veröffentlichung mehrerer Bücher mit Interviews, die polnische Journalisten mit Marek Edelman geführt haben.

2009 2. *Oktober* Marek Edelman stirbt.
9. *Oktober* In Edelmans Wohnung in Łódź werden die drei Notizbücher mit seinen Erinnerungen an das Warschauer Ghetto entdeckt.

2015 *Oktober* In Polen kommt die Partei Recht und Gerechtigkeit (PiS) an die Macht.

2017 Die Polnische Akademie der Wissenschaften veröffentlicht im Verlag Fundacja Zeszytow Literackich Marek Edelmans Notizbücher auf Polnisch: *Nieznane zapiski o getcie warszawskim* [›Unbekannte Aufzeichnungen über das Warschauer Ghetto‹].

BIOGRAPHIEN

Biographien von Mitgliedern oder Sympathisanten des Bund, der Tsukunft oder der Polnischen Sozialisten, die im Text oder in unseren Anmerkungen erwähnt werden und deren Identität festgestellt werden konnte.[1]

Bas, Alter stammte aus einer bundistischen Familie und war Mitglied der Jugendorganisationen des Bund – des SKIF und später der Tsukunft – gewesen. Er arbeitete als Metaller in Warschau und gehörte der Gewerkschaft seines Bezirks an. Während des Zweiten Weltkriegs beteiligte er sich am bundistischen Widerstand: Er widmete sich der Unterstützung von Kindern und transportierte illegale bundistische Flugblätter und Zeitungen. Wegen der letzteren Aktivität wurde er im Mai 1941 von der Gestapo verhaftet, ins Gefängnis Pawiak geworfen und später nach Auschwitz deportiert. Zum Zeitpunkt seiner Verhaftung war er 17 Jahre alt.

Bartman arbeitete im Warschauer Ghetto in der Abteilung für Vermögensbeschlagnahme. Im April 1942 meldete Marek Edelman sich offiziell als bei ihm wohnhaft.

Barenbaum war Bundist oder Sympathisant des Bund; eine Zeit lang befand sich die illegale Druckerei der Partei bei ihm.

Bielicka-Blum, Luba (1906–1973), Mitglied der Tsukunft, war die Ehefrau des Bundistenführers Abrasza Blum. Seit der Zwi-

1 Ein Großteil der Informationen in diesen biographischen Notizen stammt aus dem von Yankev Sholem Hertz herausgegebenen Werk *Doyres bundistn* [›Generationen von Bundisten‹], das zwischen 1956 und 1968 in drei Bänden im New Yorker Verlag Undzer tsayt erschien.

schenkriegszeit Leiterin einer jüdischen Schule für Krankenschwestern in Warschau, arbeitete sie in dieser Funktion auch im Ghetto. Während der »Großen Aktion« vom Sommer 1942 konnte sie mehrere Krankenschwestern ihrer Schule vor der Deportation retten. Später gelang es ihr, ihre beiden Kinder und andere Jugendliche aus dem Ghetto zu holen. Sie selbst überlebte die Besatzung in einem Versteck auf der »arischen Seite« Warschaus. In der unmittelbaren Nachkriegszeit stand sie an der Spitze des SKIF und leitete das jüdische Kinderheim in der Stadt Otwock. 1949 wurde sie wieder Leiterin der Schule für Krankenschwestern in Warschau. Sie blieb bis zu ihrem Tod in Polen.

Bilak, Janek (1920–1944) wuchs in Warschau auf und war dort Mitglied des SKIF und der Tsukunft. Im Warschauer Ghetto verdiente er sich seinen Lebensunterhalt als Rikschafahrer, wobei er mit seinem Gefährt auch illegale Materialien beförderte und geheime Botschaften überbrachte. Ab Sommer 1942 arbeitete er in den Werkstätten auf dem Gelände der Bürstenfabrik und bereitete dort zusammen mit Jurek Błones den bundistischen Beitrag zum bewaffneten Aufstand im Frühjahr 1943 vor. Er beteiligte sich an den Kämpfen, überlebte und schloss sich dann den bundistischen Partisanen im Wald von Wyszków an. Bilak wurde im Sommer 1944 während des Warschauer Aufstands von den Deutschen ermordet.

Blank, Łajcia gehörte laut den Erinnerungen von Marek Edelman zur selben Geheimdienstzelle wie Pola Lipszyc.

Błones, Guta war die Schwester von Jurek und Lusiek Błones. Sie und ihre Brüder tauchten nach dem Aufstand im Warschauer Ghetto in dem östlich der Hauptstadt gelegenen Dorf Płudy unter, wurden dort aber von den Deutschen aufgespürt und ermordet.

Błones, Jurek stammte aus einer bundistischen Familie in Warschau und war dort vor und während des Zweiten Weltkriegs im SKIF aktiv. Im Warschauer Ghetto druckte er in seiner Wohnung in der Nowolipie-Straße eine Zeit lang die Untergrundpresse des Bund. Während des Aufstands im Ghetto führte er zusammen mit Janek Bilak eine Gruppe bundistischer Kämpfer in jenem Gebiet rund um die Bürstenfabrik, in dem Marek Edelman den Widerstand leitete. Nach den Kämpfen tauchte Błones mit seinen Geschwistern Guta und Lusiek in dem Dorf Płudy unter; alle drei wurden jedoch von den Deutschen aufgespürt und ermordet.

Blum, Abrasza (Abraham) (1905–1943) stammte aus einer wohlhabenden und kultivierten zionistischen Familie in Wilna. Dem Bund trat er schon als Gymnasiast bei. Nach einem Maschinenbaustudium in Deutschland und Belgien kehrte er nach Polen zurück und nahm seine politische Tätigkeit für den Bund wieder auf: im Warschauer Parteikomitee, im Zentralkomitee der Tsukunft und im Komitee der mit dem Bund assoziierten säkularen jiddischen Schulen. Ende 1938 wurde er als Vertreter des Armenviertels um die Krochmalna-Straße in den Warschauer Stadtrat gewählt. Blum war ein Menschenfischer mit starkem politischem Engagement, den der Bund aufgrund dieser Eigenschaften 1937 auch in andere polnische Städte und aufs Land schickte, mit dem Auftrag, für seine Partei Vorträge zu halten. Während des Zweiten Weltkriegs war er eine der Säulen des bundistischen Widerstands: Er beteiligte sich an der allgemeinen Organisation des Untergrundnetzwerks seiner Partei und an der Redaktion von deren Presse. Als Anführer motivierte und inspirierte er seine Genossen aber auch, wie mehrere von diesen in ihren Erinnerungen betont haben. Nach dem Krieg wurde sein Andenken in der bundistischen Welt hingebungsvoll gepflegt – Marek Edelmans 1945 veröffentlichter Bericht *Das Ghetto kämpft* etwa ist ihm gewidmet. Abrasza Blum hatte sich schon früh für den bewaffneten Widerstand ausgesprochen, und er koordinierte die Vorbereitung der bundistischen Kämpfe. Da seine schwache körperliche Verfassung ihm nicht erlaubte, die Bundisten während des Aufstands im April und Mai 1943 anzuführen, übernahm Marek Edelman diese Rolle. Nach dem Aufstand im Ghetto wurde Blum auf der »arischen Seite« Warschaus ermordet. Seine Frau Luba Bielicka-Blum leitete die Krankenschwesternschule des Ghettos.

Braude-Heller, Anna (geb. Braude, 1888–1943) war eine aus Warschau stammende Bundistin. Sie hatte bis 1912 in Zürich und Berlin Medizin studiert und war anschließend für kurze Zeit nach Russland gegangen, wo sie als Kinderärztin praktizierte – in jenem Fachgebiet, in dem sie sich später einen Namen machte. Nach Warschau zurückgekehrt, arbeitete sie zunächst im jüdischen Krankenhaus im Stadtviertel Czyste und danach im berühmten Kinderkrankenhaus Bersohn-Bauman. Dieses wurde nach dem Ersten Weltkrieg geschlossen, aber 1930 wiedereröffnet – auch dank der Bemühungen von Anna Braude-Heller, die darin fortan als Chefärztin tätig war. Anna Braude-Heller war seit ihrem Aufenthalt in der Schweiz Mitglied des Bund und engagierte sich, indem sie als Ärztin für die Zentralorganisation der jiddischen Schulen arbeitete, auch für nichtmedizinische jüdische Einrichtungen in Polen. Von 1939 bis 1943 widmete sie ihre ganze Energie dem Betrieb des Bersohn-Bauman-Krankenhauses, das im 1940 eingerichteten Warschauer Ghetto lag. Sie war auch an medizinischen Studien über die Auswirkungen von Hunger auf den menschlichen Körper beteiligt, deren Ergebnisse nach dem Krieg veröffentlicht wurden. Als im Juli 1942 die Deportationen begannen, lehnte sie es ab, auf der »arischen Seite« Warschaus unterzutauchen, und arbeitete weiter für die Kranken. Sie starb unter unbekannten Umständen während des Ghettoaufstands.

Buksowa (Buks), Basia leitete eine bundistische Volkskantine im Warschauer Ghetto.

Cukerman, Pesach war Mitglied der Tsukunft. Er wurde in der »Blutnacht« vom 17. auf den 18. April 1942 von den Deutschen ermordet.

Cyna, Hersz illustrierte 1941 *Di parizer komune*, eine Untergrundpublikation des Bund.

Dąb, Mietek (Mieczysław) war eines der Mitglieder der Polnischen Sozialisten, die im Warschauer Ghetto die jüdische Polizei unterwanderten, um dem Widerstand Informationen zu liefern.

Dawidowicz, Tobcia (1924–1943) stammte aus einer bundistischen Familie: Ihr Vater war Geschäftsführer der bundistischen Zeitung *Yugnt-veker* und Mitglied des Führungsgremiums der Tsukunft. Tobcja selbst war Mitglied des SKIF, der Tsukunft und des Morgnshtern, des Sportverbands des Bund. Im Warschauer Ghetto schloss sie sich dem Widerstand an und beteiligte sich im April und Mai 1943 am Aufstand, bei dem sie als Verbindungsglied zwischen den Kampfgruppen fungierte. Sie kam während der Kämpfe ums Leben.

Diamant, Leon arbeitete als Friseur in einem Salon in der Leszno-Straße und war Mitglied einer aus fünf Personen desselben Berufsstands bestehenden bundistischen Untergrundzelle. Nach einer Untersuchung kamen Aktivisten der Tsukunft zu dem Schluss, dass er mit Gestapo-Mitarbeitern verkehre und einige seiner Genossen, die in der »Blutnacht« vom 17. auf den 18. April 1942 ermordet worden waren, an die Deutschen verraten habe. Marek Edelman zufolge wurde Diamant im September 1942 in Treblinka ermordet.

Etkin, Chaje (geborene Pażenczewski) war die Ehefrau von Meir Etkin. Sie starb unter unbekannten Umständen.

Etkin, Meir (1900–1943), von Beruf Buchhalter, war seit 1912 Mitglied des Bund. Er hatte vor dem Krieg in Łódź gelebt und sich dort im Sozialwesen engagiert. Die Kriegsjahre verbrachte er im Warschauer Ghetto. Er arbeitete in den Toebbens-Werken und für die jüdische Sozialfürsorge. In der Wohnung des Ehepaars Etkin in der Leszno-Straße fanden geheime Treffen bundistischer Widerstandskämpfer statt und wurden Genossen versteckt, nach denen die Deutschen fahndeten. Meir wurde im November 1943 im Lager Poniatowa ermordet.

Fajner, Abram (1914–1943) stammte aus Warschau und war Kürschner von Beruf. Vor dem Krieg war er in der Tsukunft aktiv gewesen. Er hatte in deren Warschauer Komitee gesessen und sich in der Jugendorganisation der Bekleidungsgewerkschaft engagiert. Während des Zweiten Weltkriegs beteiligte er sich an der Leitung der Untergrundaktivitäten der Tsukunft im Warschauer Ghetto. Bei der Vorbereitung des bewaffneten Widerstands zum Anführer einer Gruppe von Kämpfern im Bereich der Firma Schultz & Co. bestimmt, wurde er am 18. Januar 1943, also noch vor dem Aufstand, von den Deutschen ermordet.

Fajner, Leon (1886–1945) stand an der Spitze der Krakauer Sektion des Bund. Als er im Juli 1940 versuchte, in das noch nicht besetzte Wilna zu gelangen, wurde er von den Sowjets in der Stadt Lida verhaftet. Infolge des überstürzten Abzugs der Sowjets während des deutschen Einmarsches in Lida im Juni 1941 konnte er aus dem Gefängnis fliehen und sich nach Warschau durchschlagen, wo er sich dem bundistischen Widerstand auf der »arischen Seite« der Stadt anschloss. Unter den Pseudonymen Mikotaj (Chil) Berezowski und Józef versuchte er, Waffen und Geld zu beschaffen, jüdischen Flüchtlingen im »arischen« Warschau zu helfen und Kontakte zwischen dem Ghetto und der Außenwelt sowie zwischen dem jüdischen und dem polnischen Widerstand herzustellen. Erschöpft von den Kriegsjahren, starb Leon Fajner im Februar 1945 in Lublin.

Fensterblum (Fensterbloj), Szyja (1881–1942), von Beruf Rechtsanwalt, war ein Krakauer Bundist. Während des Krieges engagierte er sich in der Sozialfürsorge, später auch im Widerstand. Von der Gestapo gesucht, tauchte er in mehreren polnischen Städten, unter anderem in Warschau, unter. Er wurde im Sommer 1942 in Treblinka ermordet.

Filozof, Chaskl stammte aus Łódź, wo er in jiddischen Schulen, im SKIF und später in der Tsukunft eine säkulare jüdische Erziehung erhalten hatte. Von Beruf Lederschneider, engagierte er sich in den Führungsgremien der Tsukunft und war einer der Leiter von deren Schutzmiliz, dem Shturem. Im Warschauer Ghetto beteiligte er sich am bundistischen Widerstand; unter anderem organisierte er in seiner Wohnung in der Miła-Straße mehrere Treffen zur Vorbereitung des Aufstands. Er starb zu einem unbekannten Zeitpunkt im Ghetto.

Fiszgrund, Salo (1893–1971, Pseudonym während der Besatzung: Henryk Bojarski) war ein Krakauer Bundist. Als die Deutschen im Juni 1941 in die Stadt Lida im Osten Polens einmarschierten, gelang es ihm zusammen mit Leon Fajner, aus dem Gefängnis der Stadt zu fliehen, in das die Sowjets die beiden Bundisten geworfen hatten. Fiszgrund fand eine Zeit lang Zuflucht im Medem-Sanatorium, einer bundistischen sozialmedizinischen Einrichtung für Kinder in Miedzeszyn, südöstlich von Warschau. In Warschau wurde er Verbindungsmann des Bund auf der »arischen Seite« der Hauptstadt, beteiligte sich aber später an den Kämpfen des Ghettoaufstands vom April und Mai 1943. Nach dem Krieg war Fiszgrund Sekretär des Zentralkomitees des Bund in Warschau, in welcher Funktion er sich bis zur Auflösung der Jüdischen Sozialistischen Partei im Januar 1949 für deren Annäherung an die kommunistische Bewegung einsetzte. Bis zu seiner Auswanderung nach Israel 1968 engagierte er sich im polnisch-jüdischen Kulturleben.

Frydrych, Zygmunt (Zalmen) (1910–1943) wuchs in Warschau auf, wo er eine säkulare jüdische Erziehung erhielt. Vor dem Krieg arbeitete er als junges Mitglied der Zentralorganisation der jiddischen Schulen (TSYSHO: Tsentrale Yidishe Shul-organizatsye) in deren Geschäftsstelle, war Sekretär der Warschauer Sektion des Morgnshtern, des Sportverbands des Bund, und schrieb Beiträge für die Sportseiten der bundistischen Tageszeitung *Folkstsaytung*. Nachdem er im August 1929 an einer Demonstration der Jugendorganisationen des Bund und der Polnischen Sozialistischen Partei gegen das Regime von Marschall Piłsudski teilgenommen hatte, wurde er verhaftet und strafrechtlich verfolgt. Im September 1939 kämpfte er in den Reihen der polnischen Armee, wurde gefangengenommen und anschließend in einem Lager in Königsberg interniert. Nach seiner Rückkehr nach Warschau beteiligte er sich am bundistischen Widerstand. Während der »Großen Aktion« im Sommer 1942 wurde er vom

Bund beauftragt, außerhalb des Ghettos Informationen über das Ziel der Züge, die täglich vom »Umschlagplatz« abfuhren, einzuholen. Sein Bericht wurde am 20. September 1942 in der ersten Ausgabe der bundistischen Untergrundzeitung *Oyf der vakh* unter der Überschrift »Di varshever yidn vern dermordet in treblinki [sic]« (›Die Warschauer Juden werden in Treblinki [sic] ermordet‹) veröffentlicht. Später half Frydrych bei der Beschaffung von Waffen für den geplanten Aufstand im Ghetto. An diesem nahm er zunächst als Kämpfer teil, später ging er mit dem Auftrag, materielle Unterstützung zu besorgen, als Emissär auf die »arische Seite«. Frydrych wurde im Mai 1943 zusammen mit anderen Ghettokämpfern wie Ruszke Klog, Guta, Jurek und Lusiek Błones, Fejgele Goldsztejn und Tzameret Wachojzer in dem östlich von Warschau gelegenen Dorf Płudy von den Deutschen ermordet.

Fryszdorf, Gabryś (Gabriel) (1918–1944) wurde in seinem Elternhaus religiös, in den jüdischen Schulen Warschaus aber säkular erzogen. Er war Mitglied des Bund, der Tsukunft und der Schutzmiliz derselben, des Shturem. Vor dem Krieg Einzelhändler, war er nach dem Einmarsch der Deutschen in den Volkskantinen des Bund tätig, in denen er auch die Untergrundarbeit der Partei und ihrer Jugendorganisation unterstützte. Von der »Großen Aktion« im Sommer 1942 an arbeitete er zusammen mit anderen Bundisten in einer der Werkstätten von Kurt Röhrich. Während des Ghettoaufstands führte er die Kämpfer im Bereich dieser Werkstätten. Später war er einer der Anführer der bundistischen Partisanengruppen im Wald von Wyszków. Er fiel dort am 15. Juni 1944 im Kampf.

Gilerowicz-Odesowa, Roza war Krankenschwester im Bersohn-Bauman-Krankenhaus. Sie überlebte den Krieg, arbeitete eine Zeit lang in einem Kinderheim in Otwock und wanderte 1947 in die Vereinigten Staaten aus.

Goldberg, Mojsze war Mitglied der Tsukunft. Er wurde von den Deutschen in der »Blutnacht« vom 17. auf den 18. April 1942 ermordet.

Goldblat, Zośka gehörte derselben Geheimdienstzelle an wie Pola Lipszyc. Neben ihrer Tätigkeit zum Zweck der Beschaffung von Informationen beteiligte sie sich an der Verbreitung der Untergrundpresse des Bund. Laut der Historikerin Martyna Rusiniak-Karwat wurde sie um 1925 geboren und 1943 in dem Dorf Płudy erschossen, wohin sie sich nach ihrer Teilnahme am Ghettoaufstand mit anderen Bundisten geflüchtet hatte. Ihr Leichnam wurde 1946 zusammen mit den sterblichen Überresten der Geschwister Błones und Zalmen Frydrychs auf dem Warschauer Friedhof beigesetzt.

Goldsztejn, Bernard (1889–1959) stammte aus der Stadt Siedlce im Osten des heutigen Polen und war in Warschau, wohin er Anfang des 20. Jahrhunderts gezogen war, beim Bund aktiv. Nachdem er sich während der Revolution von 1905 der sozialistischen Bewegung angeschlossen hatte, wurde er mehrmals verhaftet. 1911/12 verbüßte er eine Gefängnisstrafe, und 1915 wurde er nach Sibirien verbannt. Nach seiner Freilassung im Gefolge der Revolution von 1917 kehrte er nach Warschau zurück, wo er 1919 ins Zentralkomitee des Bund und in den Exekutivausschuss des städtischen Gewerkschaftsbunds gewählt wurde. In der Zwischenkriegszeit war er mit der Organisation mehrerer Gewerkschaftszweige betraut und leitete die Selbstverteidigungsmiliz des Bund, die Versammlungen und Kundgebungen der Partei vor Angriffen polnischer Kommunisten und Antisemiten schützen sollte. Seine Erinnerungen an diese Zeit, die 1960 in jiddischer Sprache als Buch veröffentlicht wurden und 2016 in englischer Übersetzung erschienen, sind eine wertvolle Quelle zur Welt der polnischen Juden in den Jahren der Zweiten Polnischen Republik. Während des Zweiten Weltkriegs war Goldsztejn Mitglied des illegalen Zentralkomitees des Bund im Warschauer Ghetto. Da er aufgrund seiner politischen Aktivitäten in der Vorkriegszeit mehr als andere gefährdet war, musste er besondere Vorsichtsmaßnahmen treffen, um nicht verhaftet zu werden. Im September 1942 wurde er vom Bund auf die »arische Seite« geschickt, um Waffen für den in Vorbereitung befindlichen Ghettoaufstand zu beschaffen. In seinen in jiddischer Sprache verfassten und 1947 veröffentlichten Erinnerungen an den Krieg hat er beschrieben, wie Marek Edelman ihm bei der Flucht aus dem Ghetto half. Goldsztejn wanderte nach dem Krieg in die Vereinigten Staaten aus, wo er sich in New York niederließ.

Gruszka, Jankl (1916–1942) stammte aus einer bundistischen Familie in Warschau. Vor dem Krieg war er Mitglied des SKIF und der Tsukunft sowie Vorsitzender der Jugendorganisation der Metallarbeitergewerkschaft. Nach dem Ausbruch des Zweiten Weltkriegs im Herbst 1939 floh er nach Wilna, arbeitete dort eine Zeit lang als Nachtwächter beim YIVO (Yidisher visnshaftlekher institut) und kehrte dann heimlich nach Warschau zurück, wo er im Führungsgremium des Widerstands der bundistischen Jugend saß und sich zusammen mit Alter Bas besonders der Verbreitung der Untergrundpresse der Partei widmete. Nach Bas' Verhaftung im Mai 1941 wurde Gruszka vom Bund nach Zamość entsandt, wo er bis zum Sommer 1942 blieb. Nach seiner Rückkehr ins Warschauer Ghetto wurde er Anfang September 1942 verhaftet und anschließend ins Vernichtungslager Treblinka deportiert.

Grylak, Izrael (1908–1943) stammte aus einer chassidischen Familie, löste sich aber schon in seiner Jugend von der religiösen Tradition. Vor dem Krieg war er in der Warschauer Tsukunft aktiv, saß im Vorstand dieser Organisation und arbeitete für die Gewerkschaft der Kaufleute. 1930 übernahm er Funktionen in der Zentrale der polnischen Textilgewerkschaften. Nach Kriegsbeginn blieb er in Warschau, schloss sich dem frühen bundistischen Widerstand an und kämpfte beim Ghettoaufstand im Gebiet rund um die Bürstenfabrik. Dabei kam er ums Leben.

Hertz, Józef Jerzy war eines der Mitglieder der Polnischen Sozialisten, die die jüdische Polizei im Ghetto unterwanderten, um dem Widerstand Informationen zu liefern.

Keilson, Debora (Dola) war die Schwester von Helena Keilson, die als Ärztin im Kinderkrankenhaus Bersohn-Bauman arbeitete; sie selbst war Oberschwester in dieser Einrichtung. Sie wurde 1943 in Otwock erschossen, wo sie mit ihrem Mann untergetaucht war.

Keilson, Helena (Hela) war vor dem Krieg Ärztin im Medem-Sanatorium, einer vom Bund verwalteten sozialmedizinischen Einrichtung in Miedzeszyn, gewesen. Während des Krieges praktizierte sie im Kinderkrankenhaus Bersohn-Bauman, für das Marek Edelman als Kurier arbeitete. Nachdem sie Anfang 1943 mit falscher Identität auf die »arische Seite« Warschaus geflohen war, wurde sie dort im April des Jahres verhaftet. Sie wurde nach Auschwitz deportiert, überlebte aber und wanderte nach dem Krieg nach Schweden aus.

Klin, Dawid (1905–1973), ein bundistischer Journalist, war in Kalisz und später Częstochowa (Tschenstochau) in sozialen und gewerkschaftlichen Organisationen aktiv gewesen. In Warschau lebte er seit 1938 und arbeitete dort für die Kunsthandwerkergewerkschaft. Während des Zweiten Weltkriegs gelang es ihm, als Angestellter der amerikanisch-jüdischen philanthropischen Organisation American Jewish Joint Distribution Committee innerhalb wie außerhalb des Ghettos Untergrundaktivitäten durchzuführen. In der »Blutnacht« vom 17. auf den 18. April 1942 wurde er von der jüdischen Polizei gesucht, woraufhin er endgültig auf der »arischen Seite« Warschaus untertauchte. Dort beteiligte er sich an der illegalen Zusammenarbeit zwischen Bundisten und Polnischen Sozialisten bei der Beschaffung von Waffen und verfasste Bulletins, die Informationen aus Rundfunksendungen in englischer, deutscher und polnischer Sprache wiedergaben. Er beteiligte sich auch am Warschauer Aufstand von August bis Oktober 1944. Nach der Befreiung für seine Beteiligung am Widerstand belohnt, wurde Klin bald Opfer der kommunistischen Regierung, die ihn 1950 ins Gefängnis warf. Nach seiner Freilassung 1956 emigrierte er nach Frankreich, wo seine Frau und sein Sohn schon seit 1947 lebten. Klin starb 1973 in Paris. Seine Erinnerungen an die Kriegsjahre, *Mitn melekh hamoves untern orem* [›Mit dem Todesengel Arm in Arm‹], die 1968 in Tel Aviv veröffentlicht wurden, erschienen 2017 unter dem Titel *À cache-cache avec la mort* [›Versteckspiel mit dem Tod‹] in französischer Übersetzung.

Klog, Blume (Blumka), Mitglied der Tsukunft, war eine der beiden Töchter des Bundisten und Druckers Lozer Klog. Sie wurde 1944 ermordet, als sie zusammen mit Henech Russ und seiner Frau versuchte, aus dem Lager Skarżysko-Kamienna zu fliehen.

Klog, Lozer (1887–1943) aus Wilna war neben Bernard Goldsztejn einer der wenigen schon vor dem Ersten Weltkrieg aktiven bundistischen Führer, die nach dem Beginn des Zweiten Weltkriegs in Warschau geblieben waren. Von Beruf Drucker, hatte Klog schon während seiner Jugend im Zarenreich an illegalen revolutionären Publikationen mitgearbeitet. Aufgrund dieser Tätigkeit, der er sich seit dem Beginn der Revolution von 1905 in Wilna, Kiew und Łódź verschrieben hatte, war er mehrmals verhaftet worden. 1915 war er in die polnische Hauptstadt gezogen und dort 1916 zum Vorsitzenden des Ortsverbands der Gewerkschaft jüdischer Drucker, 1920 sogar zum Vorsitzenden von deren landesweiter Gewerkschaft gewählt worden – zwei Ämter, die er bis zum Ausbruch des Zweiten Weltkriegs innegehabt hatte. In der Zwischenkriegszeit hatte er außerdem für die jiddische Warschauer Tageszeitung *Der moment* gearbeitet, und am Vorabend des Krieges war er zum Mitglied des Warschauer Komitees des Bund und der Kehillah der Stadt (ihrer jüdischen Gemeinde) gewählt worden. Während der Bombenangriffe auf Warschau im September 1939 half Klog beim Drucken der bundistischen Tageszeitung *Folkstsaytung*, und zu Beginn der deutschen Besatzung engagierte er sich in den Volkskantinen für Drucker und Buchbinder. Im Ghetto schloss er sich dem illegalen Zentralkomitee des Bund und später der Jüdischen Kampforganisation an. Während des Aufstands vom April und Mai 1943 beteiligte er sich unter der Führung von Marek Edelman an den Kämpfen im Gebiet rund um die Bürstenfabrik. Er wurde am 10. Mai 1943 im Ghetto ermordet.

Kostryński, Szmul (Spitzname Kleiner Kostek) stammte aus einer bundistischen Familie in Warschau. Er und sein älterer Bruder (der Große Kostek) erhielten in der jüdischen Schule und im SKIF eine säkulare Erziehung. Als die Deutschen einmarschierten, musste er, noch Gymnasiast, seinen Schulbesuch unterbrechen und schloss sich der Untergrundorganisation der jungen Bundisten an. Er und sein Bruder beteiligten sich unter anderem an der Verteilung der Untergrundpresse der Tsukunft im Ghetto. Szmul Kostryński wurde später zu einem wichtigen, für die Verbreitung von Untergrundliteratur und geheimen Botschaften zuständigen Verbindungsmann des bundistischen Widerstands. Während der »Großen Aktion« im Sommer 1942 half er einigen Genossen, vom »Umschlagplatz« zu fliehen. Kostryński wurde im August 1942 nach Treblinka deportiert.

Kulik, Jacek arbeitete im Zentralgefängnis des Ghettos und konnte dort mehrmals jungen bundistischen Gefangenen helfen.

Leruch, Józef (Yosl Laroch) war Mitglied des Bund. Er wurde von den Deutschen in der »Blutnacht« vom 17. auf den 18. April 1942 ermordet.

Leruch, Naftali war Mitglied der Tsukunft. Er wurde in der »Blutnacht« vom 17. auf den 18. April 1942 von den Deutschen ermordet.

Leszczyńska, Eugenia war eine nichtjüdische Polin, die mit dem Widerstand im Ghetto zusammenarbeitete. Sie organisierte Verstecke in Wohnungen, besorgte gefälschte Ausweise, verteilte Untergrundzeitungen und geheime Berichte. In ihrer Wohnung in der Żurawia-Straße 24/4 südlich des Ghettos versteckte sie sowohl jüdische als auch nichtjüdische Widerstandskämpfer. Ab Januar 1943 lebte der Bundist Ignacy Samsonowicz bei ihr.

Liebeskind, Natan stammte aus Łódź. Im Warschauer Ghetto gehörte er zur selben Untergrundzelle wie Marek Edelman. In

Bezug auf die Umstände seines Todes 1942 weichen die Quellen voneinander ab.

Lipszyc, Pola leitete im Ghetto einen Schauspielkreis, in dem auch Stücke von Kindern aus dem SKIF einstudiert wurden. Außerdem führte sie zusammen mit den Bund-Frauen Zośka Goldblat, Cywia Waks, Stefa Moryc, Mania Elenbogen und Łajcia Blank sowie Mitgliedern der Polnischen Sozialisten wie Marian Merenholc und Mietek Dąb im Auftrag des Bund nachrichtendienstliche Aktionen bei der Gestapo durch. Sie wurde im August 1942 nach Treblinka deportiert.

Meed (Międzyrzecka), Władka siehe Peltel, Fejgele.

Mendelsohn, Avigdor war der ältere Bruder des berühmten Bundistenführers Szlojme Mendelsohn (1896–1948). Er und seine Frau Fejge (Fanny) starben unter unbekannten Umständen im Warschauer Ghetto.

Mendelsohn, Jankl (Mendele oder Jankele) (1902/03–1942) stammte aus einer bundistischen Familie in Warschau und wuchs in einem der ärmeren Viertel der Hauptstadt auf. Von Beruf Schneider, schloss er sich früh der Tsukunft an, saß eine Zeit lang in ihrem Warschauer Vorstand und vertrat sie später im Arbeiterviertel um die Krochmalna-Straße. In den 1920er Jahren war er Redakteur der bundistischen Zeitung *Yugnt-veker* und musste deshalb eine einjährige Haftstrafe verbüßen. Im Zweiten Weltkrieg übernahm er für den Bund die riskante Rolle des Kuriers zwischen verschiedenen polnischen Städten, um beim Aufbau bundistischer und tsukunftistischer Gruppen zu helfen. Dabei legte er, meist zu Fuß, Hunderte von Kilometern zurück. Nachdem er bei einer Auseinandersetzung mit Deutschen an der

Lunge verletzt worden war, wurde er außerhalb Warschaus behandelt und kehrte dann in die Hauptstadt zurück, wo er in der Schneiderkooperative des Bund arbeitete und sich an der Verteilung der Untergrundpresse der Partei beteiligte. Mendelsohn wurde zu Beginn der Razzien vom Juli 1942 festgenommen und später zusammen mit seiner Frau und ihrer fünfjährigen Tochter in Treblinka ermordet.

Merenholc, Marian, Mitglied der Polnischen Sozialisten, hatte sich in die jüdische Polizei des Warschauer Ghettos einschleusen lassen, um dem Widerstand Informationen zu liefern. Während der »Großen Aktion« vom Sommer 1942 half er Bundisten, vom »Umschlagplatz« zu fliehen. Später gab er seinen Posten bei der Polizei auf und tauchte auf der »arischen Seite« der Hauptstadt unter, wo er Verbindungen zu mehreren jüdischen Bundisten und Sozialisten unterhielt. Er wurde 1944 während des Warschauer Aufstands getötet.

Mermelsztajn, Meir stammte aus einer chassidischen Familie, löste sich aber schon in seiner Jugend von der religiösen Tradition. Von Beruf Buchhalter, war er Mitglied des Bund und machte in Łódź sowohl in seiner Partei als auch im Gewerkschaftsleben rasch Karriere. 1938 wurde er für den Bund sogar zum Mitglied des Stadtrats von Łódź gewählt. In Warschau, wo er seit Beginn des Zweiten Weltkriegs lebte, schloss er sich dem bundistischen Widerstand an. Die genauen Umstände seines Todes sind unbekannt. Seine Frau und sein einziger Sohn Stefan tauchten auf der »arischen Seite« unter. Sein Sohn überlebte den Krieg.

Moryc, Stefa, Mitglied der Tsukunft, war im bundistischen Widerstand aktiv. Sie verbreitete illegale Publikationen des Bund im Warschauer Ghetto und beteiligte sich während des Aufstands vom April und Mai 1943 an den Kämpfen.

Muszkat, Zdzisław (1878–1960) wuchs in einer assimilierten jüdischen Familie auf und brachte sich, um im Bund aktiv werden zu können, selbst Jiddisch bei. Von Beruf Ingenieur, engagierte er sich in der Zwischenkriegszeit in der jüdischen Genossenschaftsbewegung. Bis September 1939 war er Vorsitzender der Zentralverwaltung der Berufsverbände der Kaufleute und Büroangestellten und zusammen mit Wiktor Alter Leiter der bundistischen Genossenschaftsbewegung. In den 1930er Jahren engagierte er sich auch in der bundistischen Pressearbeit in polnischer Sprache, vor allem nachdem die *Folkstsaytung*, die jiddische Tageszeitung der Partei, von der Regierung verboten worden war. Von Beginn der deutschen Besatzung bis August 1942 leitete er das Medem-Sanatorium in Miedzeszyn, eine bundistische Einrichtung für tuberkulosekranke Kinder. Außerdem saß er – als dessen ältestes Mitglied – im Zentralkomitee des Widerstands der Partei. Nach dem Krieg blieb Muszkat in Polen. Als der Bund 1949 aufgelöst wurde, weigerte er sich, der kommunistischen Partei beizutreten.

Neuding, Jerzy, von Beruf Ingenieur, war Sekretär und Schatzmeister der Polnischen Sozialisten im Warschauer Ghetto. Die Deutschen ermordeten ihn in der »Blutnacht« vom 17. auf den 18. April 1942.

Nowogródzka, Sonia (Szeine Gitl) (1893/94–1942) wuchs in Warschau in einer gläubigen Familie auf. Entgegen den Wünschen der Eltern tendierte sie zunächst zum Zionismus und trat Anfang der 1910er Jahre dem Bund bei. Während des Ersten Weltkriegs übernahm sie Verantwortung im gewerkschaftlichen und politischen Leben der Warschauer Bundisten und wurde deshalb zweimal von den Deutschen, die die Stadt besetzt hatten, verhaftet. Nach ihrer Freilassung widmete sie sich der damals aufstrebenden säkularen jüdischen Bildungsbewegung, wurde Lehrerin und engagierte sich im SKIF. Während des Zweiten Weltkriegs schloss sie sich dem illegalen Zentralkomitee des Bund an und übernahm im Auftrag der Partei die Organisation der Sozialarbeit. Sie wurde nach den Razzien vom Sommer 1942 in Treblinka ermordet. Ihr Ehemann, der Bundistenführer Emanuel Nowogródzki, und beider Sohn Majus verbrachten die Kriegsjahre in New York.

Nowogródzki, Emanuel (1891–1967) war ein Bundistenführer aus Warschau. Er reiste 1939 in die Vereinigten Staaten, um Geld für die Aktivitäten des Bund in Polen zu sammeln, und blieb nach Ausbruch des Krieges auf der anderen Seite des Atlantiks. Von 1941 bis 1960 leitete er die in New York ansässigen bundistischen Organisationen. Er war mit Sonia Nowogródzka verheiratet.

Orzech, Maurycy (1891–1943) gehörte im Warschauer Ghetto zu den wenigen Vertretern einer Generation bundistischer Aktivisten, die schon vor dem Ersten Weltkrieg politisch engagiert gewesen waren. Er und Bernard Goldsztejn waren die beiden einzigen Bundisten, die in der Zwischenkriegszeit eine entscheidende Rolle in der jüdischen sozialistischen Bewegung in Polen gespielt hatten. Orzech, der aus einer reichen religiösen Industriellenfamilie in Warschau stammte, hatte sich schon in seiner Jugend für den Sozialismus begeistert und war um 1905, dem Jahr der ersten russischen Revolution, dem Bund beigetreten. Nach einem Studium im Ausland nach Warschau zurückgekehrt, hatte er in der Hauptstadt Vorträge gehalten und für die von Włodzimierz Medem herausgegebene bundistische Zeitung *Lebnsfragn* Artikel über politische Theorie und aktuelle Themen geschrieben. Im unabhängigen Polen (1918–39) hatte sich Orzech sowohl im jüdischen als auch im polnischen politischen Leben engagiert. Von 1917 bis 1929 war er Stadtrat in Warschau gewesen, Korrespondent für die bekannte jiddischsprachige amerikanische Zeitung *Forverts*, er hatte Wirtschaftsartikel zur polnischen bundistischen Tageszeitung *Folkstsaytung* beigesteuert und sich Polnischen Sozialisten angeschlossen, die gegen Antisemitismus und Faschismus kämpften. Und er war Mitglied der Kehillah (der lokalen jüdischen Gemeinde) in Warschau geworden. Im September 1939 verließ er die polnische Hauptstadt, kehrte aber mehrere Monate später zurück, nachdem ein Versuch, nach Schweden zu entkommen, gescheitert war. Im Warschauer Ghetto saß Orzech im Führungsgremium des Bund, verfasste Artikel für die verschiedenen Organe der Untergrundpresse der Partei und vertrat diese in politischen Versammlungen. Während der großen Razzien vom Sommer 1942 wurde er auf die »arische Seite« Warschaus geschickt, wo er Verbindungen zu den Polnischen Sozialisten unterhielt, um den Widerstand im Ghetto mit Waffen zu versorgen. Bei einem weiteren, vom Bund organisierten Versuch, aus Polen zu fliehen, wurde er von der Gestapo verhaftet. Er wurde im August 1943 in Warschau ermordet.

Peltel, Fejgele (1921–2012) nahm während des Zweiten Weltkriegs das Pseudonym Władka an. In Warschau geboren, hatte sie die jiddischsprachigen Schulen besucht und war in der Tsukunft aktiv gewesen. Während der Besatzung beteiligte sie sich am bundistischen Widerstand in Warschau, zunächst im Ghetto und ab Dezember 1942 auf der »arischen Seite« der Stadt. Ihre Aufgabe war es, Waffen ins Ghetto zu schmuggeln und jüdischen Kindern und Erwachsenen dabei zu helfen, sich zu verstecken. Sie überlebte, heiratete nach dem Krieg Benjamin Meed (geb. Międzyrzecki) und wanderte mit ihm 1946 in die Vereinigten Staaten aus, wo das Paar sich in New York niederließ. Władkas Bericht über die Kriegsjahre wurde 1946/47 in der jiddischen amerikanischen Tageszeitung *Forverts* veröffentlicht und erschien, ebenfalls in jiddischer Sprache, 1948 auch in Buchform. Später wurde er auf Englisch, Spanisch, Hebräisch und Deutsch veröffentlicht. Władka engagierte sich bis zum Ende ihres Lebens für die Erinnerung an die Shoah.

Romanowicz, Izrael, von Beruf Schlosser, stammte aus der Umgebung von Warschau und war Mitglied der Tsukunft. Während des Zweiten Weltkriegs arbeitete er zunächst als Fahrer für das Kinderkrankenhaus Bersohn-Bauman, später war er Angestellter der Firma Schultz & Co. Am Aufstand vom April und Mai 1943 beteiligte er sich unter der Führung von Jurek Błones. Er überlebte die Kämpfe, schloss sich den Partisanen in den umliegenden Wäldern Warschaus an, wollte dann aber in die Hauptstadt zurückkehren. Auf dem Weg dorthin wurde er im Sommer 1943 in Łomianki von den Deutschen ermordet.

Rozensztajn, Rywka (Stasia), Mitglied der Tsukunft und während des Krieges Lebensgefährtin von Marek Edelman, war Absolventin der Warschauer Kunstakademie. Sie beteiligte sich am bundistischen Widerstand im Ghetto, indem sie unter anderem an der Untergrundpresse mitarbeitete. Der Historikerin Martyna Rusiniak-Karwat zufolge war sie beispielsweise für das graphische Layout des *Byuletin* und der *Yugnt-shtime* zuständig. Im April 1943 floh sie auf die »arische Seite«. Nach dem Krieg emigrierte sie in die Vereinigten Staaten.

Rozowski, Welwel (Wolf) (1915–1943) stammte aus einer bundistischen Familie in Warschau. Als Mitglied des SKIF, dessen Vorstand und später Führungsgremium er schon vor dem Krieg angehört hatte, beteiligte er sich während der Besatzung an der Arbeit dieser Organisation im Untergrund. Er organisierte Treffen in seiner Wohnung und druckte zusammen mit Marek Edelman und anderen Genossen die illegalen Publikationen der bundistischen Jugend. Im August 1942 wurde er verhaftet, konnte aber zusammen mit mehreren anderen aus dem Zug entkommen, der ihn ins Vernichtungslager Treblinka bringen sollte. Nach seiner Rückkehr ins Ghetto war er weiter im Widerstand aktiv. Während des Aufstands führte er die bundistischen Kampfgruppen in den Gebieten rund um die Firmen Röhrich und Schultz & Co. Nachdem es ihm gelungen war, durch die Kanalisation zu fliehen, hielt er sich eine Zeit lang in den Wäldern von Łomianki auf. Nach seiner Rückkehr nach Warschau wurde er ermordet; in Bezug auf die Umstände seines Todes weichen die Quellen voneinander ab.

Russ, Henech (1909–1944) wuchs in Warschau auf und wurde Schneider. Er spielte eine zentrale Rolle in der Jugendorganisation der polnisch-jüdischen Gewerkschaftsbewegung und engagierte sich auch in der Tsukunft, für die er in den 1930er Jahren Ferienlager organisierte. Während des Zweiten Weltkriegs war er Mitherausgeber der bundistischen Untergrundzeitung *Yugntshtime* und betätigte sich in Genossenschaften für junge Arbeiter im Warschauer Ghetto. Er half bei den Vorbereitungen für den bewaffneten Kampf im Ghetto, konnte sich an ihm aber nicht beteiligten, da er und seine Frau Edje 1943/44 im Konzentrationslager Skarżysko-Kamienna inhaftiert waren. Dort nahm er die aus dem Warschauer Ghetto geschmuggelten Hilfslieferungen entgegen. Als die Rote Armee vorrückte, wurde er bei dem Versuch, in den Wald zu fliehen, von den Deutschen erschossen.

Samsonowicz, Ignacy (Icchak, 1902–1956) war ein Bundist aus Piotrków Trybunalski, einer Stadt, in der der Bund in den 1930er Jahren im örtlichen Rat der Juden eine bedeutsame Rolle spielte. Samsonowicz wurde Generalsekretär des Ortsvereins der Partei und war einer der Leiter von dessen Untergrundaktivitäten. Nach der Verhaftung von Jadwiga Wyszyńska, bei der die Deutschen geheime Dokumente gefunden hatten, floh Samsonowicz nach Warschau. Ab Januar 1943 lebte er, untergetaucht, bei der polnischen Widerstandskämpferin Eugenia Leszczyńska. Er heiratete sie nach dem Krieg und nahm den Namen Tadeusz Leszczyński an.

Szczęsna, Janina verbreitete während des Krieges in der Provinz und in Warschau Untergrundzeitungen des Bund und der Tsukunft.

Szklar, Mosze, von Beruf Schriftsetzer, war Bundist. Er und seine Frau Ester wurden von den Deutschen in der »Blutnacht« vom 17. auf den 18. April 1942 ermordet.

Sznajdmil, Abraham Szmul (1903–1943), Pseudonym Berek, auch Adam genannt, war in der Zwischenkriegszeit in Łódź und später Warschau Mitglied der Tsukunft. Als Aktivist mit einer Schwäche für militärische Disziplin leitete er die junge Bund-Miliz Shturem, die von Antisemiten oder kommunistischen Gegnern aufs Korn genommenen Genossen Schutz gewährte. Er engagierte sich in den Wahlkämpfen des Bund und beteiligte sich ab 1939 an Widerstandsaktionen der Partei. Sznajdmil unterhielt geheime Beziehungen zu Bürgern der Vereinigten Staaten, gab zusammen mit Abrasza Blum, Maurycy Orzech und Bernard Goldsztejn die Untergrundpresse der Partei im Warschauer Ghetto heraus und war später einer der Anführer bundistischer Gruppen im bewaffneten Kampf. Er kam am 3. Mai 1943 während des Ghettoaufstands ums Leben.

Szyfman-Fajner, Miriam (1915–1943) erhielt in Warschauer Schulen, im SKIF und später in der Tsukunft, in der sie Führungsaufgaben übernahm und Beiträge für die bundistische Zeitung *Yugnt-veker* schrieb, eine säkulare jüdische Erziehung. Als gelernte Schneiderin engagierte sie sich vor dem Krieg in der Jugendorganisation der Bekleidungsgewerkschaft. Im Warschauer Ghetto leitete sie den Vertrieb der illegalen Publikationen des Bund. Nach der »Großen Aktion« vom Sommer 1942 arbeitete sie in den Werkstätten der Firma Röhrich, wo sie für den Bund die Verbindungen zu den anderen Gruppen der Partei unterhielt. Sie beteiligte sich an der Vorbereitung des bewaffneten Kampfes, konnte aber aufgrund einer Schussverletzung am Fuß nicht mitkämpfen und beging in einem Bunker Selbstmord, um den Deutschen nicht in die Hände zu fallen.

Waks, Cywia (1924–1942) besuchte säkulare jüdische Schulen in Warschau und war Mitglied des SKIF. Im Ghetto arbeitete sie für den SKIF im Untergrund und organisierte Aktivitäten für Kinder in den Hinterhöfen. Außerdem beteiligte sie sich an der Verbreitung der Widerstandspresse des Bund und der Tsukunft. Anfang 1942 beschaffte sie zusammen mit Pola Lipszyc, Zośka Goldblat, Stefa Moryc und Łajcia Blank sowie anderen Mitgliedern des Bund und der Polnischen Sozialisten geheimdienstliche Informationen aus dem Innern der Gestapo. Sie wurde während der »Großen Aktion« vom Sommer 1942 nach Treblinka deportiert.

Warszawski, I. war Buchbinder.

Wasser, Hania (Hanusia, Hinde) war die Tochter von Chaim und Mania Wasser.

Wasser (geb. Glazer), Mania war eine Bundistin, die im säkularen jüdischen Bildungswesen tätig war. 1924 heiratete sie den Bundistenführer Meir (Chaim) Wasser (1890–1953). Sie wurde zusammen mit ihrer Tochter Hania im August 1942 in Treblinka ermordet.

Wołkowicz, Anka vertrieb im Warschauer Ghetto Untergrundzeitungen des Bund. Sie wurde im September 1942 nach Treblinka deportiert.

Wyszyńska, Jadwiga war eine der nichtjüdischen polnischen Widerstandskämpferinnen, die als Verbindungsfrauen für den Bund fungierten. Sie wurde im Sommer 1941 festgenommen, weil sie im Besitz geheimer Dokumente war. Das führte in mehreren polnischen Städten zur Verhaftung weiterer Bund-Mitglieder.

Zyferman, Baruch beteiligte sich am bundistischen Widerstand im Warschauer Ghetto. Als gelernter Drucker arbeitete er mit Marek Edelman und Blumka Klog bei der Herstellung bundistischer Untergrundzeitungen zusammen. In Bezug auf die Umstände seines Todes weichen die Quellen voneinander ab.

Zygielbojm, Szmul Mordechaj (1895–1943), Pseudonym Artur, stammte aus der Gegend von Lublin. Er trat 1907 dem Warschauer Ortsverein des Bund bei und wurde 1924 Mitglied des Zentralkomitees. Nach der Besetzung Warschaus vertrat er den

Bund im Anfang Oktober 1939 gegründeten Judenrat. Da er gegen jegliche Zusammenarbeit mit den Deutschen bei der Einrichtung eines Ghettos war, trat er von seinem Amt jedoch zurück und verließ Polen Ende 1939. Der Bund hatte von nun an keinen Delegierten mehr im Warschauer Judenrat. Zunächst nach Frankreich geflohen, ging Zygielbojm nach der Kapitulation des Landes im Juni 1940 nach New York und 1942 nach London. Dort vertrat er den Bund im Polnischen Nationalrat, einem Beratergremium der polnischen Exilregierung. Nachdem er Informationen über das Schicksal der Juden in Polen erhalten hatte, versuchte er von London aus die freie Welt dazu zu bewegen, für seine Landsleute zu intervenieren. Als sich zeigte, dass seine Bemühungen erfolglos bleiben würden, nahm er sich am 12. Mai 1943 das Leben.

Zylberberg, Kuba beteiligte sich am Widerstand der Tsukunft. Sie wurde im August 1942 in Treblinka ermordet.

KURZBEZEICHNUNGEN UND NAMEN VON ORGANISATIONEN

Bund. Algemeyner yidisher arbeter-bund in Lite, Poyln un Rusland (Allgemeiner jüdischer Arbeiterbund in Litauen, Polen und Russland)

Tsukunft. Jugendorganisation des Bund

PPS. Polska Partia Socjalistyczna (Polnische Sozialistische Partei)

SKIF. Sotsyalistisher kinder-farband (für Kinder bestimmte Organisation des Bund)

Shturem. Schutzmiliz der Tsukunft in der Zwischenkriegszeit

YIVO. Yidisher visnshaftlekher institut (Jüdisches Wissenschaftliches Institut)

YKO. Yidishe kampf organizatsye (Jüdische Kampforganisation)

LITERATURVERZEICHNIS

PRIMÄRQUELLEN

IN BUCHFORM VERÖFFENTLICHTE BERICHTE VON UND INTERVIEWS MIT MAREK EDELMAN (NACH VERÖFFENTLICHUNGSDATUM GEORDNET)

ORIGINALPUBLIKATIONEN IN POLNISCHER SPRACHE

Edelman, Marek: Getto walczy (Udział Bundu w obronie getta warszawskiego). Warschau: C. K. »Bundu«, 1945.

Krall, Hanna: Zdążyć przed Panem Bogiem. Krakau: Wydawnictwo Literacke, 1977.

Assuntino, Rudi / Goldkorn, Włodek: Strażnik: Marek Edelman opowiada. Krakau: Społeczny Instytut Wydawniczy Znak, 1999.

Bereś, Witold / Burnetko, Krzysztof: Marek Edelman. Życie. Po prostu. Warschau: Świat Książki, 2008.

Sawicka, Paula: I była miłość w getcie. Warschau: Świat Książki, 2009.

Bereś, Witold / Burnetko, Krzysztof: Marek Edelman: Bóg śpi. Warschau: Świat Książki, 2009.

Baroszewski, Władysław: I była dzielnica żydowska w Warszawie. Warschau: Literatura Faktu PWN, 2010.

Burnetko, Krzysztof / Sawicka, Paula: Marek Edelman: Prosto się mówi, jak się wie. Krakau: Świat Książki, 2013.

Bereś, Witold / Burnetko, Krzysztof: Marek Edelman. Życie do końca. Warschau: Agora / Fundacja Świat ma Sens, 2013.

Edelman, Marek: Nieznane zapiski o getcie warszawskim. Warschau: Instytut Studiów Politycznych Polskiej Akademii Nauk / Zeszyty Literackie, 2017.

ERSTAUSGABEN FRANZÖSISCHER, ENGLISCHER UND DEUTSCHER ÜBERSETZUNGEN (DER POLNISCHE TITEL WIRD ZUERST ERWÄHNT)

Getto walczy (Udział Bundu w obronie getta warszawskiego):

Edelman, Marek: The Ghetto Fights. New York: American Representation of the General Jewish Workers' Union of Poland, 1946.

– Mémoires du ghetto de Varsovie. Un dirigeant de l'insurrection raconte. Aus dem Polnischen von Pierre Li und Maryna Ochab. Paris: Éditions du scribe, 1983.

– Das Ghetto kämpft: Warschau 1941–43. Aus dem Polnischen von Ewa und Jerzy Czerwiakowski. Mit einem Vorw. von Ingrid Strobl. Berlin: Harald Kater Verlag, 1993.

Zdążyć przed Panem Bogiem:

Krall, Hanna: Schneller als der liebe Gott. Aus dem Polnischen von Klaus Staemmler. Mit einem Vorw. von Willy Brandt. Frankfurt a. M.: Suhrkamp, 1980.

Edelman, Marek: Mémoires du ghetto de Varsovie. Un dirigeant de l'insurrection raconte. Aus dem Polnischen von Pierre Li und Maryna Ochab. Paris: Éditions du scribe, 1983. [Enthält die Übersetzung von *Getto walczy* und *Zdążyć przed Panem Bogiem*.]

Krall, Hanna: Shielding the Flames. An Intimate Conversation with Dr. Marek Edelman, the Last Surviving Leader of the Warsaw Ghetto Uprising. Aus dem Polnischen von Joanna Stasinska und Lawrence Weschler. New York: Henry Holt & Co., 1986.

– Dem Herrgott zuvorkommen. Aus dem Polnischen von Hubert Schumann. Mit einem Essay von Tzvetan Todorov. Frankfurt a. M.: Verlag Neue Kritik, 1992. [Neue deutsche Übersetzung.]

– Prendre le bon Dieu de vitesse. Aus dem Polnischen von Pierre Li und Maryna Ochab. Paris: Gallimard, 2005.

Strażnik: Marek Edelman opowiada:

Assuntino, Rudi / Goldkorn, Wlodek: Der Hüter: Marek Edelman erzählt. Aus dem Italienischen unter Heranziehung der polnischen Ausgabe von Friedrich Griese. Mit einem Vorw. von Jan Józef Szczepański. München: C. H. Beck, 2002.

I była miłość w getcie:

Sawicka, Paula: La Vie malgré le ghetto. Aus dem Polnischen von Malgorzata Smorag-Goldberg. Paris: Liana Levi, 2010.

Edelman, Marek: Die Liebe im Ghetto. Aufgeschrieben und mit

einem Vorw. von Paula Sawicka, Aus dem Polnischen von Joanna Manc. Frankfurt a. M.: Schöffling & Co., 2013.

Marek Edelman: Życie. Po prostu; Marek Edelman: Bóg śpi; Marek Edelman: Życie. Do końca:

Bereś, Witold / Burnetko, Krzysztof: Marek Edelman erzählt. Aus dem Polnischen von Barbara Kulinska-Krautmann. Berlin: Parthas, 2009.

– Marek Edelman: Being on the Right Side. Aus dem Polnischen von William Brand. Redwood City: Bereś Media, 2015.

ERINNERUNGEN VON BUNDISTEN AN DAS WARSCHAUER GHETTO

ORIGINALPUBLIKATIONEN UND FRANZÖSISCHE, ENGLISCHE UND DEUTSCHE ÜBERSETZUNGEN

Celemenski, Jakub [Celek]: Mitn farshnitenem folk: A kuryer fun Bund dertseylt vegn yidishn khurbn un vidershtand unter di daytshe natsizm. New York: Undzer tsayt, 1963.

Celemenski, Jacob: Elegy for My People: Memoirs of an Underground Courier of the Jewish Labor Bund in Nazi Occupied Poland 1939–1945. Aus dem Jiddischen von Gershon Freidlin. Victoria: The Jacob Celemenski Memorial Trust, 2000.

Goldsztejn, Bernard: Finf yor in varshever geto. New York: Undzer tsayt, 1947.

– The Stars Bear Witness. Aus dem Jiddischen von Leonard Shatzkin. New York: Viking Press, 1949. [Neuauflage Edinburgh, AK Press, 2005.]

– L'Ultime combat. Nos années au ghetto de Varsovie. Aus dem Jiddischen von E. Dal und V. Clerck-Ayguesparse. Paris: La Découverte, 2008. [Erste französische Übersetzung: Brüssel: La Renaissance du livre, 1962.]

Klin, Dawid: Mitn meylekh-hamoves untern orem. Tel Aviv: Éditions Y. L. Peretz, 1968.

– À cache-cache avec la mort. Un résistant juif à Varsovie de 1939 à 1945. Aus dem Jiddischen von Bernard Vaisbrot. Reihe »Témoignages de la Shoah«. Paris: Éditions Le Manuscrit, 2017.

Margolis-Edelman, Alina: Ala z elementarza. London: Aneks, 1994.
– Je ne le répéterai pas, je ne veux pas le répéter. Aus dem Polnischen von Jacques Burko. Paris: Éditions Autrement, 1997.
– Als das Ghetto brannte: Eine Jugend in Warschau. Aus dem Polnischen von Beate Kosmala. Berlin: Metropol, 1999.

Meed, Vladka [Fejgele Peltel Miedzyrzecki]: On Both Sides of the Wall: Memoirs from the Warsaw Ghetto. Aus dem Jiddischen von Steven Meed. New York: Holocaust Library, 1979. [Erste Ausgabe in englischer Sprache: Lohamei Hagetaot: Ghetto Fighers' House, 1972.]

Miedzyrzecki, Fejgele Peltel: Fun beyde zaytn geto-moyer. New York: Arbeter-ring, 1948.
– Deckname Vladka: Eine Widerstandskämpferin im Warschauer Ghetto. Mit einem Vorw. von Elie Wiesel. Aus dem amerikanischen Englisch von Susanne E. Krämer. Hamburg: Europäische Verlagsanstalt, 1999.

VOM BUND VERÖFFENTLICHTE WERKE ÜBER DAS WARSCHAUER GHETTO UND DEN WIDERSTAND (AUSWAHL)

Blum, Abrasza (Hrsg.): Di parizer komune. Zamlbukh dershinen in 1941 in Varshever geto. Warschau: Sotsyalistishe yugnt-biblyotek, 1948.

In di yorn fun yidishn khurbn: di shtim fun untererdishn Bund. New York: Undzer tsayt, 1948.

In heldishn gerangl (der onteyl fun »Bund« in di geto-kamfn): zamlbukh tsum 6-tn yortog fun heldishn vidershtand in Varshever geto. New York: Undzer tsayt, 1949.

La Voix du peuple massacré. Récit détaillé de l'insurrection du ghetto de Varsovie en avril 1943, complété de documents, notices biographiques des principaux héros et de messages. Paris: Le Réveil des jeunes, 1945.

Zigyelboym-bukh. New York: Undzer tsayt, 1947.

WEITERE PERSÖNLICHE BERICHTE ÜBER DAS WARSCHAUER GHETTO, DIE SHOAH UND DEN ANTISEMITISMUS IN POLEN (AUSWAHL)

Blady-Szwajgier, Adina: I Remember Nothing More: The Warsaw Children's Hospital and the Jewish Resistance. Aus dem Polnischen von Tasja Darowska und Danusia Stok. New York: Pantheon Books, 1990.

– Die Erinnerung verläßt mich nie: Das Kinderkrankenhaus im Warschauer Ghetto und der jüdische Widerstand. Aus dem Englischen von Joachim Rehork. München/Leipzig: List, 1993.

– Et je ne me souviens de rien d'autre. Aus dem Polnischen von Laurence Dyevre. Paris: Calmann-Lévy, 1994.

Czerniaków, Adam: Carnets du ghetto de Varsovie: 6 septembre 1939–23 juillet 1942. Aus dem Polnischen von Jacques Burko, Maria Elster und Jean-Charles Szurek. Paris: La Découverte, 2003.

– Im Warschauer Getto: Das Tagebuch des Adam Czerniaków 1939–1942. Mit einem Vorw. von Israel Gutman. Aus dem Polnischen von Silke Lent. Übers. des Vorw. aus dem Hebräischen von Wolfgang Lotz. München: C. H. Beck, 1986.

Perle, Yehoshue: L'Anéantissement de la Varsovie juive. Aus dem Jiddischen und mit Anm. von Nathan und Micheline Weinstock. Paris: Classiques Garnier, 2015 [[1]1952].

Ringelblum, Emanuel: Oneg shabbat: journal du ghetto de Varsovie, aus dem Jiddischen von Nathan Weinstock und Isabelle Rozenbaumas. Paris: Calmann-Lévy, 2017.

– Ghetto Warschau: Tagebücher aus dem Chaos. Eingel. von Arieh Tartakower. Stuttgart: Seewald, 1967.

Tuszyńska, Agata: Affaires personnelles, aus dem Polnischen von Isabelle Jannès-Kalinowski. Paris: Éditions de l'Antilope, 2020 [[1]2018].

Weinstock, Nathan (Hrsg.): Chroniques du désastre, témoignages sur la Shoah dans les ghettos polonais. Aus dem Jiddischen von Nathan Weinstock. Genf: Métropolis, 1999.

Zuckerman, Yitzhak (Antek): A Surplus of Memory. Chronicle of the Warsaw Ghetto Uprising. Aus dem Hebräischen von Barbara Harshav. Berkeley/Oxford: University of California Press, 1993 [[1]1990].

BIBLIOGRAPHIE

ÜBER DEN BUND UND DIE BUNDISTEN (AUSWAHL)

Blatman, Daniel: Notre liberté et la vôtre. Le mouvement ouvrier juif BUND en Pologne 1939–1949. Aus dem Hebräischen. Reihe »Histoires-Judaïsmes«. Paris: Les Éditions du Cerf, 2002 [[1]1996].

Collomp, Catherine: Résister au nazisme. Le Jewish Labor Committee, New York, 1934–1945. Paris: CNRS Éditions, 2016.

Herts, Yankev Sholem: Doyres bundistn. 3 Bde. New York: Undzer tsayt, 1956–68.

Jacobs, Jack: Bundist Counterculture in Interwar Poland. Syracuse: Syracuse University Press, 2009.

Johnpoll, Bernard K.: The Politics of Futility. The General Jewish Workers Bund of Poland 1917–1943. Ithaca: Cornell University Press, 1967.

Minczeles, Henri: Histoire générale du Bund, un mouvement révolutionnaire juif. Paris: Denoël, 1999 [[1]1995].

Pâris de Bollardière, Constance: »Entraides, mémoires et migrations dans le monde yiddish. Une lettre de Yankev Pat à Marek Edelman, New York-Paris, 8 octobre 1946«. Tsafon. Revue d'études juives du Nord 76 (2018) S. 157–168.

Pickhan, Gertrud: »Gegen den Strom«. Der Allgemeine Jüdische Arbeiterbund »Bund« in Polen 1918–1939. Stuttgart/München: Deutsche Verlags-Anstalt, 2001.

Pinto, Vincenzo (Hrsg.): Bundist Legacy After the Second World War: »Real« Place Versus »Displaced« Time. Boston: Brill, 2018.

Podolska, Joanna / Kamińska, Magdalena / Skłodowska, Marta: Marek Edelman. The Man. Łódź: Centrum Dialogu im. Marka Edelmana, 2019.

Rusiniak-Karwat, Martyna: Nowe życie na zgliszczach. Bund w Polsce w latach 1944–1949. Warschau: Instytut Studiów Politycznych, 2016.

– »Podzienne Archiwum Bundu i jego powojenne losy«. In: Marek Edelman: Nieznane zapiski o getcie warszawskim. Warschau: In-

stytut Studiów Politycznych Polskiej Akademii Nauk / Zeszyty Literackie, 2017. S. 127–148.
– / Jarbowska-Natkaniec, Alicja (Hrsg.): Archiwum Ringelbluma, Konspiracyjne Archiwum getta Warszawy. Bd. 16: »Prasa getta warszawskiego: Bund i Cukunft«. Warschau: Żydowski Instytut Historyczny, 2016.
Rusiniak-Karwat, Martyna / Kozlowska, Magdalena: Z działalności Cukunftu. Lipiec 1941 – Marzec 1942. In: Kwartalnik Historii Żydów / Jewish History Quarterly (2018) S. 818–826.
Sakowska, Ruta: »Grupa Ringelbluma a Bund«. In: Feliks Tych und Jürgen Hensel (Hrsg.): Bund, 100 lat historii 1897–1997. Warschau: Volumen, 2000. S. 271–282.
Slucki, David: The International Jewish Labor Bund after 1945. Toward a Global History. New Brunswick (NJ) / London: Rutgers University Press, 2011.

ÜBER DAS WARSCHAUER GHETTO UND DIE ERINNERUNG DARAN (AUSWAHL)

Blatman, Daniel: En direct du ghetto. La presse clandestine juive dans le ghetto de Varsovie 1940–1943. Reihe »Histoires-Judaïsmes«. Paris: Éditions du Cerf, 2005.
Borwicz, Michel: L'Insurrection du ghetto de Varsovie. Reihe »Archives«. Paris: Julliard, 1966.
Centre de documentation juive contemporaine: Le Soulèvement du ghetto de Varsovie et son impact en Pologne et en France. Paris: Éditions du CDJC, 1984.
Dreifuss, Havi: The Leadership of the Jewish Combat Organization During the Warsaw Ghetto Uprising: A Reassessment«. In: Holocaust and Genocide Studies 31 (2017) H. 1. S. 24–60.
Duńczyk-Szulc, Anna (Hrsg.): Dispersed Contact. Photographs From the Ringelblum Archive: Reinterpreted. Warschau: Jewish Historical Institute, 2019.
Engelking, Barbara / Leociak, Jacek: The Warsaw Ghetto. A Guide to the Perished City. Aus dem Polnischen von Emma Harris. New Haven / London: Yale University Press, 2009 [[1]2001].

Grabski, August / Grudka, Piotr: Polscy Socjaliści w getcie warszawskim. In: Kwartalnik Historii Żydów / Jewish History Quarterly 245 (2013) H. 1. S. 7–31.

Gutman, Yisrael: The Jews of Warsaw 1939–1943: Ghetto, Underground, Revolt. Indianapolis: Indiana University Press, 1982.

– Resistance: The Warsaw Ghetto Uprising. Boston: Houghton Mifflin, 1994.

Kassow, Samuel D.: Ringelblums Vermächtnis: Das geheime Archiv des Warschauer Ghettos. Aus dem amerikanischen Englisch von Karl Heinz Siber, Reinbek bei Hamburg: Rowohlt, 2010.

Kotek, Joël (Hrsg.): L'Insurrection du ghetto de Varsovie, textes de Joël Kotek, Raul Hilberg, Jean Stengers et al. Brüssel: Éditions Complexe, 1994.

Mark, Bernard: L'Insurrection du ghetto de Varsovie. Aus dem Polnischen von Rose Huriaud. Paris: Éditions sociales, 1955.

– Der Aufstand im Warschauer Ghetto: Entstehung u. Verlauf. 3., neubearb. und erw. Auflage. Berlin: Dietz, 1959.

Patt, Avinoam J.: The Jewish Heroes of Warsaw: The Meaning of the Revolt in the First Year after the Uprising. In: American Jewish History 103 (2019) H. 2. S. 147–175.

– The Jewish Heroes of Warsaw. The Afterlife of the Revolt. Detroit: Wayne State University Press, 2021.

Perego, Simon: De l'écrit à l'oral. Le recours aux œuvres littéraires dans les commémorations de la révolte du ghetto de Varsovie (Paris, 1945–1967). In: Judith Lindenberg (Hrsg.): Premiers savoirs de la Shoah. Paris: CNRS Éditions, 2017. S. 293–317.

– Pleurons-les. Les Juifs de Paris et la commémoration de la Shoah (1944–1967). Reihe »Époques«. Ceyzérieu: Champ Vallon, 2020.

Slucki, David: »A Struggle Unparalleled in Human History«: Survivors Remember the Warsaw Ghetto Uprising. In: American Jewish History 103 (2019) H. 2. S. 203–225.

Szczęsna, Joanna: Portret Marka Edelmana i Antka Cukiermana. In: Gazeta Wyborcza. 27. 6. 2003.

ZUR GESCHICHTE DER JUDEN, ZUR ERINNERUNG AN DIE SHOAH UND ZU DEREN HISTORIOGRAPHISCHER BEHANDLUNG IN POLEN (AUSWAHL)

Behr, Valentin: Les discussions sur la Shoah en Pologne, miroir grossissant des polarisations du champ historien. In: Audrey Kichelewski / Judith Lyon-Caen / Jean-Charles Szurek / Annette Wieviorka (Hrsg.): Les Polonais et la Shoah. Une nouvelle école historique. Paris: CNRS Éditions, 2019. S. 275–290.

Gross, Jan Tomasz: Nachbarn: Der Mord an den Juden von Jedwabne. Mit einem Vorwort von Adam Michnik. Aus dem Englischen von Friedrich Griese. München: C. H. Beck, 2001.

– Angst: Antisemitismus nach Auschwitz in Polen. Aus dem Polnischen von Friedrich Griese unter Mitarbeit von Ulrich Heisse. Berlin: Suhrkamp, 2012.

Janicka, Elżbieta: The Square of Polish Innocence: POLIN Museum of the History of Polish Jews in Warsaw and its Symbolic Topography. In: East European Jewish Affairs 45 (2015) H. 2/3. S. 200–214.

Kichelewski, Audrey: Les Survivants. Les Juifs de Pologne depuis la Shoah. Reihe »Contemporaines«. Paris: Belin, 2018.

– Être un historien juif en Pologne communiste: Bernard Mark (1908–1966), directeur de l'Institut d'histoire juive de Varsovie. In: Hélène Harter / Antoine Mares / Pierre Mélandri / Catherine Nicault (Hrsg.): Terres promises. Mélanges offerts à André Kaspi. Reihe »Internationale« (Nr. 79). Paris: Éditions de la Sorbonne, 2020. S. 527–537.

– Une figure transactionnelle: Jonny Daniels. La reconstruction de la ›question juive‹ par le PiS depuis 2015. In: Revue d'études comparatives Est-Ouest 1 (2020) S. 135–158.

– / Lyon-Caen, Judith [u. a.] (Hrsg.): Les Polonais et la Shoah: une nouvelle école historique. Paris: CNRS Éditions, 2019.

Lyon-Caen, Judith: Les historiens face au révisionnisme polonais. In: La Vie des idées. 5. 4. 2019. www.laviedesidees.fr/Les-historiens-face-au-revisionnisme-polonais.html.

Potel, Jean-Yves: La Fin de l'innocence. La Pologne face à son passé juif. Paris: Éditions Autrement, 2009.

Szurek, Jean-Charles / Wieviorka, Annette (Hrsg.): Juifs et Polonais 1939–2008. Paris: Albin Michel, 2009.

Zalewski, Frédéric (Hrsg.): La »politique historique« en Pologne. La mémoire au service de l'identité nationale. In: Revue d'études comparatives Est-Ouest 1 (2020).

ZU DEN ZEUGNISSEN VON ÜBERLEBENDEN DER SHOAH (AUSWAHL)

Coquio, Catherine: La Littérature en suspens. Écritures de la Shoah: le témoignage et les œuvres. Paris: L'Arachnéen, 2015.

Kovrigina, Ksenia: Le Témoignage impossible? Écritures de la destruction des Juifs en URSS. Dissertation in Vergleichender Literaturwissenschaft. Paris: Université de Paris, 2019.

Leociak, Jacek: Text und Holocaust: Die Erfahrung des Ghettos in Zeugnissen und literarischen Entwürfen. Aus dem Polnischen von Lisa Palmes. Berlin/Bern/Wien: Peter Lang, 2019.

Lindenberg, Judith (Hrsg.): Premiers savoirs de la Shoah. Paris: CNRS Éditions, 2017.

Lyon-Caen, Judith: Les mots et les récits des morts. In: Revue d'histoire moderne et contemporaine 65 (2018) H. 2. S. 54–67.

– »Le chant, lui, s'échappera …« Pour une histoire des sources littéraires de l'histoire de la Shoah. In: Vingtième siècle. Revue d'histoire 139 (2018) H. 3. S. 45–57.

– Raconter la Shoah: 40 ans d'écrits personnels dans Le Monde juif. In: Revue d'histoire de la Shoah 211 (2020) H. 1. S. 13–30.

Potel, Jean-Yves: Einleitung zu Władysław Szlengel, »Ce que j'ai lu aux morts …«. In: Po&sie 142 (2012) H. 4. S. 109–126.

Roskies, David G. (Hrsg.): Voices from the Warsaw Ghetto: Writing Our History. New Haven / London: Yale University Press, 2019.

Waxman, Zoe: Writing the Holocaust: Identity, Testimony, Representation. Oxford: Oxford University Press, 2006.

Weinstock, Nathan: Chroniques du désastre. Témoignages sur la Shoah dans les ghettos polonais. Genf: Metropolis, 1999.

Wieviorka, Annette: L'Ère du témoin. Reihe »Pluriel«. Paris: Fayard, 2013 [[1]1998].

Zechenter, Katarzyna: Marek Edelman. In S. Lillian Kremer (Hrsg.): Holocaust Literature. An Encyclopedia of Writers and Their Work. Bd. 1. New York: Routledge, 2003.

DANK

Ich danke Constance Pâris de Bollardière herzlich dafür, dass sie die Einleitung zu den *Erinnerungen* von Marek Edelman geschrieben hat; dafür, dass sie dies mit Begeisterung und Freundlichkeit getan hat und mir immer zugehört hat. Mit ihren bemerkenswerten Fähigkeiten als Historikerin hat sie den Bericht in seinen Kontext gestellt und ihn mit wertvollen Informationen und biographischen Hinweisen bereichert.

Zofia Lipecka danke ich für ihre geduldige Entzifferung der manchmal schwer lesbaren Handschrift und für ihre Übersetzung ins Französische – nicht zuletzt für die Zeit, die sie darauf verwandt hat, das französische Äquivalent für bestimmte Ausdrücke zu finden, die sie getreu übersetzen konnte, da sie unseren Vater gut gekannt hat. Ich danke Henry Rousso und Denis Peschanski dafür, dass sie die *Erinnerungen* gelesen haben, als die Übersetzung noch nicht fertig war, und dass sie ihre Veröffentlichung erwogen haben. Ein großes Dankeschön an Géraldine Freed, die uns bei der Vorbereitung des Vertrages geduldig zugehört hat. Abschließend möchten wir Marc Kirsch für seine Arbeit beim Lektorieren und bei der Vorbereitung des Textes für die Veröffentlichung danken.

Aleksander Edelman